UNIKUM

Gerhard Pilgram, Wilhelm Berger
Gerhard Maurer (Fotos)

SLOWENIEN ENTGEGEN.
Zu Fuß von Klagenfurt nach Ljubljana

»Slowenien entgegen« ist ein Projekt des Universitätskulturzentrums UNIKUM Klagenfurt/Celovec im Rahmen des Programmzyklus »Koroška inkognita«.

Kooperationspartner: Slovenska prosvetna zveza/
Slowenischer Kulturverband
Projektkoordination: Emil Krištof, Gerhard Pilgram
Lektorat: Annemarie Ribitsch
Korrekturen: Helga Rabenstein

Für die finanzielle Unterstützung dankt das UNIKUM:
dem Bundeskanzleramt – Kunstsektion,
der Kulturabteilung des Landes Kärnten,
der Kulturabteilung der Stadt Klagenfurt,
der Universität Klagenfurt,
der Hans-Schmid-Privatstiftung,
dem Slowenischen Wissenschaftsinstitut, Wien.

Kontakt:
Universitätskulturzentrum UNIKUM
Universitätsstraße 82
A-9020 Klagenfurt/Celovec
+43/463/2700-9712, -9713
unikum@uni-klu.ac.at
www.unikum.ac.at

.KUNST
bundeskanzleramt

1. Auflage 2004

Verlag/Založba: Drava Klagenfurt/Celovec
www.drava.at
Druck: Tiskarna/Druckerei Drava, Klagenfurt/Celovec

ISBN 3-85435-425-8

Bei Škofja Loka

INHALT

Bei Radovljica

VORWORT UND GEBRAUCHSANWEISUNG

Viele Österreicher kennen Slowenien, wenn überhaupt, vom Durchfahren. Manche, so genannte Deutschkärntner, rühmen sich sogar, noch nie dort gewesen zu sein. Ihre demonstrative Ignoranz ist Ausdruck provinzieller Anmaßung und der Geringschätzung slowenischer Kultur. Die Möglichkeit, dass die Begegnung mit dem südlichen Nachbarn bereichernd sein könnte, wird gar nicht erst in Betracht gezogen. Zu kultureller Voreingenommenheit und politischem Ressentiment gesellt sich meist noch ein anderes Vorurteil: dass Slowenien zwar eine schöne Bergwelt besitze, ansonsten aber dem Wanderer wenig zu bieten habe.

»Slowenien entgegen« versteht sich als Anleitung zu einer neuntägigen Wanderung von Klagenfurt nach Ljubljana, bei der man sich Schritt für Schritt von vorgefassten Meinungen verabschieden kann. Wer sich auf die vorgeschlagene Route einlässt, wird überrascht sein, wie reizvoll und abwechslungsreich die Landschaft in Slowenien auch »auf halber Höhe« ist. Manche Gegenden, etwa die Karstwälder bei Kamna Gorica oder das Hügelland bei Polhov Gradec, können sich durchaus mit klassischen Wandergebieten wie der Toskana oder der Provence messen. Selbst dort, wo sich die Ähnlichkeit mit Kärntner Gefilden nicht leugnen lässt, fällt der schonendere Umgang mit der Natur auf.

Aus dramaturgischen Gründen ist die Route recht verschlungen angelegt. Einerseits galt es, den Hauptverkehrswegen auszuweichen, andererseits möglichst verschiedenartige Landschaften und Ansiedelungen anzusteuern. Der Weg führt vorwiegend durch landwirtschaftlich geprägte Regionen, aber auch durch einsame Wälder, romantische Flusstäler und reizvolle Industriegebiete. Angenehme Kleinstädte und idyllische Dörfer liegen ebenso auf der Strecke wie bedeutende Kulturdenkmäler und Schauplätze der jüngeren Geschichte. So lernt der Wanderer Slowenien in vielen Facetten und jenseits touristischer Klischees kennen.

KLAGENFURT/CELOVEC
Drau/Drava
Ferlach/Borovlje
A
Loibl/Ljubelj
Radovljica
Kropa
Sava
SLO
Kranj
Škofja Loka
Sora
Medvode
Polhov Gradec
LJUBLJANA

Die Reise beginnt an der Peripherie von Klagenfurt und endet am Stadtrand von Ljubljana. Beide Städte näher zu behandeln, hätte den Rahmen des Buches gesprengt. Umso eingehender befasst es sich mit den Orten am Wege und den jeweiligen Etappenzielen. Die Ortsbeschreibungen sind eine Mischung aus Vorgefundenem, Zugetragenem und Aufgelesenem. Etwaige Widersprüche und Unschärfen werden in den Zwischenkapiteln reflektiert. Eine weitere Ebene der Auseinandersetzung ist die der Fotografie. Letztlich obliegt es aber dem Wanderer, sich selbst ein Bild zu machen.

Obwohl »Slowenien entgegen« keine alpinistische Unternehmung ist (der höchste Punkt der Route liegt auf 1369 m), dürfen die Anforderung an Kondition und Ausrüstung nicht unterschätzt werden. Pro Tag müssen 20 Kilometer und mehr zurückgelegt werden, zumeist im stetigen Auf und Ab. Sie sind ohne festes Schuhwerk und ein Mindestmaß an Leidensfähigkeit nicht zu bewältigen. Mit wetterfester Bekleidung kann die Wanderung fast das ganze Jahr über (außer bei Tiefschnee) unternommen werden. Wer nicht die gesamte Strecke (in einem durch) wandern möchte, tut gut daran, zumindest zwei oder drei Tagestouren zusammenzuziehen. Nicht jeder Etappenort hat ideale öffentliche Verbindungen und nicht jeder verfügt über attraktive gastronomische Einrichtungen. Als Ein- bzw. Ausstiegsorte empfehlen sich – neben Klagenfurt und Ljubljana – vor allem Radovljica, Kranj und Škofja Loka.

Da nur etwa die Hälfte der Strecke markiert ist, sollten die Wegbeschreibungen möglichst genau befolgt werden und empfiehlt es sich – sicher ist sicher – die Mitnahme von Wanderkarten. Wer sich trotzdem verirrt, stelle sich der Herausforderung mit Neugier und Abenteuerlust. Auf entsprechende Kartengrüße und andere Rückmeldungen freuen sich

Wilhelm Berger, Gerhard Maurer & Gerhard Pilgram

In Kamna Gorica

GEHEN ALS METHODE

Dass man beim Gehen ins Denken kommen kann, darüber sind sich viele Schriftsteller einig: »Gehen und Denken stehen in einem ununterbrochenen Vertrauensverhältnis zueinander«, heißt es im Roman »Gehen« von Thomas Bernhard. »Die Wissenschaft des Gehens und die Wissenschaft des Denkens sind im Grunde genommen eine einzige Wissenschaft«, fährt der Gehende bei Bernhard fort. Das wissen auch die Philosophen. Schon der antike Denker Parmenides berichtet von einem, allerdings per Wagen, zurückgelegten Weg ((*h*)*odos*), an dessen Ende er das Tor zur Wahrheit durchschreitet. Seit damals heißt ein gemeinsamer, auf ein bestimmtes Ziel hin genommener Weg *methodos*, also Methode. Die Schüler des Aristoteles wurden *Peripathetiker*, Spaziergänger, genannt, weil sie mit ihrem Meister disputierend auf und ab gegangen sein sollen. Und sogar Karl Marx, dem sein Vater »dumpfes Brüten bei der düsteren Öllampe«, also das Stubenhocken, brieflich zum Vorwurf machte, ging in seiner »Werkstätte unsinniger und unzweckmäßiger Gelehrsamkeit«, so wieder der Vater, derart regelmäßig auf und ab, dass sein Teppich in gerader Linie abgenützt war. Gehen und Denken, Gehen und Schreiben sind in der Geschichte des Gehens, Denkens und Schreibens derart oft aufeinander bezogen, dass Paul Nizon in seiner Vorlesung »Am Schreiben gehen« von einer Grundfigur gesprochen hat, die wie ein Staffelholz durch alle Zeiten und Moden weitergegeben wird.

Wer von Klagenfurt nach Ljubljana geht, sollte sich aber die zitierten Literaten und Philosophen nicht unbedingt zum Vorbild nehmen. Denn ihr Gehen hat zwei Eigenschaften, die auch zum Stolpern bringen können: Gehen ist für sie ein Mittel zum Zweck, und der Zweck ist gleichzeitig so auf die Gehenden selbst bezogen, dass kaum ein Blick auf den Weg möglich wird. Thomas Bernhards Gehender ist ein ununter-

Bei Sv. Primož

brochen Redender. Er geht, um zu reden, und die Rede ist in sein eigenes Gehirn gekehrt. Dazu braucht er allenfalls einen schweigsamen Begleiter. Wie für Parmenides, der zur Wahrheit wollte, war für die Schüler des Aristoteles das Gehen ein Medium zur Reise in das Land des Geistes, ein Transportmittel, das außerhalb des dafür abgezäunten Gartens, zum Beispiel in engen und lauten Straßen, untauglich gewesen wäre. Und auch Karl Marx verstand das Gehen bloß als Vorstufe zum ausdauernden Sitzen am Schreibtisch, was ihm vielleicht sogar die Furunkulose eingebracht hat, unter der er im Alter litt.

Auch die klassische Bildungsreise hat diese beiden Eigenschaften. Der Zweck der Reise ist Bildung, aber Bildung ist nur an den außerordentlichen Orten möglich. Johann Wolfgang Goethe berichtet in seinem »Tagebuch der italienischen Reise 1786«, wie er über »das Tiroler Gebirg (...) gleichsam weggeflogen« und durch Italien geeilt sei, um Rom zu erreichen: »Wenn ich meiner Ungedult (sic) folgte, ich sähe nichts auf dem Wege und eilte nur grad aus.« Wäre Stendhal damals schon in Rom gewesen, hätte Goethe seinen im Buch »Reise in Italien« 1817 erteilten ironischen Rat beherzigen können, nach dem Kolosseum oder dem Petersdom nur ja den Wagen zu nehmen: »Man kommt nie dahin, wenn man zu Fuß geht, weil einen die Neugierde auf Schritt und Tritt aufhielte.« An seinen Zielen angelangt, taucht der Bildungsreisende in die zu Stein gewordene Erinnerung ein, aus der ihm seine eigene, ganz persönliche Humanität zurückzuleuchten scheint.

Dabei wird er oft durch seinesgleichen gestört. Schon der Engländer Lord Byron klagte, Rom sei »verseucht von Engländern«. Für den elitären Touristen sind die Touristen immer die anderen, die lauten Horden, die an den Sehenswürdigkeiten vorbeiziehen und um das Authentische betrogen werden, das sie zugleich zerstören und in Form von Fotos und Videos in ihre eigene Erfahrung umbuchen. Wenn der Tourismus oft als Karikatur der klassischen Bildungsreise erscheint, so ist die Kritik am Tourismus heute manchmal eine Überbietung dieser Karikatur. Wo alles schon bereist und damit des Authentischen beraubt ist, führt die Reise zum Eigentlichen notgedrungen wieder in die eigene Innerlichkeit zurück, durch deren Tiefe der kritische Tourist sich von den anderen Touristen zu unterscheiden meint.

Die Autoren von »Slowenien entgegen« sind sich dieser Schwierigkeiten bewusst. Es will kein Reiseführer sein, der Sehenswürdigkeiten aus einem indifferenten Hintergrund hervorhebt, den man nur rasch zu durchwandern hätte. Obwohl der Weg eine überlegte Komposition darstellt, ist er auch als Ganzes keine Sehenswürdigkeit im Sinne einer Bildungsreise oder des modernen Tourismus und seiner Kritiker: Zu unscheinbar sind die Monumente, zu abrupt die Wechsel von fast kitschiger Postkartenschönheit zur scheinbaren Hässlichkeit eines Stadtrands. Zwar wird, wer die ganze Strecke zu Fuß geht, vielleicht nach neun Tagen ein anderer Mensch sein, aber nicht durch die Begegnung mit dem Authentischen, das sich im Übrigen kaum vom Gewohnten unterscheidet.

Aber wozu dann Kosten und Mühen? Hinweise geben die Bedeutungen eines ganz gewöhnlichen Begriffs: Der Spaziergang kann nicht nur als Antithese zur Bildungsreise, sondern auch als Kritik an ihrer kritischen Überbietung betrachtet werden. Johann Gottfried Seume, der 1802 seinen »Spaziergang nach Syrakus« absolviert hat, immerhin eine Fußreise, die in Leipzig ihren Anfang nahm, will genau das sehen, woran die Bildungsreisenden und Touristen vorbeifahren. Wer »geht, sieht am Durchschnitt anthropologisch und kosmisch mehr, als wer fährt«, das wird sein Leitsatz. Aber sein Gehen formt nicht die Innerlichkeit eines Bildungssubjekts, sondern will den sozialen und freien Charakter und durch den hindurch sogar die politischen Verhältnisse gestalten: »Ich halte den Gang für das Ehrenvollste und Selbstständigste in dem Manne und bin der Meinung, dass alles besser gehen würde, wenn man mehr ginge«, sagt Seume.

Dass im Gehen mehr zu sehen ist als im Fahren, weiß jeder Wanderer: Während Fabriksgebäude an der Peripherie von Kranj an den Autoinsassen immer schon vorbeigehuscht sind, sehen die Fußgänger die verwinkelten Schichten einer Industriearchitektur, die mit den nahegelegenen Arbeiterwohnhäusern kommuniziert. Während die Passagiere eines Busses im Kirchlein Sveti Primož in der Nähe von Kropa ein bekanntes Postkartenmotiv erkennen, sind die Fußgänger in dieses Motiv regelrecht hineingegangen. Aber Johann Gottfried Seume meint mehr: Der Wanderer, der sieht, ist immer schon mitten drin, und was er sieht, dient ihm nicht als Beweis für eine vorher schon existierende Überzeugung oder als Material für seine Bildung, die zur Vollendung gebracht werden soll, sondern er ist durch das Sehen offen und selber in das Gesehene ausgesetzt.

Für ein Gehen in die Ausgesetztheit finden sich auch viele literarische Beispiele. Mit einem der wohl bekanntesten Anfangssätze der deutschsprachigen Literatur »Den 20. Januar ging Lenz durchs Gebirg« beginnt der Spaziergang von Georg Büchners »Lenz« in eine Landschaft, die nichts anderes ist als eine Spiegelung seines Seelenzustandes: Nebel, Feuchtigkeit und bedrückende Ruhe dringen unmittelbar in die offene Seele von Lenz ein, und wenn einmal die Sonne über die

Am Tošč

Gipfel kommt, »riß es ihm in der Brust, er stand, keuchend, den Leib vorwärts gebogen, Augen und Mund weit offen, er meinte, er müsse den Sturm in sich ziehen ...«. In seinen Reisetagebüchern aus den Jahren 1803 und 1804 schwärmt der junge Arthur Schopenhauer von brausenden Bächen, und noch Reinhold Messner erzählt in seinem Buch »Alleingang«: »Während ich still dasitze, werde auch ich eine Wolke, ein Nebel. (...) Und die Stille drängt mich, den Gipfel nur behutsam zu berühren.«

Obwohl mit Nebel zu rechnen ist, obwohl man durchaus brausende Bäche sehen und sogar einen felsigen Gipfel, den Tošč, berühren wird, sind bei der Wanderung von Klagenfurt nach Ljubljana genau solche Erfahrungen nicht zu machen. Das »Gebirg« von Lenz hat keinen geographischen Ort. Seine Ausgesetztheit führt direkt in sein eigenes Herz zurück, weil in der Landschaft nichts anderes zu sehen ist als Stimmung. Lenz suchte, heißt es bei Büchner, »aber er fand nichts«. Die Überwältigung wiederum, die Schopenhauer widerfuhr, entspringt einer romantischen Projektion: Die Natur wird als künstliche, theaterhafte Szenerie arrangiert und die Empfindung erscheint letztlich als deren Effekt. Reinhold Messner schließlich hat

Bei Jamnik

seine Ruhe eben durch einen Alleingang mühsam erklettert: Fern von allen Menschen sieht er über den Müll hinweg, den er und seine Kollegen inzwischen auf allen Gipfeln der Welt zurückgelassen haben.

In seinem Buch »Die Ringe des Saturns« zeigt dagegen W. G. Sebald, wohl einer der radikalsten literarischen Spaziergänger des zwanzigsten Jahrhunderts, wie gerade der genaue Blick auf das Konkrete, Gegebene und Alltägliche die Dinge sprechen lässt. Um »der nach dem Abschluss einer größeren Arbeit in mir sich ausbreitenden Leere entkommen zu können«, wandert er durch die englische Grafschaft Suffolk. In den Nebel und den Regen, die Lenz ohne Konturen wahrnahm, sieht Sebald genau hinein: In der Eingangshalle eines Schlosses steht ein ausgestopfter Eisbär. Jemand zeigt dem Wanderer ein Modell des Tempels von Jerusalem, an dem er seit zwei Jahrzehnten baut. Und als Sebald auf eine schlafende Schweineherde trifft, streicht er einem der Tiere übers Gesicht und krault ihm das Ohr, »bis es aufseufzte wie ein von endlosem Leiden geplagter Mensch.« Nach Jahresfrist hat der Wanderer, der leer aufbrach, jede Distanz verloren. Er liegt unbeweglich in einer Klinik, gefesselt von der

»Vorstellung, die in Suffolk im Vorsommer durchwanderten Weiten seien nun endgültig zusammengeschrumpft auf einen einzigen blinden und tauben Punkt.«

Nach der Wanderung von Klagenfurt nach Ljubljana ist eine solche Erfahrung nicht zu befürchten. Aber wie W. G. Sebald ohne Erkenntnisinteresse aufbricht, so hat auch »Slowenien entgegen« keine didaktische Absicht. Dadurch wird eine Position systematisch vermieden, die alles von oben her sieht. Wer den vorgeschlagenen Weg erwandert, befindet sich ohnehin auf Augenhöhe. Die Hinweise im Buch machen oft auf Perspektiven aufmerksam, die am Weg liegen, und, wie Sebalds unscheinbarer Eisbär, gerade deshalb leicht übersehen werden können. Wenn damit »das Unbestimmte, nicht Dingfeste an den Dingen« in den Blick gerät, von dem Theodor W. Adorno in seiner »Ästhetischen Theorie« emphatisch spricht, hätte der Weg auch einen philosophischen Charakter.

Vielleicht gerade weil alle Schreibenden es sich wünschen, nicht oberhalb oder außerhalb ihres Themas, sondern immer mitten drin zu sein, wurde der Spaziergang zu einer häufigen Metapher des Schreibakts. So sieht sich Paul Nizon in der schon zitierten Vorlesung »als einen, der, wohl weniger am Stock als am Faden des Schreibens, vorwärts und rückwärts durchs Leben geht. Das Schreiben ist Hilfe des Gehenden wie Steigerung und Vervielfältigung des Sehenden.« Von daher ist es gerechtfertigt, auch umgekehrt das Schreiben als Metapher des Gehens zu betrachten. In diesem Sinne nehmen die Autoren von »Slowenien entgegen« für sich in Anspruch, einen Weg nicht bloß beschrieben, sondern geschrieben zu haben. Bestimmte Wendungen sollen die Wanderer auf bestimmte Gesichtspunkte stellen. Ihre Abfolge hat selber einen erzählerischen Charakter. Der Weg ist durchkomponiert: Die Eindrücke wechseln in einem bestimmten Rhythmus, die Geschwindigkeit variiert nicht zufällig. Aber den Wanderern ist es anheimgestellt, sich als Leser der Landschaft zu verstehen, die wie beim Lesen oder Hören einer guten Erzählung ihre eigenen Gedanken schweifen lassen. Damit tun sich Möglichkeitsräume auf, die nicht vorhergesehen werden können.

Bei einer solchen Selbstüberschätzung der Autoren mag ein Einwand nahe liegen: Während Bernhard und Büchner, ja vielleicht sogar Seume und Sebald ihre Länder erfunden haben, sind Kärnten und Slowenien schon da, und nichts anderes wäre die Aufgabe der Autoren, als die durchquerten Länder so zu beschreiben, wie sie eben sind. Um diesem Einwand zu begegnen, muss schließlich doch das geheime Ziel von »Slowenien entgegen« verraten werden: Es geht hier um die Konstruktion eines Raumes im Gehen und letztlich um das Gehen als Politik.

Wie jedes Geheimnis ist auch dieses ein wenig komplex. Obwohl zum Beispiel gerade die informellen Pfade, die dieses Buch vorschlägt, entweder durch das Begehen erhalten oder an einigen Stellen überhaupt erst ausgetreten werden, hat der Begriff Konstruktion hier nicht nur einen kruden materiellen Sinn. Jurij M. Lotman schreibt in seinem Buch »Die Struktur literarischer Texte« von einem »literarischen Raum« als »Struktur des Raumes eines Textes«: Der literarische Text entspricht einem kulturellen Raummodell. Andererseits kann ein Text aber auch ein Weltbild entwerfen, das »Modell der Struktur des Raumes der ganzen Welt«. Eine kurze Szene aus Homers »Odyssee« erklärt, was gemeint ist: Penelope erkennt den heimgekehrten Odysseus nicht: »... die horchende Frau zerschmolz in fließenden Tränen. / Wie der gelagerte Schnee am First erhabener Berge / Welchen der Winter fallen gemacht, im lösenden Frühjahr / Strömend wird und füllet das Bett der rinnenden Flüsse / Also zerschmolz in Tränen die Frau; ihr flossen die Wangen / um den Mann, der neben ihr saß.« Ein ganzer Raum und eine ganze Zeit komprimieren sich in den Tränen der Penelope.

Könnte in ähnlich radikaler Weise von einem nicht erwanderten, sondern gewanderten Raum gesprochen werden? Das wäre ein Raum, der aus der Bewegung des Gehens heraus auch ein Weltbild gestaltet. Etwas Ähnliches intendierte jedenfalls schon Seume. Vom jeweils begangenen Ort aus umgreift der Weg den Raum und den Rhythmus, die Gegenwart und die Geschichte. Wer sich mitten auf dem Weg befindet, für den wäre sein gerade begangener Ort dann nicht nur in Raum und Zeit platziert, sondern zugleich qualifiziert, das heißt mit der gesehenen und gedachten, erfahrenen und phantasierten Bewegung aufgeladen.

Mit dem Gehen als Politik kann daher nicht bloß gemeint sein, dass eine Wanderung von Klagenfurt nach Ljubljana engstirnige Trennungen und eine Geschichte der Kämpfe und Morde überwandert. Der Satz von Johann Gottfried Seume, »dass alles besser gehen würde, wenn man mehr ginge«, kann auch so gelesen werden: Wenn man mehr ginge, würde alles besser gehen. Diese Lesart steht durchaus in einer alten Tradition: Die Wandervogelbewegung zu Beginn des 20. Jahrhunderts verstand sich als Antithese gegen Militarismus und Erstarrung und damit auch gegen Wanderer, die im Gehen nur ihre nationalistischen und völkischen Überzeugungen noch einmal bestätigen wollten. »Slowenien entgegen« ist kein Pfadfinderbuch, weil es ihm nicht um eine neue Form von Gemeinschaft geht. Aber es will trotzdem an Seume anknüpfen: Durch das Gehen geriete alles in Bewegung. Man ist inmitten dieser Bewegung und ausgesetzt ins Andere und den Anderen. Die Wanderer sind unter vielen. Es gibt viele Abzweigungen. Mit und ohne Landkarte kann abgewichen werden, damit werden vielleicht neue Wege von den Vielen konstruiert. Nicht das, was gewesen ist, nicht das, was ist, nicht das, was sein wird, sondern das, »was wir dabei sind zu werden, das heißt das Andere, unser Anders – Werden«, ist für die französischen Philosophen Gilles Deleuze und Félix Guattari ein anderes Wort für Politik: Gehen als Methode, Gehen als Politik.

Wilhelm Berger

Bei Angern/Angarje: Blick ins Rosental

1. ETAPPE: STADTFLUCHT
Wanderung von Klagenfurt/Celovec nach Ferlach/Borovlje

VORSCHAU

So viele Gründe es gibt, Klagenfurt den Rücken zu kehren, so viele Möglichkeiten hat man, dies zu Fuß zu tun. Wirklich attraktive Wanderwege sind allerdings rar; einer davon führt nach Süden und ist somit der ideale Auftakt für die Reise nach Ljubljana. Wie schön die Wegstrecke ist, wird vor allem Einheimische überraschen. Eine Landschaft, die Autofahrer als hoffnungslos zersiedelt wahrnehmen, erweckt bei dieser Wanderung den Anschein, noch weitgehend intakt zu sein.

Vom fast vergessenen Bahnhof Viktring wandert man entlang der Glanfurt und durch eine Kleingartensiedlung nach Draschitz, das der Wasserschutz vor gröberen Bausünden bewahrt. Vom Fuße der Sattnitz geht es weiter nach Bach, wo der Blickkontakt zu Klagenfurt abreißt. Schon nach kurzem Anstieg im Wald findet man sich in einer anderen Welt wieder: auf einer kleinen »Alm«, wie man sie sonst nur in höheren Lagen findet. Ein neuerlicher Szenenwechsel erwartet den Wanderer bei Angern am Südhang des Sattnitzrückens, wo einem, hart an der Grenze zum Kitsch, das Rosental zu Füßen liegt. Ein Ärgernis sind die architektonischen Wucherungen bei Göltschach; umso schöner erweist sich der steile Abstieg zur Drau. Von der malerischen Guntschacher Au setzt man mit der Valentinsfähre nach Glainach, einem Zentrum slowenischer Kultur in Kärnten, über. Weitere Stationen sind ein Indianerdorf bei Otrouza sowie die Schotterbänke des Grießbaches, dem man bis kurz vor Ferlach folgt.

HINWEISE ZUR WANDERUNG

SCHWIERIGKEITSGRAD: Leichte Wanderung.

LÄNGE: 20 km.

KLAGENFURT/CELOVEC
(446)
Bhf. Viktring/Vetrinj
Glanfurt
Straschitz/Stražišče
Bach/Potoče
(703)
Angern/Angarje
Göltschach/Golšovo
Drau/Drava
Fähre/Brod
Glainach/Glinje
Otrouza/Otrovca
Grießbach
FERLACH/BOROVLJE
(466)
N
0
1
2 km

GEHZEIT: 5 Stunden.
ANSTIEGE: 200 Höhenmeter.
WEGE: Insgesamt ca. 4 km Asphalt auf wenig befahrenen Straßen, ansonsten bequeme Feld- und Waldwege.
ORIENTIERUNG: Einfach, teilweise markiert.
KARTE: Österreichische Karte Nr. 202 – Klagenfurt und Nr. 203 – Maria Saal, 1:50 000.
VERKEHRSVERBINDUNGEN: Bahnhof Viktring in Klagenfurt, Bushaltestelle in Ferlach.
EINKEHR: Gaststätten in Angern, Göltschach, Glainach, Ferlach
QUARTIER: Ferlach.
WICHTIGE HINWEIS: Die Überfuhr mit der Valentinsfähre ist nur in den Sommermonaten oder bei Voranmeldung möglich. Die weniger schöne (und auch längere) Variante: Man folgt ab Göltschach der Markierung »Rosentalmarsch« in westlicher Richtung bis zum Kraftwerk unterhalb von Maria Rain und quert dort die Drau. Weiter am Radweg flussabwärts bis zur Einmündung des Grießbaches. Kontakt Valentinsfähre: Christian Rauper, +43/4227/4559.

WEGBESCHREIBUNG

Ausgangspunkt der Wanderung ist der Bahnhof Viktring im Klagenfurter Ortsteil St. Ruprecht. Man verlässt diesen in südlicher Richtung und geht auf einer Fahrspur rechts der Geleise bis zur Brücke über die Glanfurt. Nach der Brücke geht man nach links in die Flussgasse. Bald wendet sich die Straße von der Glanfurt ab; man geht geradeaus auf schmalem Uferpfad weiter. Man passiert eine Kleingartensiedlung und geht an deren Ende nach rechts, einen Acker entlang. Nach 50 m wendet man sich nach rechts in einen Fahrweg. Nach 50 m biegt man nach links und geht zwischen Kleingärten bis zu einem Querweg. Weiter geradeaus bis zu einem Quersträßchen, auf diesem nach links. Nach 20 m geht man nach rechts in einen Gehweg und an dessen Ende nach rechts in ein Schottersträßchen. Man gelangt zu einer asphaltierten Querstraße, geht links und erreicht die Stiftkogelstraße. Auf dieser nach links bis zum Gasthof Postrane und weiter bis zu den ersten Bauern von Straschitz. Hier gabelt sich die Straße, man geht rechts (Wegweiser »Bach«).

Nach 150 m eine Gabelung, man geht links in die Steilhangstraße. Bei der darauffolgenden Gabelung (Wegkreuz) geht man rechts, bei der nächsten Abzweigung geradeaus in einen ansteigenden Graben; der Asphalt endet. Kurz darauf eine Gabelung, man geht rechts bergauf. Bald darauf, wenige Meter vor einem gelben Haus, verlässt man den Fahrweg, indem man sich scharf nach links in einen ansteigenden Hohlweg wendet. Bei einem breiteren Querweg geht man rechts und steigt auf diesem in mehreren Kehren bis zu einer Kreuzung an. Hier geht man links auf breitem Forstweg weiter bergauf. Eine Abzweigung nach rechts wird ignoriert. In einer markanten Rechtskurve des Weges (Kahlschlag mit Blick auf Klagenfurt) wendet man sich halb links in einen ansteigenden untergeordneten Weg, der sich sofort in einen Hohlweg verwandelt. Bei einem breiten Querweg geht man links, bei der darauffolgenden Gabelung wieder links. Man tritt aus dem Wald und geht auf schönem Weg entlang einer almartigen W e i d e . An deren Ende eine Gabelung, man geht links und betritt neuerlich den Wald. Man folgt dem Hauptweg bis zu einer Lichtung, geht bei einem Querweg nach rechts und gelangt zum Hanswirt in A n g e r n (1:45 Std.).

Auf der Querstraße vor dem Wirt nach links in westlicher Richtung. Nach gut 200 m biegt man in ein Sträßchen nach rechts und passiert einen Bauernhof. Das Sträßchen wendet sich nach links und gabelt sich; man geht geradeaus in einen Feldweg. Schöne Blicke. Der Weg führt neuerlich in den Wald und wird vorübergehend undeutlicher. Bei einem breiten Querweg geht man rechts. Bald tritt man wieder aus dem Wald und wird Göltschach gewahr. Weiter bergab bis zu einem Sträßchen, vorbei an einigen Neubauten bis zu einem Quersträßchen. Auf diesem nach links über die Bundesstraße bis zur Kirche von G ö l t s c h a c h (2:15 Std.).

Vor der Kirche nach rechts, nach wenigen Metern nach links. Man folgt nun den Wegweisern »Rosentalmarsch« zuerst vorbei an einigen Häusern, dann bergab auf schönem Feld- bzw. Waldweg bis zu einem A u s s i c h t s p l a t z . Von hier steil bergab bis zu einer Kreuzung bei den ersten Häusern von Unterguntschach. Man geht geradeaus und steigt nach wenigen Metern, die Markierung verlassend, nach rechts zum Kirchlein von G u n t s c h a c h an (3:00

Std.). Schöner Rastplatz. Vom Kirchlein zurück zum Wanderweg, auf diesem nach links, nach 20 m nach links in einen absteigenden Feldweg. Man quert auf undeutlicher Fahrspur eine Wiese oberhalb der Au, erreicht bei den Häusern von Oberguntschach ein Quersträßchen und geht auf diesem nach links. Nach einem Brücklein eine Gabelung, man geht links und geht auf dem geschotterten Fahrweg bis zur Valentinsfähre (3:30 Std.). Überfahrt.

Vom Bootshaus am anderen Ufer der Drau steigt man auf einem Treppenweg bis zu einem Radweg an, auf diesem nach links bis zur Kirche von Glainach (3:45 Std.). Einkehr im Gasthof Antonitsch.

Man kehrt zum Radweg oberhalb der Fähre zurück und wandert auf diesem in westlicher Richtung bis Otrouza. Besichtigung des »Indianerdorfes«. Nach Durchquerung des Ortes weiter auf dem Radweg in westlicher Richtung. Man gelangt zur Einmündung des Waidischbaches. Geradeaus über eine Furt, weiter die Drau entlang. Nach knapp 10 Min., an der Einmündung des Grießbaches, verlässt man den Radweg und folgt dem Wegweiser »Bistro am Bach«. Rast- und Badeplätze am Bach. Nach 5 Min. eine Kreuzung (Ortstafel »Ferlach«); man geht nach rechts in die Grießgasse. Gleich darauf biegt die Straße nach links, man geht geradeaus in einen Waldweg. Knapp vor dem Grießbach ein Querweg, man geht links. Angenehmer Weg im Kieferwald, stets in Ufernähe. Nach 15 Min. gelangt man zu einer Kreuzung bei einer Fußgängerbrücke. Man geht geradeaus und erreicht eine Straße, welche man quert, um sich halblinks in einen Gehweg entlang einer Mauer zu wenden. Man passiert das Beschussamt und geht über ein Brücklein bis zu einer Kreuzung. Man geht geradeaus und findet sich am Hauptplatz von Ferlach wieder (5:00 Std.).

AM WEGE

BAHNHOF VIKTRING/VETRINJ

Mit einem revolutionären Verkehrskonzept für Klagenfurt zog der sozialdemokratische Bürgermeisterkandidat Michael Ausserwinkler 1990 in den Wahlkampf. Seine Idee: Die Schaffung eines städtischen S-Bahn-Netzes unter Einbeziehung der bestehenden Bahnstationen an der Klagenfurter Peripherie. Auch der Bahnhof Viktring war als Terminal vorgesehen, was zu einer Aufwertung der Karawankenbahn geführt hätte. Ausserwinkler unterlag dem ÖVP-Kandidaten, und der Bahnhof Viktring dämmert weiter vor sich hin. Der Personenzug hält nur selten, und auch als Frachtenbahnhof hat die Station fast ausgedient – kein Ort, der den traurigen Zustand des öffentlichen Verkehrs in Klagenfurt treffender widerspiegelt.

Für die Pendler aus dem Rosental, die im Süden Klagenfurts Beschäftigung fanden, erfüllte die 1906 eröffnete Bahnstation bis in die 70er Jahre eine wichtige Funktion. Janko Messner, Kärntner Schriftsteller beider Landessprachen, setzte dem Bahnhof mit der Erzählung »Wie ich ein Gospod wurde« ein literarisches Denkmal. Darin schildert der Ich-Erzähler, wie er hier im Jahr 1976 zufällig die schlampig übertünchten Überreste der »zweisprachigen Aborttafeln des seligen kaiserlich-königlichen Österreich – Herren/Gospodje, Frauen/Gospe« – entdeckte. Als diese Nachlässigkeit publik gemacht und der Bahnhof Viktring plötzlich zum Symbol einstiger sprachlicher Gleichberechtigung wurde, verschwanden die Schilder von der Bildfläche. »Seitdem«, so der Autor, »schlage ich mein Wasser nur noch im WC meiner Wohnung ab«.

ST. RUPRECHT/ŠENTRUPERT

Dass die südliche Vorstadt seit jeher zweisprachig war, belegen die Flurnamen der Umgebung. Einige dieser Spuren sind allerdings gründlich verwischt, man könnte auch sagen: fortgespült worden, denn die meisten Ortsbezeichnungen haben direkt oder indirekt mit dem hier reichlich vorhandenen Wasser zu tun.

Das trifft auch auf den Stadtteil St. Ruprecht zu, den Ausgangsort der Wanderung. Er hieß ursprünglich Flatschach/Blače, was sich von *blato*, Moos, ableitet und auf den einst sumpfigen Boden sowie die ständigen Überschwemmungen in diesem Gebiet verweist. Hier hauste einst der Klagenfurter Lindwurm, dessen »Kopf« – der Schädel eines Wollnashorns – im Landesmuseum besichtigt werden kann. Eine fast gleich-

Bahnhof Viktring/Vetrinj

lautende Sage ist in Ljubljana, das ebenfalls im Süden von großen Sümpfen begrenzt wurde, überliefert. Beide Stadtwappen ziert daher ein Lindwurm; Klagenfurt darf für sich in Anspruch nehmen, den älteren Drachen zu besitzen.

Ständigen Überschwemmungen war auch das benachbarte Waidmannsdorf ausgesetzt, wie aus seinem fast vergessenen slowenischen Namen Otoče (Insel) hervorgeht.

Das älteste Zeugnis menschlicher Zivilisation in St. Ruprecht sind zwei Einbäume aus der Bronzezeit, die 1939 und 1940 aus dem Schlamm geborgen wurden. Man kann also behaupten, dass die ersten Siedler »mit dem Boot« nach Klagenfurt gekommen sind. Damals, vor rund 3500 Jahren, reichte das Ufer des Wörthersees bis östlich der heutigen Rosentaler Straße. Darauf weist vielleicht auch der Name der Stadt hin. Laut Sprachforscher Heinz Dieter Pohl lässt sich Cviljovec, wie die altslowenische Ausgangsform von Celovec lautet, auf römisch *l'aquiliu* (das im Slawischen zu *kvil'ŭ* bzw. *cvil'ь* wurde) zurückführen, was einen »Ort am Wasser« bezeichnet. Und weil *cvilja* im Slowenischen Klage, Jammer bedeutet, »wurde dies [...] mit Klage übersetzt und es entstand die der Lage entsprechende deutsche Bezeichnung«.[1]

Somit ist »Klagenfurt« also eine etwas missglückte Übersetzung aus dem Slowenischen.

Eine widersinnige Eindeutschung erfuhr auch der Abfluss des Wörthersees, der das Klagenfurter Becken im Süden durchfließt. Seine amtliche Bezeichnung lautet Glanfurt und ist eine Verballhornung von Lanquart (Krummbach), das aus dem Keltischen kommt. Sie konnte sich allerdings gegen den umgangssprachlichen Namen Sattnitz/Sotnica nie durchsetzen. Der leitet sich vom angrenzenden Höhenzug ab; richtiger wäre die Bezeichnung Jezernica (Seebach), wie sie in alten Schriften zu finden ist.

An der Glanfurt/Sotnica

Die sprachliche Gewalt, die dem Fluss angetan wurde, entspricht den baulichen Zwangsmaßnahmen, unter denen er zu leiden hat. Seine Regulierung wurde erst spät in Angriff genommen, bot doch das Augebiet im Südosten einen gewissen Schutz gegen militärische Angriffe. 1853 erfolgte die erste, noch verhältnismäßig behutsame Regulierung. So konnte die Sattnitz noch bis 1937 fast ungehindert Richtung Osten mäandern und dabei mehrere Seitenarme und Inseln ausbilden. Ältere Anrainer erinnern sich an romantische Badeplätze und wilde Sandbänke, auf denen sie ihre Ferien verbrachten. Heute präsentiert sich die Sattnitz über weite Strecken als steriler Kanal. Für die Entwässerung des ehemaligen Schwemmgebietes wurden u. a. Kriegsgefangene aus Russland eingesetzt. Die endgültige Verbauung des Flusses wurde 1948 in Angriff genommen.

Viel früher gelang die Zähmung der Quellen im Süden Klagenfurts. Bereits Mitte des 16. Jahrhundert wurde die erste Wasserleitung von der Sattnitz nach St. Ruprecht gebaut. Einfache Holzrohre leiteten das Wasser zu einem Wasserturm nördlich der Glanfurt, von wo ein Bleirohr zu mehreren allgemein zugänglichen Auslaufbrunnen im Stadtzentrum führte. Der Lindwurmbrunnen am Neuen Platz erinnert noch heute an diese vielleicht letzte fortschrittliche kommunalpolitische Maßnahme in Klagenfurt.

In Straschitz/Stražišče

STRASCHITZ/STRAŽIŠČE

Als 1921 das Klagenfurter Trinkwasser knapp wurde, beschloss man den Bau eines Wasserwerkes in Straschitz/Stražišče. Ein weiteres Wasserwerk wurde 1960 errichtet. Das bewahrt den Ort bis heute vor der Zersiedelung. Somit blieb vor der Haustür Klagenfurts ein fast ursprüngliches Bauerndorf erhalten, das mit zwei kleinen Keuschen und einem stattlichen Gehöft auch noch einiges von seiner alten Bausubstanz aufweisen kann.

Seinen Namen bezieht der Ort aus dem Umstand, dass sich hier – gewissermaßen am »Ufer« des Sumpfgebietes – eine Wacht (slow. *stražišče*) befand. Dasselbe gilt für das Landgasthaus Postrane, dessen Name aus dem Zungenbrecher *Postražiščnik* (Hof an der Wacht) entstand. Es wurde um 1640 erbaut und gehört seit sechs Generationen der Familie Fritz. Familienangehörige erinnern sich an das große Transportboot, das zum Fuhrpark des Betriebes gehörte. Seine Blüte erlebte der Hof um 1900, als neben der

Land- und Gastwirtschaft eine große Gärtnerei und ein Steinbruch betrieben wurden. Zusätzliche Einkünfte brachte der Handel mit Salz. So zählte der Postrane immerhin 26 Beschäftigte. Sein Felsenkeller diente im 2. Weltkrieg als Luftschutzbunker. Vorübergehenden Aufschwung bescherte dem Hof die in den 70er Jahren eröffnete Reitschule. Internationale Reitturniere lockten Scharen von Pferdeliebhabern an. Als aber das Dach des Reitstalles einstürzte und ein Neubau am Wasserschutz scheiterte, wurde es ruhig um den Postrane.

EINKEHR: Gasthof Postrane, nur am Wochenende geöffnet. +43/463/282191

BACH/POTOČE

Bäuerlichen Charakter besitzt auch das südlichste Dorf innerhalb der Klagenfurter Stadtgrenze, sieht man von ein paar »Villen« zwischen den alten Bauernhöfen ab. Ein Bauer hat sich auf die Aufzucht von Eseln spezialisiert, ein anderer macht sich mit dem Sammeln schrottreifer Landmaschinen bei den Nachbarn unbeliebt. Von den Weingärten, die das Kloster Viktring hier einst unterhielt, ist nichts mehr zu sehen.

ANGERN/ANGARJE

Vier Bauernhöfe bilden den Ortskern des kleines Dorfes in privilegierter Lage. Die für Kärnten ungewöhnlich dichte Anordnung der Wirtschaftsgebäude soll darauf zurückzuführen sein, dass der Ort einst von einem hohen Zaun umgeben war. Er sollte die Bewohner und ihr Vieh vor Angriffen hungriger Wölfe schützen. Ob der seit 1289 gebräuchliche Ortsname – er leitet sich vom mittelhochdeutschen *angern*, bange machen, ab – mit der Ängstlichkeit seiner Einwohner zu tun hat, ist nicht überliefert.

EINKEHR: Einen Besuch lohnt der Hanswirt, der in der Zwischen- und Nachkriegszeit ein beliebtes Ausflugsziel war und manch ausgelassenes Fest erlebte. Wirtin und Interieur stammen aus dieser guten alten Zeit.

Auf der Sattnitz/Sotnica

GÖLTSCHACH/GOLŠOVO

Der alte Ort wechselte mehrmals seinen Namen. So wurde aus »Galisich«, wie er im Jahr 983 erstmals genannt wurde, im 12. Jahrhundert »Golsou«, später »Gels«, dann »Gölsow« und um 1480 »Gulleschau«. »Geldschach« oder »Geldsack« nennen es heute manche Einheimische, versuchen sich doch ein paar wohlhabende Häuselbauer in puncto Geschmacklosigkeit gegenseitig zu übertreffen. Besonders protzig sind einige Neubauten nördlich der Bundesstraße, wo der Preis so manchen Garagentores wohl den eines fabrikneuen Kleinwagens übersteigt. Einen Gegenentwurf zu dieser Baukultur versuchte die Architektin Eva Rubin mit ihrem 1997 errichteten »Lehmhaus«.

EINKEHR: Gasthof Moser, Bier, Most, Almdudler. +43/4227/84051

GUNTSCHACHER AU/GUNČE

1981, als das Draukraftwerk Annabrücke gebaut wurde, erfuhr die Flusslandschaft bei Guntschach eine radikale Umgestaltung. Das rechte Ufer der Drau wird seither von einem sieben Kilometer langen, fast schnurgeraden Damm begrenzt; auf der linken Flussseite hat sich hingegen eine künst-

In Göltschach/Golšovo

liche Au gebildet. Abgestorbene Fichtenstämme ragen aus dem Wasser und zeugen von der Überflutung infolge des gestiegenen Wasserspiegels. Besonders reizvoll ist der östliche Teil, der zahlreiche Altarme, Tümpel und Röhrichte aufweist und ein wertvolles Flachwasserbiotop geworden ist. Nasen, Barben und Äschen finden Laichplätze, auch das seltene Neunauge und das sogenannte Moderlieschen sind hier beheimatet. Neuen Lebensraum für gefährdete Tierarten bietet auch der trockenere Mittelteil mit einer auwaldähnlichen Erlenpopulation sowie vegetationsarmen Sand- und Kiesfluren.

Einen schönen Blick auf die Guntschacher Au genießt man vom Kirchlein St. Leonhard, das auf einem Hügel hoch über dem Wasser thront. Rund 600 Jahre alt, hat das Gotteshaus viele Umbauten überstanden, so auch seine letzte Renovierung im Jahr 1992. Die Initiative ging von Angehörigen des Bundesheeres aus. Seither ist der Heilige Leonhard, wie eine Inschrift besagt, nicht nur »Schutzpatron für Stallvieh, Knechte, Mägde und Gefangene« (und zwar genau in dieser Reihenfolge), sondern »auch für die Soldaten des Heerestransport-Bataillons 12«.

GLAINACH/GLINJE

Es ist der erste Ort auf dem Weg nach Ljubljana, in dem die Kultur der Kärntner Slowenen nicht nur Spuren hinterlassen hat, sondern noch immer lebendig ist. Zentrum ihrer Pflege ist das Kulturhaus »Pri Cingelcu« im Ortsteil Tratten an der Bundesstraße. Es wurde 1908 eröffnet und fungiert seither (mit Unterbrechungen) als Stützpunkt verschiedener slowenischer Kulturvereine. Die örtliche Tradition slowenischer Bildungsarbeit und Selbstorganisation reicht noch weiter zurück. Bereits 1885 wurde in Glainach die slowenische Feuerwehr und ein Jahr später eine slowenische Darlehenskasse gegründet. Slowenische Lesevereine, Chöre und Laienspielgruppen sowie ein eigener Konsumverein trugen jahrzehntelang zur Identitäts- und Bewusstseinsbildung bei. Legendär sind die Haushaltskurse der 1997 verstorbenen Volksdichterin Milka Hartmann, die praktische Lebenshilfe mit poetischer Sprachvermittlung zu verbinden verstand. Heute dient der »Cingelc« auch der Vermittlung zeitgenössischer Kunst, etwa in Form von Gastspielen von Künstlern aus Slowenien.

Derlei Aktivitäten gingen allerdings nicht immer konfliktfrei über die Bühne. So geriet die slowenische Feuerwehr immer wieder ins Visier der Deutschnationalen und sah sich die »windische Kasse« üblen Diffamierungen ausgesetzt. Dokumentiert sind auch zahlreiche deutschnationale Störaktionen und Handgreiflichkeiten bei Veranstaltungen beim »Cingelc«. Sie gipfelten in der Verwüstung des Kulturhauses und der Vernichtung der slowenischen Bibliothek durch die Nazis.

Heute ist das Verhältnis der Volksgruppen entspannter, nicht zuletzt deshalb, weil die Slowenen im Ort schon rein zahlenmäßig keine Bedrohung mehr darstellen. Zur Akzeptanz der Minderheit trägt aber auch der Verein »Valentinsfähre« bei, der mit seiner 1997 errichteten Rollfähre nicht nur beide Drauufer miteinander verbindet, sondern auch einen Beitrag zur Verständigung beider Sprachgruppen leisten will. Zwar ist die Vereinssprache vorwiegend deutsch, doch geht man mit der zweiten Landessprache verhältnismäßig unverkrampft um. Das Liedrepertoire der Fährleute umfasst auch slowenische Weisen, die – zumindest auf Anfrage – gerne gesungen werden.

Unbedingt zu empfehlen ist eine Flussfahrt mit einer Plätte, wie das flache, nach Originalplänen gebaute Boot genannt wird. Dabei wird man mittels Oldtimer-Außenbordmotor flussaufwärts gebracht, um dann mit der Strömung entlang der steilen Felsen des Nordufers bis zur Guntschacher Au zu treiben. Wie ein Film zieht eine der schönsten Flusslandschaften vorüber, die die Drau in Kärnten hervorgebracht hat.

Die Valentinsfähre knüpft an die Tradition einer Reihe von Draufähren an, die in Kärnten z. T. bis Mitte des 20. Jahrhunderts existierten. So wurden allein zwischen Latschach (bei Rosegg) und Goritschach (bei St. Margareten) neun Mautfähren betrieben. Erst 1966 stellte die letzte Personenfähre bei Dreilach ihren Betrieb ein. Die alte Glainacher Überfuhr (sie befand sich 200 m oberhalb der heutigen Anlegestelle) war im Gegensatz zu den meisten anderen Draufähren auch für Fuhrwerke und Pferde zugelassen. So diente sie den Bauern und Fassbindern aus St. Margareten als schnellste Verbindung zum Klagenfurter Markt. Zu den Fahrgästen zählten aber auch Kirchgänger und Pilger. Besonders ertragreich war die so genannte Krainer Wallfahrt, bei der Pilger aus Tržič nach Guntschach übersetzten. Der Sohn des letzten Fährmanns will sich erinnern, dass sich sein Vater vom Erlös zwei Kühe kaufen konnte.

Als Rollfähre, die ausschließlich von der Flussströmung »betrieben« wird, ist die Valentinsfähre ein ökonomisches und auch sicheres Verkehrsmittel. Das war nicht immer so. Bis zum Ende des 19. Jahrhunderts erfolgte die Überfuhr mit frei schwimmenden Fährbooten, die von den Fährleuten mittels Muskelkraft, also rudernd, fortbewegt wurden. Das erforderte die Assistenz einer zweiten Person, zumal das Boot nach jeder Überfuhr wieder flussaufwärts gezogen werden mußte. Bei hohem Wasserstand war die Querung der Drau eine unfallträchtige Angelegenheit. Katastrophal endete der Ausflug von

Bei Glainach/Glinje

54 Pilgern am 23. Juli 1765. Auf der feuchtfröhlichen Rückfahrt von einer Wallfahrt nach Maria Rain kenterte die völlig überladene Fähre; 53 Personen ertranken, nur eine Glainacherin überlebte dank der Hilfe eines geistesgegenwärtigen Schutzengels, der sie »auf silbernen Schwingen zum Ufer« trug.[2]

Mit der hübschen Kirche, die dem heiligen Valentin, der auch als Wanderbischof bezeichnet wird, geweiht ist, besitzt Glainach ein bemerkenswertes Kulturdenkmal. Der Kirchenpatron soll der Überlieferung nach aus Tržič vertrieben worden sein und, über den Loibl kommend, in Glainach freundliche Aufnahme gefunden haben. »In Neumarktel aber sei nach seiner Abreise die epileptische Krankheit aufgetreten, an der viele starben.«[3] Zur Abbitte wurde die bereits erwähnte zweitägige Krainer Wallfahrt ins Leben gerufen. Sie wurde bis zum 1. Weltkrieg einmal jährlich abgehalten und geriet nach der neuen Grenzziehung beinahe in Vergessenheit. Erst in den 90er Jahren erlebte sie ein Revival.

Der (spät)gotische Bau weist einige Besonderheiten auf, u. a. ein Kreuzrippengewölbe, das auf sechs auffällig schmalen Säulen ruht, und eine »sichtlich eingedrückte Ostwand, Sinnbild des geneigten Hauptes Christi am Kreuze«[4]. Das Altarbild

In Otrouza/Otrovca

stammt von Kaspar Götzel aus Kranj. Besonders stimmungsvoll ist der Friedhof, der von einer stark gegliederten Friedhofsmauer mit einem freskengeschmückten Portal umgeben ist. Ein schlichtes Denkmal erinnert an eine Tragödie, die kurz nach Ende des 2. Weltkriegs in Glainach stattgefunden hat. Eine Gruppe von *domobranci* (slowenische Heimwehr), die aus Jugoslawien nach Kärnten geflüchtet war, griff am 10. Mai 1945 einen Partisanenverband an und ermordete 14 Freiheitskämpfer. Von einem ähnlichen (oder vielleicht demselben?) Vorfall berichtet der Ferlacher Chronist Hans Tuschar, allerdings mit umgekehrten Vorzeichen. So sollen in der Nacht vom 9. auf den 10. Mai 1945 »Partisanen aus dem benachbarten Krain (...) 14 Landsleute, die nicht ihre politische Meinung teilten, gelyncht« haben.[5]

EINKEHR: Das Gasthaus Antonitsch ist einer der wenigen Lichtblicke in Kärntens ländlicher Gastronomie. Es zeichnet sich durch ein originelles Angebot heimischer Spezialitäten aus, unter denen der Hadnwickl, das Bauernbratl und die Kärntner Torte besonders zu empfehlen sind. Gemütlicher Gastgarten, geschmackvoll eingerichtete Gasträume. Geöffnet Mitte April bis Anfang November, Montag Ruhetag, +43/4227/2226.

OTROUZA/OTROVCA

Wer im Raum Ferlach seine Augen offen hält, stößt immer wieder auf die eigentümlichen, »amerikanisch« anmutenden Holzplastiken des Bildhauers Egon Müller. In Otrouza, an der Einmündung des Waidischbaches in die Drau, hat der Autodidakt gleich ein ganzes »Indianerdorf« geschaffen. Im Zentrum steht ein geräumiges Tipi, das von schaurigen Totems und grimmigen Holzadlern umgeben ist. Besonders makaber: ein stahlbehelmter Totenkopf, in dessen Stirn ein Indianerpfeil steckt. Mehrere Feuerstellen, Blockhütten und ein Saloon vervollständigen die Infrastruktur, die auch für Veranstaltungen angemietet werden kann. Ein Paradies für Leute, die in den Mokassins stecken geblieben sind.

FERLACH/BOROVLJE*

Diese Stadt sollte man an einem freundlichen, sonnigen Tag besuchen, nachdem man gut gegessen hat, in netter Gesellschaft und großzügig gestimmt. Denn es kann schon passieren, dass einem angesichts des Ortsbildes die Tränen kommen. Zählt man zu den feinsinnigeren Naturen, sollte man das feuchte Auge lieber vom Zentrum ab- und, zum Beispiel, der wechselvollen Geschichte des Ortes zuwenden.

1246 wurde Ferlach als »Voerelach« (was sich von der Föhre ableiten soll) erstmals erwähnt, es gehörte damals zum Grundbesitz der Hollenburger. Diese teilten sich mit dem Stift Viktring Teile des Rosentales. Reiche Rohstoffvorkommen (Blei, Eisen) in der Umgebung, der Waldreichtum und die vielen Bäche, die aus den Karawanken talwärts stürzen, begünstigten im frühen 16. Jahrhundert die Entstehung von eisenverarbeitendem Gewerbe (Draht- und Nagelschmieden, später Eisenhämmer) und dem Büchsenmacherhandwerk. Angeblich hatte Kaiser Ferdinand I. 1558 etwa 100 niederländische Waffenschmiede ins Land geholt, die sich an Loibl- und Waidischbach niedergelassen haben sollen. Über ihren weiteren Verbleib ist nichts bekannt.

Als Ferlach noch ein kleines Dorf war, sammelten sich die wenigen Behausungen direkt um die Kirche. Am Kirchenhügel verlief der Mühlkanal, an dem sich Mühlen an Schmieden und Hämmer reihten. Der heutige Hauptplatz war Überschwemmungsgebiet. Erst als der Grießbach befestigt und das Wasser in die Werkskanäle umgeleitet worden war, konnte der Grund dauerhaft besiedelt werden. Hier stand auch die Dorflinde, die das Zentrum der Gemeinschaft markierte.

In Ferlach/Borovlje

Das Geschäft florierte vor allem in Zeiten kriegerischer Auseinandersetzungen. Die Stadtchronik belegt, dass zur Zeit der Napoleonischen Kriege, als Ferlach das Monopol bei der Versorgung der österreichischen Armee mit Feuerwaffen inne hatte, in 22 Rohrschmieden jährlich fast 10.000 Industriegewehre, 4.000 Karabiner und 6.000 Pistolen hergestellt wurden. Mit dem Friedensschluss versiegte das lukrative Waffengeschäft – zwischen 1817 und 1820 wurde kein einziges Gewehr mehr an das Militär geliefert. Aus dieser Not heraus spezialisierten sich die Ferlacher Büchsenmacher auf die Fertigung von Jagdwaffen. Sie waren in ihrer Zunft streng organisiert und kamen dennoch miteinander nicht aus, galten als missgünstig und neidisch. Diese Wesenszüge waren schon 1782 vom Kreisamt kritisch registriert worden: »Ferlach könnte in jeder Beziehung ein blühender Ort sein, wenn nicht ununterbrochen Zank und Hader unter dessen Einwohnern herrschen würde.«[6] Ähnlich urteilte ein Visitationsbericht 1847, der die Ferlacher als »hochmütig und subordinationsscheu« sowie »rechthaberisch, klag- und klatschsüchtig«[7] kritisierte.

Nicht zuletzt wegen dauernder Streitigkeiten zwischen den Meistern (die sich auch schon mal gegenseitig die Feueröfen und Rohrschmieden in Schutt und Asche legten – so geschehen 1745) und des unmäßigen Alkoholkonsums, den es wohl brauchte, um wieder zu vergessen, verfiel die Qualität der Ferlacher Jagdwaffen im Laufe der Jahre. 1828 etwa sollte der 83jährige, kurzsichtige und schwerhörige Georg Glantschnig als Beschaumeister diese überwachen – ein Zeichen, wie wenig Wert die Ferlacher Büchsenmacher auf Kontrolle legten. Letztlich konnte man sich doch zu gemeinsamen Maßnahmen aufraffen: 1873 gründete man die Büchsenmachergenossenschaft und 1878 die Fachschule für Gewehrindustrie, die als Höhere Technische Bundeslehranstalt bis heute existiert. Zur Qualitätssicherung dienten die Probieranstalt und eine Schießstätte. Bis 1920 währten die »guten Jahre« der Ferlacher Waffenindustrie, die über 500 Menschen beschäftigte. Ebensoviele Arbeitsplätze bot die eisenverarbeitende Industrie. Sie wurde 1906 – nachdem Ferlach an das Eisenbahnnetz angeschlossen worden war – in die »Kärntner Eisen- und Stahlwerks AG (Kestag)« umgewandelt.

In Ferlach/Borovlje

Die Geschichte der Ferlacher Arbeiterschaft ist aber auch eine Geschichte der Not, Willkür und Unterdrückung. Soziale Leistungen gab es lange nicht, im frühindustriellen Zeitalter war der 16-Stunden-Arbeitstag die Norm. Der Lohn reichte nicht aus, um eine mehrköpfige Familie durch-

In Ferlach/Borovlje

zubringen – die Lebenserwartung war dementsprechend niedrig. 1884 beschreibt der Gewerbeinspektor Josef Edler von Rosthorn: »Die schlechtesten Werkstätten und Wohnungen traf ich in der Büchsenmachergemeinde Ferlach in Kärnten an. Leider läßt sich jedoch daselbst nichts thun, denn Verbesserung wäre mit dem Neubau von ganz Ferlach identisch.«[8] 1873 wurde, trotz massiver Drohungen von Seiten der Unternehmerschaft, unter reger Beteiligung der erste Arbeiterverein gegründet. Anstatt aber gegen die menschenunwürdigen Verhältnisse entschlossen vorzugehen, löste er sich schon nach einem Jahr wieder auf – wegen interner Unstimmigkeiten.

Bei der Volkszählung von 1880 gaben 70 % der Einwohner Oberferlachs Slowenisch als Umgangssprache an. Nach 1848 hatte Ferlach zunehmend überregionale Funktionen erhalten, Bezirksgericht, Steueramt, Notariat, Grundbuchamt und Postamt wurden eingerichtet. Sie alle brachten im Laufe der Jahre deutschsprachige Beamte nach Ferlach, die mit den Führungskräften der Eisenindustrie eine deutsch-liberale Bürgerschicht formten. Im frühen 20. Jahrhundert wandte sich diese zunehmend dem Deutsch-Nationalismus zu. Mit dem Ausbau des Schulwesens in Ferlach kamen mit den Lehrern weitere Sympathisanten deutschnationaler Organisationen in die Gemeinde. In der Büchsenmacherschule wurde – obwohl hauptsächlich von Slowenen besucht – Slowenisch als Unterrichtssprache bald abgeschafft. 1870 erhielten die Ferlacher Lehrer von einem liberalen Landtagsabgeordneten 190 Gulden »Belohnung« für vermehrten Deutschunterricht.

Doch auch in anderen Bereichen gelang es deutschnationalen Kräften, slowenische Emanzipationsbestrebungen zu unterbinden: Als in Ferlach ein *Narodni dom* (Volkshaus) gegründet werden sollte, verweigerten Gemeinde und Landesregierung die Zustimmung mit dem Hinweis, dass 25 Gasthäuser für 1000 Einwohner genügen müssten. Mit dieser Verweigerung wurde erfolgreich die Entstehung eines slowenischen kulturellen Zentrums verhindert. Slowenische Tradition wurde jedoch in vielen Gesangs- und Tamburizzavereinen gepflegt. Deren Beliebtheit stieg nach der Volksabstimmung von 1920 an, in der Zwischenkriegszeit gab es in Südkärnten 30 Gruppen vom Trio bis zum großen Orchester.

Zwischen 1870 und 1910 hatte sich die Bevölkerung Ferlachs aufgrund der guten wirtschaftlichen Lage mehr als verdoppelt. Obwohl die Zuwanderer hauptsächlich aus dem slowenischsprachigen Umland in die Gemeinde gezogen waren, zeigten die Bemühungen der Deutschnationalen deutliche Erfolge: 1910 gaben nur noch acht Prozent der Bevölkerung Slowenisch als Umgangssprache an. Die Eindeutschung der Arbeiterschaft war fast vollständig gelungen. Der Hauptgrund dafür war wohl, dass die slowenische Nationalbewegung eine konservativ-katholische war, die das Ferlacher Proletariat nicht anzusprechen vermochte. Dieses organisierte sich eher im Rahmen der Sozialdemokratie, die – trotz »Internationalismus« – schon damals dem Deutschnationalen zugeneigt war.

Ferlach/Borovlje: HTL, Kunst am Bau von Meina Schellander

Als 1918, nach dem Zerfall der Monarchie, SHS-Truppen in Kärnten einmaschierten und Gebietsansprüche stellten, erlebte Ferlach eine turbulente Zeit. Südslawische Militärs übernahmen das Kommando in der Stadt. Deutschsprachige Aufschriften mussten übermalt oder überklebt werden; in der Kestag wurden »deutschgesinnte« Arbeiter durch slowenischsprachige ersetzt. Im Jänner 1919 gelang der Kärntner Volkswehr, also den »Abwehrkämpfern«, die Rückeroberung der Stadt, und die Anordnungen der Jugoslawen wurden wieder außer Kraft gesetzt. Doch bereits im Mai fiel Ferlach erneut in die Hände der »Serben«. Bis zur Volksabstimmung am 10. Oktober 1920 (über den Verbleib Südkärntens bei Österreich) war Ferlach Schauplatz vieler Protestkundgebungen und Volksversammlungen. Dabei stellte sich auch die Sozialdemokratie in den Dienst der »Kärntner Sache«; agitiert wurde mit allen erlaubten und unerlaubten Mitteln. Schließlich stimmten 72,5 % der Ferlacher für Österreich. Da der Anteil der Slowenischsprachigen in der Marktgemeinde zehn Jahre zuvor nur acht Prozent betragen hatte, mussten auch einige »Deutsche« für den Anschluss an das Königreich der Serben, Kroaten und Slowenen gestimmt

Ferlach/Borovlje: Hauptplatz

haben. Nach dem Abzug der SHS-Truppen übernahm die Sozialdemokratie die Macht in der Gemeinde. Ferlacher Sozialdemokraten, zuvor Vertrauensmänner der Arbeiterschaft, veranlassten umgehend, dass alle Kestag-Arbeiter, die beim Plebiszit für den SHS-Staat gestimmt hatten, entlassen wurden.

Nach der Machtübernahme der Nationalsozialisten sanken die Arbeitslosenzahlen vorübergehend und schien die soziale Not kurzfristig gemildert. Das kulturelle Klima aber verschärfte sich umgehend: Jedes slowenische Wort war verpönt, slowenische Bibliotheken wurden zerstört und Vereine aufgelöst. Höhepunkt der Repression: die Deportation von 37 Slowenen aus dem Gemeindegebiet am 14. April 1942 in deutsche Lager.

Im Unterschied zu Klagenfurt blieb Ferlach, trotz der örtlichen Schwerindustrie, von Bombentreffern verschont. Am 9. Mai 1945 wurde die Stadt von einer jugoslawischen Einheit besetzt. Hans M. Tuschar beschreibt, wie er das Kriegsende erlebte, als sich die vom Balkan über den Loibl zurückziehenden Wehrmachtsverbände weigerten, ihre Waffen an die Partisanenverbände zu übergeben: »Die [deutschen] Soldaten rückten (...) entlang des Loiblbaches nach Ferlach vor und zwangen die Gegner zum Verlassen des Ortes. 20 Gebäude wurden durch Artilleriebeschuß schwer getroffen, sechs Häuser gingen (...) in Flammen auf, und eine Frau erlag ihren schweren Brandwunden. Wieviele Partisanen ihr Leben ließen, wurde nie genau bekannt, doch wird von etwa 50 Toten gesprochen, die am Ferlacher Friedhof beigesetzt wurden. Schließlich ergaben sich die deutschen Truppen und ihre Verbündeten am nächsten Tag auf der Hollenburg den englischen Besatzern.«[9] Insgesamt kamen nach Kriegsende rund 100 Partisanen bei Kämpfen im Raum Ferlach um. Bezeichnend, dass dieser Umstand in das einseitige Kärntner Geschichtsbild kaum Eingang gefunden hat.

Dass einige Ferlacher aus der Geschichte nicht lernen wollen, verdeutlicht die hohe Dichte an Deutschnationalen und Burschenschaftlern. Die »Technische Verbindung Hollenburg« hält auf ihrer Homepage fest: »Das Bekenntnis zum Wahlspruch ›Kärnten frei und ungeteilt‹ sowie zur deutschen Kultur und Volksgemeinschaft ist uns eine Verpflichtung«. Im Gästebuch, wo man sich überhaupt nur mit »Heil« begrüßt, findet man Einträge wie diesen: »Heil Kammaraden echt gute Seite macht weiter so! Wir Deutsch-National gesinnten müssen stärcker werden! Heil GERMANIA! Der DEUTSCHE BUND muß wieder auferstehen! GOTT BESCHÜTZE ÖSTERREICH und unsere Deutsche Nation! Bewahre unseren Landeshauptmann Dr. Jörg HAIDER!!«

Wenn man heute durch Ferlach schlendert, sind die wenigen erhaltenen Industriebauten aus besseren Zeiten die einzigen Oasen, wo sich das Auge ein wenig erholen kann. Die Siedlungen nordöstlich der Hauptstraße, rund um Beschussamt und Schießstätte, vermitteln ein Bild historischer Gewachsenheit und werden fast malerisch von Werkskanälen gegliedert. Stimmungsvoll sind auch die alte Stadtmühle und das Schloss Ferlach, in dem 1997 die

In Ferlach/Borovlje

Kärntner Landesausstellung »alles jagd« ausgerichtet wurde und das zu diesem Zwecke passabel adaptiert wurde. Im Schlosspark können u. a. Installationen von Gerhild Tschachler-Nagy – eine »Krone« aus blauen Stäben – oder von Tim Curtis – »Waldgeister« aus Bachsteinen und Draht – besichtigt werden. Sehenswerte Kunst im öffentlichen Raum hat auch Meina Schellander bei der HTL für Waffentechnik in Form einer riesigen, frei hängenden Stahlpatrone geschaffen.

Spaziert man aber vom Hauptplatz mit seinen geschmacklosen Fassaden – das Epizentrum der Trostlosigkeit ist wohl das Gebäude der Stadtverwaltung – hinauf zur Kirche, die als modernes vis-à-vis ein Spielcasino vorgesetzt bekommen hat, und an ihr vorbei dem Stadtrand Richtung Osten zu, findet man sich in einem Konglomerat hässlicher Einfamilienhäuser wieder. Nahezu jede Beschreibung Ferlachs beginnt mit einem Loblied auf die wunderschöne Umgebung, in die sich die »südlichste Stadt Österreichs« eingebettet sieht – wenn die mutwillige Zersiedelung weiter so rasant voranschreitet, wird sich auch das bald ein für allemal erledigt haben.

In Ferlach/Borovlje

EINKEHR: Gasthaus-Pension Renko-Stiegler. Die einzige und daher beste Übernachtungsmöglichkeit im Ortszentrum. Freundliche Leute, renovierte Zimmer. Hauptplatz 3, +43/4227/2002. Feinschmecker kommen aber weder hier noch bei der Konkurrenz auf ihre Rechnung. In den meisten Ferlacher Gasthausküchen scheinen umgeschulte Büchsenmacher am Werk zu sein: Was man den Gästen vorsetzt, stammt entweder aus der Dose oder wäre besser für immer in einer solchen aufgehoben.

Vergleichsweise gefahrlos ist die Nahrungsaufnahme im Wok-Restaurant Fallaloon in der Klagenfurter Straße. +43/4227/2223. Interessante Milieustudien lassen sich im 120-jährigen Gasthof Kersche nordöstlich der Kirche anstellen. Alteingesessene Ferlacher philosophieren in beiden Landessprachen über das Dasein. Seele des Hauses ist Frau Male, die seit 40 Jahren sieben Tage in der Woche offen und ihre Stammgäste bei Laune hält.

Ein Erlebnis ist auch das Ketama, eine etwas vergammelte Kneipe unterhalb der Kirche. Frau Sisi, die lebenslustige Wirtin, hat eigenhändig aus tausenden bunten Fliesenresten ein schaurig schönes Wandmosaik geschaffen. Ein spinnenwebenverhangenes Motorrad und Erinnerungsfotos aus dem Bikerleben der Stammkundschaft ergänzen das Gesamtkunstwerk. Tischfußball, Wohnzimmermöbel, gute Musik.

In Ferlach/Borovlje

* Ortsbeschreibung: Annemarie Ribitsch.

1 Vgl. H. D. Pohl: Klagenfurt – Landeshauptstadt, Stadt mit eigenem Statut (aus dem österr. Städtebuch Kärnten, im Druck).

2 Zitiert nach: Hans M. Tuschar, Ferlach. Klagenfurt 1996.

3 Zitiert nach: Ebd.

4 Stephan Singer: Kultur- und Kirchengeschichte des unteren Rosentales, Kappel 1934.

5 Zitiert nach: Hans M. Tuschar, Ferlach. Klagenfurt 1996.

6 Zitiert nach: Ebd.

7 Zitiert nach: Ebd.

8 Zitiert nach: Ebd.

9 Zitiert nach: Ebd.

In Göltschach/Golšovo

AUSSENANSICHTEN

Gegen Ende des 18. Jahrhunderts erlebte die bürgerliche Bildungsreise unter dem aufklärerischen Motto »Wer reiset, der liest im Buche aller Bücher« einen allgemeinen Aufschwung. Wissbegierige durchstreiften die Landstriche Europas, ihre Reiseberichte erfreuten sich zunehmender Beliebtheit. Eine meist mehrere Länder umfassende Tour führte die Reiseliteraten mitunter auch nach Gorenjska (Krain).

Die Überquerung des Loiblpasses zählte dabei zu jenen Erlebnissen, deren Schilderung in keiner Reisebeschreibung fehlen durfte. Benedikt Franz Hermann erinnerte die »vortrefflich angelegte Straße« auf seiner Reise nach Krain im Jahre 1781 gar an ein »großes Amphitheater«. Während zahlreiche Gelehrte die Länder mit der Postkutsche durcheilten, galt Benedikt Hermanns Interesse dem Arbeitsalltag der Landesbewohner. Entlang der Straße zum Loibl begegnete er im »Wirtshaus zum deutschen Peter«, der »elendsten Hütte«, die er ausmachen konnte, ein paar Krainern aus Gottschee, »die sich sogleich durch ihren schlechten Anzug und durch ihr abscheuliches Deutsch verrieten. Es waren dies Leute, die ihre steinige unfruchtbare Heimat zwingt, auswärts Brot zu suchen und die mit Lorbeerblättern, Zitronen, Strohhüten etc. in allen Provinzen herumwandern, um mit einem elenden Gewinne wieder heimzukehren.« Auf der Passhöhe angekommen, beobachtete Hermann »eine Menge hölzerner Pferdeställe und Wägen oder Schlitten, welche den krainischen Eisenfuhrleuten gehörten«, und wie das Metall aus Kärnten »auf krainische Fuhrwerke umgeladen wurde, um auch den Krainern einen Verdienst zu lassen«.

In seiner aufklärerischen Haltung wusste Benedikt Hermann eine Fülle von wissenswertem Material über die ärmlichen Lebensverhältnisse der Einheimischen festzuhalten. Tržič erlebte er als »unansehnlichen, aber sehr bevölkerten Marktflecken, wo Eisengeschirre, Sensen und wollene

Strümpfe hergestellt werden. Beinahe in allen Haustüren saßen Sockenstrickerinnen, worunter viele Kinder von 7 bis 10 Jahren waren, die mit Behändigkeit arbeiteten, und sich wenigstens des Tages 6 bis 7 Kronen verdienten, welches für diese Kleinen schon von Wichtigkeit ist.«

Die beiden Doktoren Hornschuh und Hoppe lobten in ihrem 1816 erschienen »Tagebuch einer Reise nach den Küsten des adriatischen Meeres und den Gebirgen von Krain« die Vorteile von Tržič (Neumarktl) als Spediteurszentrum: »Der ganze Ort ist mit Fuhrwägen und Fuhrleuten besetzt, welche die Waren mit großer Anstrengung auf die Spitze des Loibls schaffen müssen. Deswegen ist für guten Wein gesorgt, der stark ist und Kräfte gibt. Auch wir ließen uns die Bushanka schmecken und als abends Musik ertönte und die krainischen Schönen zum Tanze selbst die Hand boten, konnten wir keine abschlägige Antwort erteilen, ungeachtet des beschwerlichen Marsches von acht Stunden über den Loibl.«

Benedikt Hermanns Reisebriefe enthalten auch Informationen über frühe Formen der Arbeitsmigration, wonach »die Thysische Tuchmanufaktur in Klagenfurt nie emporgekommen wäre, wenn sie sich nicht mit krainischen Spinnereien und Webern versehen hätte«.

In Škofja Loka bestand der Nebenerwerb der Einwohner fast ausschließlich im Handel mit Leinwand, Zwirn und Spitzen: »Es ist fast unglaublich, wie sehr sich diese Leute auf Spinnerei und Weberei verlegen, Mannsleut und Frauenvolk, alles spinnt und webt. Kinder, wenn es auch ein Dutzend wären, sind willkommene Gäste; nur spinnen müssen sie lernen. In jedem Bauernhause wird im Winter hindurch oft bis gegen Mitternacht gesponnen. Die Gesellschaft vertreibt sich die Zeit mit Singen und mit Erzählung von Gespenster- und Hexenhistörchen. Man hat den nachahmungswürdigen Versuch gemacht, verschiedene angenehme und nützliche Erzählungen in die Landessprache übersetzen zu lassen und unter das Volk zu verteilen.«

Die Aufklärer entwickelten zunehmend eine Leidenschaft für die unverdorbene Volkskultur. Eifrig dokumentierten sie ländliche Sitten und Bräuche, notierten Volkssagen und Volkslieder oder beschrieben mit Akribie landesübliche Kleidungsgewohnheiten. Nicht immer entzückte die zur Landestracht erhobene Alltagskleidung das Auge des bürgerlichen Betrachters. Die Engländer Gilbert und Churchill staunten um 1860 bei Radovljica über »eine der hässlichsten Trachten, die man sich denken kann. Die Haupteigentümlichkeit derselben sind am Knie ganz offene Hosen, unter welchen weite, schmutzige Unterhosen herabfallen und in kurze, oben weite Stiefel gesteckt sind.«

Im Volkslied manifestierte sich für den Ethnographen jener »unmittelbare Naturlaut, der sich ungekünstelt dem Herzen entwindet« und dem die »Denkweise sowie Gefühlsrichtung einer Nation« zugrunde liegt. Die »Weisen der krainischen Volkslieder mit ihrer süß wehmütigen Melancholie« rührten dabei so manchen Besucher des Landes zu Tränen. Mitte des 19. Jahrhunderts zeigte sich der englische Schriftsteller Andrew Paton überwältigt vom »Pathos der slowenischen Lieder«. Für ihn korrespondierte die düstere Schönheit der Krainer Landschaft mit dem »windischen Charakter«, den er als »melancholisch, scheu und misstrauisch« empfand. Heinrich Costa wiederum beschrieb in seinen zur selben Zeit gedruckten »Reiseerinnerungen aus Krain« die Oberkrainer als »cordial und fröhlich, die hartnäckig an alten Gebräuchen und Gewohnheiten festhalten«. Ein Dorn im Auge waren Costa die krainischen Zigeuner, die er als eine Landplage des schönen Oberkrains bezeichnete: »Dieses Bettler Gesindel zieht heimatlos durch die Wälder Oberkrains und erpresst mit Fluchen und Drohungen den Unterhalt. Seit der Deportierung der gefährlichen Häupter dieser Banden in auswärtige Zwangsarbeitshäuser, ist das Land durch sie nicht mehr beunruhigt, und der arbeitsame Oberkrainer genießt im Frieden die Früchte seines Schweißes und die harmlosen Freuden seiner Erholungstage.«

Mit der Erforschung volkstümlicher Traditionen verfestigten sich bereits bestehende nationale Vorurteile. Die populäre Verbreitung nationaler Stereotypen führte zwangsläufig zu Vergleichen zwischen den einzelnen Volksgruppen. Dabei stellten die deutschsprachigen Besucher Krains der slowenischen Wesensart wiederholt ein wenig schmeichelhaftes Zeugnis aus. Zwei Botaniker hatten vor Antritt ihrer um 1800 unternommenen Reise nach Krain »von den Bewohnern und der Gastfreundschaft dieses fernen Landes nicht viel Rühmliches gehört. Doch, sieh da! überall zogen die Leute ihre Hüte ab, überall schallte den zweien in slawischer Sprache der christliche Gruß: Hval jen bodi Jesus Kristus, entgegen.« Zuvor relativierte schon Julius Gottlieb Schlegel in seiner 1798 erschienen Publikation »Reise durch einige Theile vom mittäglichen Deutschland und dem Venetianischen« festgefahrene Vorurteile: »Man wirft den Slowenen Tücke, Schlauheit, Hass gegen die Deutschen, Betrug und Diebstahl vor. Ich habe vieles davon übertrieben gefunden, und wenn sie sich in mancher Hinsicht gegen die Deutschen vergehen, so haben diese meist Gelegenheit genug dazu gegeben.« Während Schlegel sich gegen allgemein verbreitete Zerrbilder aussprach, wurden diese von Kärntner Historikern des 20. Jahrhunderts freudig übernommen. 1922 operierte Martin Wutte in seiner propagandawirksamen Abhandlung »Kärntens Freiheitskampf« mit gängigen Feindbildern, indem er den Laibacher Politikern Verschlagenheit, Hass, Unredlichkeit, Bosheit und Neid unterstellte. Der nationalsozialistisch orientierte Wutte leitete von 1923 bis 1942 das Kärntner Landesarchiv.

Bevor Kärntens Historiographen neben allgemeinen Vorurteilen auch rassentheoretische Konzepte in ihr germanisches Weltbild einfließen ließen, sahen sie in der Sprache den wichtigsten nationsbildenden Faktor. Die Landessprache spielte schon bei der folkloristischen Wiederentdeckung »des Volkes« eine große Rolle. Benedikt Hermann würdigte die »vortrefflichen Manuskripte in slawischer oder krainischer Sprache«, die es seiner Meinung nach verdienten bekannter

In Kropa

gemacht zu werden. Der Arzt und Naturgelehrte Belsazar Hacquet wünschte sich in seiner 1778 publizierten »Physikalischen Erdbeschreibung des Herzogthums Krains«, »dass sich ein eifriger und unparteiischer Patriot hervorthäte, der die Geschichte des Landes und der Nation lieferte«. Zumal Hacquet »kein Land in Europa bekannt war, welches im Verhältnis der Größe so verschiedene Gebräuche, Kleidertrachten, Sitten, Sprachen und Nationen hätte, als das Krainische«.

Bis Mitte des 19. Jahrhunderts veröffentlichte die Zeitschrift »Carinthia« auch Aufsätze in slowenischer Sprache. Ein von France Prešeren verfasster Beitrag wurde von der »Carinthia« mit dem Hinweis herausgegeben, dass die deutsche Übersetzung weit hinter »Wohllaut und rührender Schönheit« des slowenischen Originals zurückstehe. Dem »kulturellen Erwachen« der Slowenen standen die Machthaber, beeinflusst von Herder und der romantischen Hinwendung zu Volkssprache und Volkskultur, noch positiv gegenüber. Nachdem sich die kulturelle Renaissance spätestens seit dem Revolutionsjahr 1848 auch in politischen Forderungen artikulierte, schlug das Wohlwollen des deutschen Bürgertums in Gegnerschaft um. Die slowenischen Emanzipationsbestrebungen

In Podblica

stießen auf massiven Widerstand, da die »Deutschen« ihre wirtschaftlichen und sozialen Vorrechte gefährdet sahen. Den Slowenen wurde die Gleichberechtigung unter Anwendung nationaler Argumentationsmuster verweigert, die sie als unzivilisiertes Bauernvolk ohne eigene Sprache und Kultur hinstellen ließen. Mit dem Hinweis auf ihre historische Führungsrolle bekämpften die »Deutschen« jegliches Mitspracherecht der Slowenen.

1871 ereiferte sich ein Autor in der »Carinthia« über die »windischen Machthaber in Laibach«, die den Nationalhass schürten, indem sie der »deutsch gesinnten Bevölkerung in Radmannsdorf« eine Bahnstation vorenthielten. Radmannsdorf (Radovljica) war nach Ansicht des Autors ein Ort, wo »alle ordentlich gebildeten Menschen deutsch sprechen« und wo »allein im Gasthause dem ›deutschen Fremden‹ auf deutsche Fragen vom unteren Dienstpersonale ›nix deutsch‹ erwidert wird« (in der »deutschen Stadt« Radovljica lebten Ende des 19. Jahrhunderts ungefähr 35 Deutsche und 700 Slowenen). In einem »Aufklärungsbuch über das Deutschtum in Krain« aus dieser Zeit hieß es: »Die Deutschen sind nicht Gäste in Krain, sie essen nicht slowenisches Brot. Krain ist deutsches Land und muss es bleiben.« 1942 rühmte Martin Wutte das »staatsmännische Genie Adolf Hitlers«, das »die Voraussetzungen für den Anschluss Krains an das Deutsche Reich geschaffen und damit den Sehnsuchtstraum jedes Kärntners erfüllt hat«.

Seltsame Resultate zeitigte das anthropologische Interesse der Reisenden und Gelehrten am gewöhnlichen Landvolk. Ihr Augenmerk lag auf den Besonderheiten in Aussehen, Körperbau, Haar- und Augenfarbe. Weniger wissenschaftliche Erkenntnis als nationale Voreingenommenheit dürfte Julius Wilhelm Fischer in seinen Reiseerinnerungen von 1803 zu folgendem Urteil veranlasst haben: »Die slawischen Abkömmlinge unterscheiden sich dem Gesichte und dem Baue nach sehr zu ihrem Nachteile von ihren deutschen Nachbarn. Statt der geraden offenen Gesichter, welche man dort antraf, findest du hier die slawischen breiten Stirnen, tief im Kopf liegende Augen und aufgeworfene Lippen, der Wuchs ist nicht immer so gerade, und wenn auch stark, doch nicht im geringsten schön.«

Belsazar Hacquet hingegen war voller Bewunderung für die krainische Landbevölkerung: »Das Frauenzimmer sowohl als die Männer sind die schönsten vom Lande und ihre Tracht verschönert sie. Im Ganzen genommen ist das Volk mehr schön als hässlich, die Feldarbeit im Sommer aber verderbt ihnen durch die heiße Sonne das Gesicht, indem sie niemals Hüte auf dem Kopf haben, sondern meist bloß arbeiten.« Die englischen Reisenden Gilbert und Churchill vermerkten im Gegensatz dazu die »blasse Gesichtsfarbe« als auffallende physische Eigenart der Krainer Bauern.

Erst die Rassentheorien lieferten die Grundlagen, auf denen sich menschenfeindliche Stimmungen organisieren ließen und die schließlich im Rassenwahn der Nationalsozialisten mündeten. Der Begriff des Volkstümlichen stand nun im direkten Zusammenhang mit der Unterwerfung des Gesellschaftlichen unter die Denkformen von Natur und Rasse. 1924 wusste der Rassentheoretiker Georg Graber über die »Ursprünge des Kärntner Volkstums« Folgendes zu berichten: »Je weiter man in Unterkärnten nach Osten wandert, desto veränderter der Menschenschlag. Dort scheint sich der Einfluss der slawischen Ostrasse stärker bemerkbar zu machen. Die Gesichter zeigen häufig mongolische Züge. Auch das Volksleben dieses Landesteiles ist dem übrigen Kärnten gegenüber auffallend arm an schöpferischer Kraft.« In einer 1942 vom Presseamt der NSDAP Kärnten herausgegebenen Publikation zu Oberkrain theoretisiert Graber ausgiebig über nordische Langköpfe und dinarische Kurzkopfrassen. Möglicherweise hat er Martin Wuttes Thesen aus dem Jahre 1927 übernommen, in denen dieser in Kärnten eine »auffallend große Zahl nordisch-germanischer Langköpfe« ausmachte und tatsächlich an die »Verpflanzung deutscher Körper- und Geistesanlagen durch deutsches Blut« glaubte. Graber hielt auch nach 1945 an seinen Rassentheorien fest. Seit 1981 verleiht die Kärntner Landsmannschaft alljährlich die »Georg-Graber-Medaille« für besondere Verdienste im Bereich der Volkskultur.

Aufs Engste kooperierten germanische Pseudowissenschaften und nationalsozialistische Rassenpolitik. Während Graber anscheinend mit Maßband und Schublehre durch »Oberkrain« streifte, verfasste die Dienststelle des SS-Obersturmbannführers Maier-Kaibitsch zur geplanten Germanisierung des Gebietes folgenden Kommentar: »Von den rund 170.000 Einwohnern sind der größte Teil Slowenen. Die Frage ist nur die, ob diese Slowenen Oberkrains eindeutschungsfähig sind. Dazu ist zu sagen, dass die rassische Eignung und die rassischen Merkmale der ganzen Bevölkerung erhoben wurden. Das Ergebnis dieser Beurteilung, die von Fachleuten vorgenommen wurde, war, dass mindestens 80 % als rassisch so zu bezeichnen sind, dass sie eingedeutscht werden können. Das eine steht aber fest, dass eine Eindeutschung ohne entsprechenden Einsatz von deutschen Bauern nicht möglich ist. Es muss deutsches Blut nach Oberkrain.«

Einem Wissenschaftskollegen Grabers, dem SS-Untersturmführer und Beauftragten für Archivwesen, Karl Starzacher, schwebte zur Festigung des Deutschtums in Krain

In Polhov Gradec

eine radikalere Methode vor: »Eine andere Lösung der Frage der slowenischen Intelligenz wäre die vollständige Vernichtung durch Erschießung oder sonstige Beseitigung, die aber dadurch nicht zweckmäßig ist, weil die Erfassung der tatsächlichen Intelligenz dem Apparate der Gestapo durch die schwierigen Erkundungsversuche nicht möglich ist.«

Führende Kärntner Historiker und Brauchtumsforscher ließen sich für die Ziele des NS-Regimes instrumentalisieren. »Machen Sie mir das Land deutsch« lautete der Führerauftrag anlässlich der Angliederung »Oberkrains« an das Deutsche Reich und in Kärntens Wissenschaftselite fand er seine willigen Vollstrecker, wie etwa Franz Koschier (ab 1952 Direktor des Landesmuseums Kärnten), der neben der Leitung der Lehrerbildungsanstalt in Kranj mit der Vernichtung slowenischer Bücher betraut war. Bezeichnenderweise wurde der Heimatmacher Franz Koschier mit der Organisation der 10.-Oktober-Jubiläumsfeierlichkeiten der Jahre 1960 und 1970 beauftragt, wo Eichenlaub und NS-Abzeichen unverhohlen zur Schau getragen wurden.

Die Repräsentanten der »Kärntner Heimatgeschichte«, Hüter des Mythos Abwehrkampf und Volksabstimmung, hielten auch nach 1945 an ihren grundsätzlichen Positionen fest. Wo es geboten schien, ersetzten sie ihren radikalen Deutschnationalismus durch einen fragwürdigen Österreichpatriotismus. »Heimattreue« hieß nun »Heimatbekenntnis«. Sie erhöhten die Heimat zur nationalen Konfession und setzten dem Vertrauten das Fremde gegenüber. Nach ihrem Verständnis ist die Heimat einer permanenten Bedrohung durch innere und äußere Widersacher ausgesetzt. Im Inneren werden Kärntens Slowenenvertreter und wissenschaftliche Kontrahenten, welche die Positionen der nationalen Geschichtsschreibung kritisch hinterfragen, schon einmal als »Hexenverfolger« oder »linksgedrillte Jungintellektuelle« denunziert. Die äußere Gefahr orten Kärntens Heimatinspektoren südlich der Karawanken. Nach dem Zusammenbruch des Kommunismus mussten neue Feindbilder mit alten Vorurteilen geschaffen werden.

Im bizarren Streit um die Herkunft der Lipizzaner offenbart sich der wahren Charakter habgieriger Slowenen: Österreich soll seiner Walzer tanzenden Pferdchen beraubt werden. Die Einheit Kärntens sahen die nationalen Gralswächter endgültig gefährdet, als das benachbarte Slowenien Geldscheine mit der Abbildung des karantanischen Fürstensteines drucken ließ. Der Vorstand des Kärntner Geschichtsvereins wandte sich 1993 gegen die Aneignung eines heimatlichen Herrschaftssymbols durch das unabhängige Slowenien: »Als Stichwörter dafür mögen die beiden wichtigsten Symbole der Kärntner Landesgeschichte, der Fürstenstein und der Herzogstuhl, dienen, welche als Ausdruck eines grundsätzlich abzulehnenden, übersteigerten Nationalismus in provokanter Art und Weise für Ziele des jetzt (1991) neu entstandenen Staates Slowenien, mit dem sie in territorialer Hinsicht nichts zu tun haben, missbraucht wurden.« Unwidersprochen blieb hingegen die Aussage Jörg Haiders, der am 1. Juli 1984 bei einer Veranstaltung des Deutschen Turnvereins in St. Jakob im Rosental sein Kärntenbild folgendermaßen zusammenfasste: »Dieses Land wird erst frei sein, wenn es ein deutsches Land sein wird.«

Urlaub bei Freunden? Während die Nächtigungszahlen slowenischer Staatsbürger besonders in den Wintersportorten Kärntens ständig steigen, sind heimattreue Kärntner noch immer stolz darauf, deren Sprache nicht zu beherrschen. Möglicherweise wird man sich hierzulande allein aufgrund touristischer Zwänge einmal ebenso über zweisprachige Speisekarten und Ortsbezeichnungen freuen können, wie die Herren Gilbert und Churchill anlässlich ihrer Mitte des 19. Jahrhunderts unternommenen Kärntenreise. Dabei lobten sie die vortrefflich beschilderten windischen Gasthöfe und den Umstand, dass »die Namen der Dörfer nach einem ausgezeichneten österreichischen Gebrauche sowohl deutsch als slawisch auf Tafeln am Haupteingange jeder Ortschaft angegeben sind«.

Werner Koroschitz

Jägersteig am Ferlacher Horn/Grlovec

2. ETAPPE: AUSSTIEG
Wanderung von Ferlach/Borovlje nach Sveta Ana, Ljubelj

VORSCHAU

Um von Ferlach zum Loibl, dem historischen Grenzübertritt nach Slowenien, zu gelangen, muss der Grlovec, das Ferlacher Horn, umgangen werden. Der naheliegende und jedem Kärntner bekannte Weg durch die Tscheppaschlucht verbietet sich aufgrund der Ausbeutung des Naturdenkmals durch den Massentourismus. Außerdem wurden die Wälder im Loibltal durch brutale Forststraßen und Kahlschläge fast vollständig verwüstet. Somit bleibt nur die schwierigere und bedeutend längere »Ostpassage« – ein Umweg, der sich aber ohne Zweifel bezahlt macht.

Zu Beginn ist eine landschaftliche Durststrecke im Waidischtal zu bewältigen, da die höher gelegenen Wege der Erosion zum Opfer gefallen sind. Von Waidisch, dessen Hammerwerke längst verstummt sind, steigt man zwischen alten Bäumen zum einsamen Herlotschnig-Bauern auf. Von hier wandert man zwei Stunden auf einem kühnen und stellenweise seilgesicherten Jägersteig, von Einheimischen treffend Ho-Tschi-Minh-Pfad genannt. Es ist vielleicht der dramatischste Abschnitt der gesamten Wanderung mit atemberaubenden Blicken auf die Koschutawand vis-à-vis. Verträumt und weltabgewandt präsentiert sich Zell-Oberwinkel, das in dieser Hinsicht nur noch vom letzten Bauern des Hochtales, dem Scheriau-Hof, übertroffen wird. Nun folgt man den breiten Forstwegen bis zur Felsenscharte des alten Loiblpasses. Wie ein Türspalt nach Slowenien öffnet sich die von Gebirge und Geröll flankierte Šentanska dolina gegen Süden. Man steigt auf der Alten Straße nach Sv. Ana ab und bezieht im *gostišče* neben dem ehemaligen Außenlager des KZ Mauthausen Quartier.

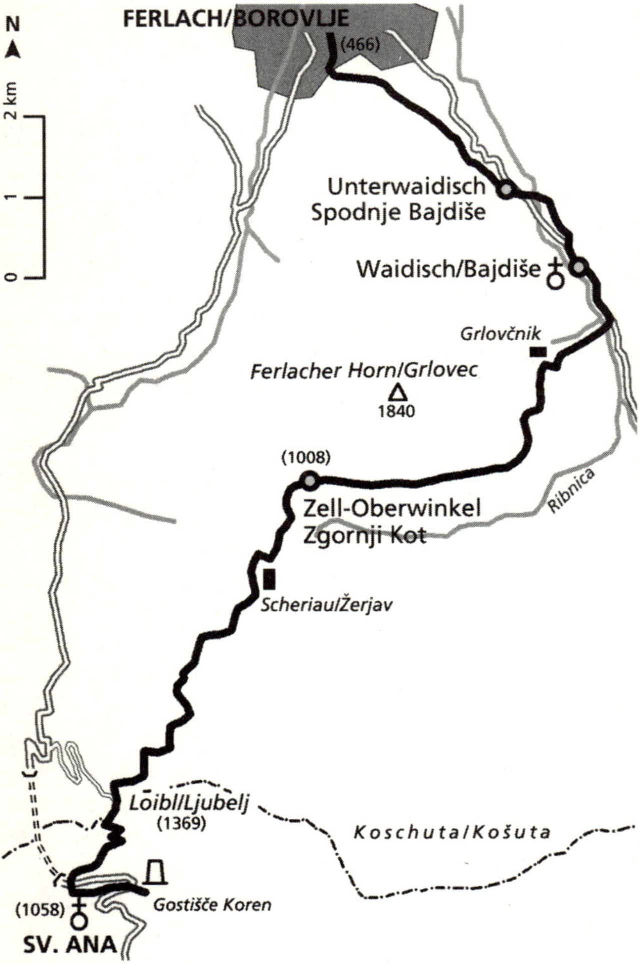
N
2 km
1
0
FERLACH/BOROVLJE
(466)
Unterwaidisch
Spodnje Bajdiše
Waidisch/Bajdiše
Grlovčnik
Ferlacher Horn/Grlovec
1840
(1008)
Zell-Oberwinkel
Zgornji Kot
Ribnica
Scheriau/Žerjav
Loibl/Ljubelj
(1369)
Koschuta/Košuta
Gostišče Koren
(1058)
SV. ANA

HINWEISE ZUR WANDERUNG

SCHWIERIGKEITSGRAD: Anstrengende Wanderung.
LÄNGE: 28 km.
GEHZEIT: 6 bis 7 Stunden.
ANSTIEGE: 900 Höhenmeter in drei Abschnitten.
WEGE: Bei Unterwaidisch ca. 4 km Asphalt, ansonsten größtenteils Wald- und Forstwege.
ORIENTIERUNG: Kaum markierte Wege. Schwierig ist vor allem der Einstieg in den Jägersteig. Unübersichtlich auch das Wegenetz vor dem Loibl. Wegbeschreibung genau befolgen!
KARTE: Österreichische Karten Nr. 202 – Klagenfurt, Nr. 212 – Zell-Pfarre und Nr. 211 – Windisch-Bleiberg, jeweils 1:50.000 (Neuere Forststraßen sind nicht eingezeichnet!)
VERKEHRSVERBINDUNGEN: Bushaltestelle in Ferlach und Waidisch
EINKEHR: Gasthaus in Waidisch.
QUARTIER: Sv. Ana, Ljubelj.
ABKÜRZUNGSMÖGLICHKEIT: Es empfiehlt sich, den ersten Abschnitt von Ferlach nach Waidisch mit dem Bus zu »überspringen«.
WICHTIGE HINWEISE: Bei dieser Etappe sind Trittfestigkeit und Schwindelfreiheit unbedingt erforderlich! Der Jägersteig ist in den Wanderkarten nicht eingezeichnet.

WEGBESCHREIBUNG

Man steigt vom Hauptplatz in Ferlach über eine Treppe rechts neben dem Rathaus zur Kirche an und wendet sich vor dieser nach rechts, rechts vorbei am »Kometer« in die Kirchgasse. Geradeaus bis zur Hauptstraße. Unmittelbar davor biegt man links in die 10.-Oktober-Straße. Nach 100 m wendet man sich nach rechts. Bald darauf quert man die Hauptstraße. Geradeaus bis zu einem Bahnübergang, welchen man überschreitet. Eine Gabelung, man geht links in den Schaidaweg. Bei einer weiteren Gabelung biegt man nach links in den Jägerwirtweg. Vorbei an einigen Häusern bis zur einer Querstraße. Man geht geradeaus in einen Waldweg. Gleich darauf eine Gabelung, man geht rechts und folgt ab nun der Markierung (Nr. 538). Moderat ansteigender Weg in schönem Mischwald. Der Pfad schneidet einige breitere Wege – Obacht auf die nicht immer sehr deutliche Markierung! Nach 30 Min. senkt sich der Weg zu einem Teich, und man gelangt zur Hauptstraße bei U n t e r - w a i d i s c h (1:00 Std.).

Man geht nach rechts und wendet sich nach 100 m scharf nach links in ein Sträßchen. In elegantem Bogen vorbei an einigen Häusern und dem P a r t i s a n e n d e n k m a l . Man erreicht neuerlich die Hauptstraße; auf dieser nach links. Nach 150 m biegt man scharf nach links in eine Fahrspur und folgt dem Weg bis zum W a i - d i s c h b a c h . Man zieht die Schuhe aus und überquert den Bach. [Anmerkung: Bei hohem Wasserstand bleibt man auf der Hauptstraße und geht auf dieser bis Waidisch.] Am anderen Ufer ein Querweg, man geht rechts. Bald erreicht man eine kleine Siedlung und geht auf einem Quersträßchen nach rechts bis zur Hauptstraße. Auf dieser nach links. 15 Minuten Asphalt bis W a i d i s c h . (1:30 Std.).

Man wandert von der Kirche auf der Straße in südöstlicher Richtung. Nach fünf Minuten passiert man ein Haus und geht nach rechts über eine B r ü c k e (Wegweiser »Ferlacher Horn«, Nr. 603). Man folgt der Markierung in den Wald. Nach einem gut 30-minütigen steilen Abstieg gelangt man bei einem G e h ö f t ins Freie und wendet sich, die Markierung verlassend, auf einem Fahrweg nach links (2:10 Std.).

Nach 50 m eine Gabelung, man geht rechts. Der Weg führt, moderat ansteigend, erneut in den Wald und beschreibt nach etwa 5 Minuten eine scharfe R e c h t s k u r v e . Im Ausgang der Kurve verläßt man diese nach links und steigt steil auf einem anfänglich kaum sichtbaren Pfad den K a m m entlang an. Nach gut fünfminütigem Anstieg wendet sich der Weg vom Kamm nach links und setzt sich, nun nahezu eben verlaufend, in südlicher Richtung fort. Der Weg ist stellenweise etwas undeutlich. Immer den Hang entlang, in sanftem Auf und Ab. Kurze Anstiege im felsigen Terrain, teilweise seilgesichert. In einer Schotterrinne verliert sich der Weg, man quert dieselbe und findet auf der anderen Seite die Fortsetzung. Ähnlich verhält man sich bei einem Kahlschlag, wo der Weg recht verwachsen ist. Bei einer Gabelung nach einer Felsnase bleibt man auf dem oberen Weg. Schließlich tritt man aus dem Wald und steigt weglos nach rechts bis zu einem breiten Querweg an. Auf diesem nach links bis Z e l l - O b e r w i n k l (4:00 Std.).

Man durchschreitet den Weiler auf einem Asphaltsträßchen und wendet sich 50 m danach in eine ansteigende, sehr breite F o r s t - s t r a ß e (Wegweiser »Eselsattel«). Nach 150 m passiert man einen Bildstock und biegt gleich darauf in einen absteigenden untergeordneten Forstweg nach links (keine Markierung!). Der Weg senkt sich in ein kleines Tal und steigt von dort kurz steil an. Man klettert über ein Gatter, betritt eine W e i d e und steigt auf dieser sehr steil bis zu einem Hangweg an. Auf diesem nach links bis zu einer markanten Linde und weiter bis zum idyllischen Bauernhof vulgo S c h e r i a u (4:45 Std.).

Man durchschreitet den Weiler auf einem Fahrweg, nach 200 m eine Kreuzung, man geht geradeaus. Nach weiteren 200 m verlässt man den Hauptweg, indem man sich nach rechts in einen schmalen, steil ansteigenden P f a d wendet (Anmerkung: Diese Abzweigung ist sehr leicht zu übersehen!). Nach rund 15-minütigem Anstieg steigt der Weg, nun immer steiler werdend, rechts oberhalb eines kleinen T a l e i n s c h n i t t s an, um sich bald unterhalb eines Kahlschlages zu verlieren. Man steigt nun weglos zum halbrechts sichtbaren, unbewaldeten Bergrücken an. Man erreicht einen breiten Forstweg, geht auf diesem nach links bis zu einem S a t t e l . Hier wendet man sich nach links und nimmt gleich darauf bei einer Gabelung vor einem W e g k r e u z den rechten Weg. Auf breitem F o r s t w e g in südlicher Richtung. Nach etwa 5 Minuten wird eine Abzweigung nach rechts ignoriert, nach 200 m eine Gabelung, man geht rechts, auf dem Hauptweg bleibend. Nach etwa 30 Min. eine Gabelung, man geht links, gleich darauf eine weitere Gabelung, man geht wieder links und erreicht nach rund 20 Min. die alte L o i b l s t r a ß e . Auf dieser nach links bergauf bis zum alten G r e n z ü b e r g a n g (6:15 Std.). Einkehr in der »Koča na Ljubelju«. Schöne Blicke nach Slowenien.

30-minütiger Abstieg auf der alten Straße bis zu einem Gatter 50 m vor dem Südportal des L o i b l t u n n e l s . Hier wendet man sich nach links und steigt über einen Treppenweg zur Grenzstation ab. Man überquert die Straße, wendet sich nach rechts. Links am Kompass-Shop vorbei über eine Brücke, auf einem Asphaltsträßchen leicht bergab bis zu einem Schotterparkplatz. Hier wendet man sich scharf nach links in ein abwärts führendes Schottersträßchen. Man passiert die alte Straßenmeisterei und verläßt nach 30 m den

Hauptweg nach rechts (Wegweiser Sv. Ana). Unterhalb der Kirche weiter bergab. Der Weg wird undeutlicher und führt am Waldesrand oberhalb einer Weide entlang. Man passiert einen Holzschuppen, steigt 30 m danach nach rechts über die Weide bis zur Straße ab, quert diese und findet gegenüber einen Steig. Auf diesem weiter bergab bis zur Straße, auf dieser nach links bis zur KZ-Gedächtnisstätte und von dort nach links zum gostišče Koren (7:00 Std.).

AM WEGE

WAIDISCH/BAJDIŠE*

Die Straße nach Zell durchschneidet den Ort, steile Wälder und der gleichnamige Bach begrenzen die wenigen Häuser, die sich um Kirche und Gasthaus gruppieren. Wenn auch keineswegs an der engsten Stelle des Grabens gelegen, ist Waidisch nicht eben ein Ort an der Sonne: Matzen und Ferlacher Horn werfen ihre Schatten. Trotz Durchzugsverkehr wirkt das Dorf gelassen; Hektik kommt hier keine auf. Selbst der Bach, der das Tal jahrhundertelang mit Muren überschwemmt und verwüstet hat, rauscht verhalten. Kaum glaublich, dass Waidisch bis vor 100 Jahren ein lebhaftes Eisenhüttendorf war.

Die Initiative zur Errichtung des ersten Hochofens ging im Mittelalter von einem Gewerken aus Malborghetto im Kanaltal aus. Waldreichtum und Wasserkraft waren ausschlaggebend für die Standortwahl. Von weit her kam auch das zu verarbeitende Eisenerz, nämlich aus dem Görtschitztal und aus steirischen Abbaugebieten. 1619 trat ein Villacher als Nachfolger auf, dessen Erbe jedoch den Betrieb – zwei Hammerwerke und Drahtzüge – an einen Spanier, Franz Locatelli, verkaufte. Dessen Sohn, Joseph Locatelli, brachte es als Erfinder der Sämaschine zu internationaler Bekanntheit. Es war dies ein mit einer »Schöpflöffelsätrommel« ausgestatteter Pflug, der ein präzises Ausbringen des Saatguts erlaubte und damit den Ertrag verdoppeln half. Einer Vorführung des Wunderwerks in Wien wohnte sogar Kaiser Leopold I. bei.

Am Waidischbach/Bajdiška Ribnica

Ein Exemplar der Maschine kann im Deutschen Museum München besichtigt werden.

1687 begann in Waidisch die Ära der Familie Huebmershoffen aus Hallstatt, die auch in Ferlach und Feistritz im Rosental Produktionsstätten besaß. Ein sonderbarer Spross der Gewerkendynastie war Johann Gottfried, der eine Türkin, nachdem er ihr in der Schlacht um Belgrad das Leben gerettet hatte, ehelichte und mit ihr in einer Höhle bei Feistritz hauste. Einheimische sollen ihn wie einen Heiligen verehrt haben. 1738 erhielt die Familie das Adelsprädikat »von Silbernagel«; ein weiterer Nachkomme wurde 1811 in den Freiherrenstand erhoben, nachdem er mit einer eigenen Truppe am Loibl gegen die Franzosen gezogen war. Der letzte Silbernagel, Julius, war noch ein Säugling, als er Hochofen, Hammerwerke und Drahtzüge in Waidisch erbte. Als Verweser wurde Josef Marx eingesetzt, der den Betrieb modernisierte und mit der Einführung des bis dato unbekannte »Recycling« der Schlacken auf sich aufmerksam machte. Auch die Errichtung eines neuen Drahtwalzwerks 400 m talauswärts im Jahr 1872 geht auf sein Konto.

Ende des 19. Jahrhunderts schlitterten die Werke von Waidisch in eine »Energiekrise«. Das »schwarze Gold«, das die Köhler im Tal hergestellt und zumeist im Winter mit Schlitten zu den Werkslagern gezogen hatten, reichte zur Stahlerzeugung längst nicht mehr aus. Mangels Bahnanschluss konnte keine zugekaufte Kohle von außen angeliefert werden, und zudem löste elektrischer Strom die Holzkohle als Energielieferant ab. Bald nach der Gründung der Kärntnerischen Eisen- und Stahlwerks AG (Kestag) kam das Aus: Der unrentable Hochofen in Waidisch wurde am 1. November 1908 ausgeblasen. 1934 schrieb der Dechant und Chronist des Rosentales, Stephan Singer: »Waidisch, wo früher 100 bis 120 Arbeiter beschäftigt waren, ist jetzt ein Ruinendorf, aus dem die kahlen Mauern der einstigen Fabriken hervorragen als ernste Mahner der Vergänglichkeit alles Irdischen.«[1]

In Waidisch/Bajdiše

Wer heute durch Waidisch spaziert, stellt fest, dass auch die Ruinen längst verschwunden sind. Nur ein als Denkmal platzierter Firststein des ehemaligen Drahtzuges vor dem neuen Feuerwehrhaus erinnert an die industrielle Vergangenheit. Wo einst der Hochofen stand, wiegt sich heute eine Fichte; die Lager und Werkshütten haben einem Parkplatz oder Einfamilienhäusern Platz gemacht. Grundstücke waren von der Kestag günstig zu erwerben, aber die Häuslbauer mussten vielfach in mühevoller Schwerarbeit Eisenteile, Mauerreste oder alte Fundamente des einstigen Werkes ausgraben oder in den Bau miteinbeziehen. Wo jetzt das Doppelhaus Nr. 12 und 13 in frohen Farben Munterkeit signalisiert, verlief früher der »Stich«, d. h. die Abzweigung einer insgesamt 500 Meter langen Werksbahn; Hühnerställe schieben sich vor altes Mauerwerk. Auch die kleine baufällige Kestag-Waschküche wird bald verschwunden sein. Der ortsfremde Besitzer des letzten Werkswohnhauses am Dorfende, in dem früher 12 Parteien Quartier hatten, lässt sein Eigentum verrotten, er hat sich wohl verspekuliert. Von der alten Schule, der Gendarmeriestation, dem Lebensmittelgeschäft und der Trafik findet sich keine Spur. Arbeit gibt es hier keine, die Bewohner pendeln nach Ferlach oder Klagenfurt, nur abends oder sonntags treffen sich die nicht mehr ganz Jungen im Gasthaus zur Linde. Die alte Wirtin übernahm den Betrieb vor mehr als 30 Jahren; sie zog aus Zell zu. Ihr Onkel und ein Cousin, Jernej und Janez Oraže, wurden 1943 als Widerstandskämpfer hingerichtet. Die Tante, Ana Oraže, war in Auschwitz interniert. Sie ist heimgekommen. Früher flossen hier täglich 50 Liter Fassbier und mehr, jetzt gibt es kaum mehr als 60 Wahlberechtigte in Waidisch, und nicht alle sind Gasthausbesucher.

In Waidisch/Bajdiše

Die Barockkirche (den Schlüssel verwaltet die junge Wirtin) wurde 1781 von Ignaz Jakob Huebmershoffen gestiftet. Sie ist dem Hl. Antonius von Padua geweiht, dessen Namenstag im Juni mit einem Kirchtag gefeiert wird. Um das Seelenheil der Dorfbewohner kümmern sich auswärtige Priester.

Am Ferlacher Horn/Grlovec

Wer den kleinen Friedhof besichtigt, wird nur Grabsteine jüngeren Datums finden: Der alte, in Unterwaidisch gelegene Friedhof wurde 1996 durch ein Hochwasser vollkommen verwüstet und erlitt damit ein für den Waidisch-Graben typisches Schicksal. Ein schwarzes Kreuz bezeichnet die Stelle, an der sich einst die Gräber befanden. Nebenan erinnert ein Gedenkstein an den Kärntner Partisanen Pavel Kelih, die 1943 von Einheimischen an die Polizei verraten und erschossen wurde.

ZELL/SELE

Am Fuße der Koschutawand zwischen dem Schaidasattel im Osten und dem Eselsattel im Westen liegt die Gemeinde mit dem höchsten Slowenenanteil in Kärnten. Hier ist die »Minderheit« mit nicht weniger als 89 Prozent in der Überzahl; böse Zungen sprechen gar von einem Slowenenreservat. So haben der Abwehrkampf, die Volksabstimmung, die Aussiedelungen und der Partisanenkampf – in Kärnten neben den Weltkriegen die Eckpunkte der jüngeren Geschichte – in Zell besonders tiefe Spuren hinterlassen.

Die Geschehnisse nach dem 1. Weltkrieg schildert Janez Kelih, Bauer in Zell-Winkel, in seiner Hauschronik. Als

Am Ferlacher Horn/Grlovec

Südkärnten 1918 von jugoslawischen Truppen besetzt wurde, waren »wir Slowenen [...] sehr froh, dass wir uns nun aus der deutschen Sklaverei befreit hatten und wir waren voll Hoffnung, daß wir zu Jugoslawien fallen würden«.[2] Entsprechend übel wurde den sympatisierenden Zellanern nach der ersten Gegenoffensive der »Deutschen« (Abwehrkämpfer) mitgespielt. »Sie verhafteten 32 Mann, den ehrwürdigen Herrn Pfarrer Vavti und den Gemeindesekretär.« Es war dies der Auftakt für eine ganze Reihe von Scharmützeln, die sich 1919 in Zell und Umgebung ereigneten. Dabei machten sich einige Burschen aus Zell, wie auch der Sohn des Chronisten, entweder aktiv bei der »Volkswache« nützlich oder sie schlossen sich überhaupt den jugoslawischen »Befreiern« an. Je nach militärischer Lage, etwa im Falle einer Belagerung durch die verhassten »Nemčurji« (Deutschtümler), mussten sie immer wieder über die Grenze nach Krain flüchten.

Dramatisch wurde die Situation, als Zell im Mai 1919 neuerlich von Abwehrkämpfern heimgesucht wurde: »Beim Prodnik soffen sie den ganzen Wein aus [...], beim Male ebenfalls den ganzen Schnaps und Wein, und wie sie zu uns kamen, waren sie betrunken wie wilde Raubtiere, wenn sie ausgehungert sind. Da begannen sie auf unser Haus zu schießen. Ich flüchtete zu meiner Familie in die Küche. Sie stürmten mir nach, richteten die Gewehre auf mich und schimpften: ›Sidslawischer Hund, Verräter. Sie sind aretirt!‹« Daraufhin plünderten die Heimattreuen den Hof – ein im Grenzkampf auf beiden Seiten geübter Brauch. Kelih konnte flüchten und verbrachte mehrere schlaflose Nächte auf einer Alm: »Mir gingen die Gedanken, dass ich so leiden mußte, nur weil ich ein Slowene war, nicht aus dem Kopf.«

Zwei Wochen später stießen 150 Ferlacher Abwehrkämpfer über den Hainschsattel nach Sveta Ana (südlich des Loibltunnels) vor, um die dort postierte Einheit aus geflüchteten Zellanern und Jugoslawen anzugreifen. Sie wurden rasch zurückgeworfen und »verschwanden«, so der Chronist, »wie der Rauch im Graben«. Als tags darauf die jugoslawischen Truppen gemeinsam mit ortsansässigen Bauern nachstießen und bis Waidisch vorrückten, kam es zu schweren Feuergefechten, bei denen zwei Abwehrkämpfer den Tod fanden. So konnte Kelih »voll Stolz besonders hervorheben, daß die Burschen aus Zell in vorzüglicher Tapferkeit und sehr aufopfernd für ihren kargen Lebensunterhalt, ihre Heimat und ihre Freiheit gekämpft haben«.

Der Traum vom Anschluss an das »Mutterland« fand aber mit dem Plebiszit am 10. Oktober 1920 ein jähes Ende. Zwar gaben 96,4 % der Zellaner ihre Stimme für Jugoslawien ab (was den Rekord in Kärnten darstellte), doch blieb Zell aufgrund des Gesamtergebnisses der Volksabstimmung trotzdem bei Österreich. Dass dies nur »mit Betrug und Bestechung« zustande gekommen war, stand für Kelih außer Zweifel.

Bemerkenswert ist auch das Ergebnis der Volksabstimmung über den »Anschluss« im April 1938. Von 636 stimmberechtigten Zellanern votierten 632 für Hitlerdeutschland, manche wohl in Erwartung wirtschaftlicher Vorteile, andere vielleicht aus alter Aversion gegen Österreich. Außerdem hatten sich sogar die offiziellen Slowenenvertreter für den Beitritt zum Dritten Reich ausgesprochen.

Schon bald setzten die Repressalien der Nationalsozialisten gegen die Kärntner Slowenen und damit auch gegen die Bevölkerung der Gemeinde Zell ein. Der Gebrauch der slowenischen Sprache wurde verboten, sämtliche slowenischen Organisationen wurden aufgelöst. Slowenische Funktionäre und Geistliche verloren ihren Arbeitsplatz; viele wurden verhaftet, so auch der Pfarrer von Zell. Massiv betroffen war der Ort von den Deportationen im Jahr 1942. Neun »politisch unzuverlässige« Familien wurden enteignet und in deutsche Konzentrationslager verschleppt (insgesamt wurden 221 slowenische Familien bzw. 1.075 Personen aus Kärnten deportiert).

Blick vom Jägersteig

Zell hatte schon sehr früh als »Widerstandsnest« auf sich aufmerksam gemacht. Bereits 1939, als die Generalmobilmachung erfolgte, entzogen sich einige Zellaner der Einberufung. Sie verschwanden in den unwegsamen Wäldern der Karawanken und bildeten »Grüne Kader«. Manche flüchteten nach Jugoslawien, wo sie jedoch, kommunistischer Infiltration verdächtigt, vorübergehend in Arbeitslager gesteckt wurden. Nach dem Angriff der Wehrmacht auf Jugoslawien 1941 kehrten die Deserteure nach Kärnten zurück, um in einem Erdbunker bei Oberwinkel zu überwintern. Erst im Herbst 1942 schlossen sich die »Grünen Kader« der Osvobodilna fronta, der Befreiungsfront, an. Angeblich gab es aber auch »einige wenige, die sich während der ganzen Zeit des Krieges in den Wäldern versteckt hielten, von den

Unter der Koschuta/Košuta

Häschern des Dritten Reiches genauso verfolgt wie von den Partisanen Titos«.[3]

Ende 1942 schlugen die Nazis unbarmherzig zu. Die Gestapo verhaftete im Zuge einer »Säuberungsaktion« im Raum Zell und Eisenkappel rund 200 Sympathisanten der Partisanen. 135 wurden des Hochverrates beschuldigt und vor den Volksgerichtshof in Wien unter dem Vorsitz des gefürchteten Roland Freisler gestellt. Dieser verurteilte 12 Männer und eine Frau zum Tode durch Enthauptung, darunter neun Widerstandskämpfer aus Zell. Ihre Namen: Franz Gregorič, Janez Oraže, Jernej Oraže, Jakob Oraže, Franc Pristovnik, Florjan Kelih, Urh Kelih, Tomaž Olip und Micka Olip. Sie wurden am 29. April 1943 hingerichtet und erst nach dem Krieg in Zell beigesetzt. Ein Denkmal am Friedhof hält die Erinnerung an sie wach.

Mit dem Wiener Schauprozess konnte jedoch der Widerstand in Zell und Umgebung nicht gebrochen werden, im Gegenteil. Immer öfter kam es zu Feuergefechten zwischen Partisanen und Nazi-Einheiten, vor allem im Gebiet um Zell-Winkel. In der Pfarrchronik finden sich ausführliche Schilderungen der Ereignisse:

»Der Gendarmerie und Polizei bereiteten die Partisanen große Schwierigkeiten. Zwischen ihnen kam es mehrfach zu blutigen Auseinandersetzungen, bei denen meistens die Polizei unterlag. Im August 1943 überfielen bei der Maierhube in Zell-Winkel etwa 30 Partisanen aus dem Hinterhalt ein hundertköpfige Polizeitruppe. 7 Polizisten fielen, 8 wurden verletzt und zwei gefangen genommen; die Partisanen hatten keine Verluste zu beklagen, doch sie erbeuteten Waffen, Munition und Kleidungsstücke. [...] Am 15. Jänner trafen bei der Maierhube wieder Polizei und Partisanen aufeinander und es fielen 5 Polizisten und 2 Partisanen.«[3] Auch das »letzte Gefecht« am 3. Mai 1945, bei dem vier SS-Abteilungen gegen 30 Partisanen, die beim Scheriau-Bauern in Zell-Oberwinkel Stellung bezogen hatten, vorrückten, endete mit einer Niederlage der Nazi-Verbände.

So hört man aus den Aufzeichnungen des Pfarrers einen gewissen Respekt vor den Befreiungskämpfern heraus: »In Zell-Winkel hatten die Partisanen durch die Bevölkerung große Unterstützung. Sie wurden verköstigt, Übernachtungsmöglichkeiten wurden ihnen geboten und schließlich wurden sie auch noch mit Nachrichten versorgt und gewarnt, wenn Gefahr im Anzug war. Wenn sich die Polizei anschickte, auf Partisanenjagd zu gehen, wurden sofort die vereinbarten Signale gegeben und die Partisanen konnten untertauchen. Und schweigen konnten die Leute, von den Kindern bis zu den alten Frauen, alle!« Dass allerdings »das verwilderte Leben in den Wäldern und in den Unterschlüpfen ohne Gottes Wort und ohne Heilige Messe keinen guten Einfluss auf das Seelenheil der Partisanen« hatte, stand für den Pfarrer ebenfalls fest.

ZELL-OBERWINKEL/ZVRHNJI KOT

Fünf alte Bauernhöfe mit den Vulgonamen Pongrac, Gašper, Ilček, Foltic und Drajar gruppieren sich in 1000 m Seehöhe auf einer Geländestufe an der Südseite des Grlovec zu einer kleinen Rotte, die das »Zentrum« Zell-Oberwinkels bildet. Die anderen Höfe der Siedlung liegen verstreut und einschichtig dies- und jenseits des Ribnica-Grabens. Es ist die

»hinterste Ecke« der Gemeinde Zell, dessen Kirchdorf (Zell-Pfarre) rund 10 Straßenkilometer weiter östlich liegt.

Der Wanderer mag sich fragen, welche Beweggründe die ersten Siedler in dieses entlegene Gebiet geführt haben. Fest steht, dass die Gegend um Zell verhältnismäßig spät besiedelt wurde. Man nimmt an, dass die ersten Bauern im 11. Jahrhundert, möglicherweise auf der Flucht vor den Magyaren, in die Hochtäler unter der Koschuta gezogen sind. Die systematische Landnahme begann im 12. Jahrhundert auf Betreiben der Hollenburger Grundherren bzw. unter der Schirmherrschaft des Klosters Viktring. Als Pioniere wurden unfreie Bauern eingesetzt, die sich als Gegenleistung für die Erschließung des Geländes durch Rodungen und Wegebau mehr Freiheiten und geringere Feudalabgaben erwarten durften. Das Grundbuch aus dem Jahr 1524 nennt in Oberwinkel einen einzigen Bauern, nämlich »Plasy im Wingkl«, der jährlich 14 Laib Käse an den Grundherrn abliefern musste. 100 Jahre später sind vier abgabenpflichtige Bauern verzeichnet. Ihr Viehbestand wird mit immerhin 42 Rindern, 41 Schafen, neun Schweinen und zwei Ziegen angegeben.[4]

Als Leibeigene verfügten die Bauern über ihren Hof meist auf Basis der »Freistift«, einer Pacht, die vom Grundherrn jederzeit aufgelöst werden konnte. Wer den Zehent schuldig blieb (was beim kargen Ertrag nicht selten vorkam), konnte jederzeit vom Hof vertrieben werden. Auch nach der Abschaffung der Freistift im Jahr 1773 sahen sich viele Bauern – vor allem solche in ungünstiger Hoflage – gezwungen, ihren Besitz an ihre ehemaligen Herren zu verkaufen. Da aber diese hauptsächlich an der Jagd oder an der Holzgewinnung interessiert waren, ließen sie die Höfe meist verfallen und die gerodeten Flächen wieder verwalden. Noch heute befinden sich weite Gebiete nördlich der Karawanken im Eigentum von Großgrundbesitzern.

Für die arme Landbevölkerung war die Wilderei ein wichtiger Nebenerwerb und zugleich ein Akt des Widerstands gegen die Obrigkeit. Die einsamen Gräben rund um Zell und die unwegsamen

Hänge des Grlovec boten dafür die besten Voraussetzungen. Noch im 20. Jahrhundert, vor allem in Zeiten wirtschaftlicher Not, gehörte hier die illegale Jagd zum lebendigen Brauchtum. Trotz Kriminalisierung genossen Wilderer ein hohes Ansehen, zumal sie nicht nur hohe Strafen, sondern bisweilen auch Kopf und Kragen riskierten. Denn der Kampf zwischen Wilddieben und Jagdaufsehern wurde mit aller Härte geführt, und nicht selten kam es zu Schusswechseln mit tödlichen Folgen.

In Oberwinkel/Zvrhnji Kot

Auch Zell-Oberwinkel war Schauplatz eines blutigen Wildererdramas. Es ereignete sich im Jahr 1921, als zwei mit Flinten bewaffnete Bauernsöhne vom Revierförster verfolgt und schließlich vor einem Geländeabbruch gestellt wurden. Bei der darauffolgenden Schiesserei stürzte einer der beiden Wilddiebe, von einer Kugel tödlich am Kopf getroffen, in die Tiefe. Als die Leiche abtransportiert wurde, erwiesen ihm unbekannte »Kollegen« mit Salutschüssen aus dem Wald die letzte Ehre. Überliefert ist auch ein heftiges Feuergefecht zwischen drei Wilderern (von denen zwei aus Oberwinkel stammten) und einer bürgerlichen Jagdgesellschaft aus Ferlach im Jahr 1933.

In Oberwinkel scheint fast jeder zweite Hof einen überzeugten Wilderer hervorgebracht zu haben. Ein besonders »schweres Kaliber« war T., Jahrgang 1906, aus Oberwinkel, der mit dreißig Jahren bereits fünf Haftstrafen für seine Jagdsünden verbüßt hatte. Und S., sein Nachbar, wurde 1935 von der Gendarmerie gar des Mordes an einem Jäger am Hochobir verdächtigt.

Oberwinkel/Zvrhnji Kot: Scheriau

Blutgetränkt wurde der Boden bei Oberwinkel schon Mitte des 19. Jahrhunderts. Damals sollen mehrere Wehrdienstverweigerer aus dem Ort, sogenannte »Flihtlarji«, auf die Maieralm (unterhalb der Baba) geflüchtet sein und dort vier Gendarmen mit der Axt erschlagen haben. Der betreffende Ort heißt im Volksmund »Krvava bajta«, also blutige Keusche.

Nicht genug der kriminellen Umtriebe, erlebte Zell-Oberwinkel nach dem 1. Weltkrieg, als die Grenze plötzlich vor der Haustür verlief, auch als Schmugglerrevier turbulente Zeiten. Beliebte Übergänge für die verbotenen Warentransporte waren der Hainschsattel bzw. der unwegsame Grunt etwas östlich des Loiblpasses. »Eingeführt« wurden Mehl, Kaffee und andere Lebensmittel (Jugoslawien lebte damals vergleichsweise im Überfluss), die man gegen Saccharin oder Feuersteine eintauschte. Mitunter wurde sogar Vieh bei Nacht und Nebel über die Berge getrieben. In den besten Jahren lebten ganze Banden vom Schmuggel; dazu kamen private Schmuggeltouren, die als Wallfahrten von und nach Brezje (bei Radovljica) getarnt waren.

Oberwinkel/Zvrhnji Kot: Scheriau

Auseinandersetzungen mit den Gesetzeshütern standen auf der Tagesordnung; dass sie nicht immer glimpflich endeten, beweist der Text einer Bildtafel im Potokgraben (östlich von Zell): »Auf diesem Bilde sieht man hier / Ein großes Drama im Revier! / Drei ganz gefährliche Falotten / Zum Schmuggel sich zusammenrotten. / Der Jäger Urbas kommt dazu / Und stört sie bei der Jausenruh'. / Die Gauner springen auf und schießen, / Doch soll sie dieses sehr verdrießen! / [...] / Des Jägers Pfeife und sein Hund / Sind leicht verletzt – er bleibt gesund. / Fünf Schüsse schießt er wohlgezielt. / Die drei Falotten hab'n verspielt. / Nun, Wand'rer, steh' und zieh' den Hut, / Bewundere des Jägers Mut.«[5]

Der Vorfall ereignete sich 1937. Einer der Schmuggler trug einen Bauchschuss davon und beging Selbstmord. Der zweite, ebenfalls schwer verletzt, landete im Gefängnis, während der dritte für Jahre in den Wäldern verschwand. Es handelte sich dabei um Feliks Male, der es als Bankräuber und Einbrecher zur lokalen Berühmtheit brachte. Er wurde 1941 südlich der Koschuta von einer Wehrmachtpatrouille gestellt, die seinem wilden Leben mit einer Maschinengewehrsalve ein Ende bereitete.

Das Scheriau-Anwesen ist der westlichste »Vorposten« Oberwinkels. Der malerische und liebevoll gepflegte Weiler umfasst zwei Höfe gleichen Vulgo-Namens und würde jedem Freilichtmuseum zur Ehre gereichen. Unverputzte Steinhäuser aus dem 16. Jahrhundert, verwitterte Schindeldächer, kunstvolle Holzzäune, krumme Obstbäume und steile Wiesen fügen sich zur heimatlichen Idylle. Sie diente 1981 als Filmkulisse für »Schöne Tage« von Franz Innerhofer. Der Hausname leitet sich von *žerjavnica*, Kohlenglutstätte, ab, ein Hinweis auf die in der Gegend einst weit verbreitete Köhlerei.

Oberwinkel/Zvrhnji Kot: Beim Scheriau

Aufgrund der Abgeschiedenheit orientierten sich die Scheriau-Bauern bis ins 19. Jahrhundert zum Loibltal hin, mit dem sie über den Eselsattel die bessere Verkehrsverbindung hatten als mit Zell. Auch die Kinder mussten über diesen 1175 m hohen Übergang nach St. Leonhard zur Schule. Erst 1924 begann man mit dem Bau einer befestigten Straße, die allerdings bei Schneefall oder Hochwasser oft tagelang unpassierbar war. Der Eselsattel (er liegt etwas abseits der Wanderroute) stellte im 2. Weltkrieg einen strategisch wichtigen Punkt dar. Hier befanden sich mehrere Unterstände der Partisanen; deutsche Verbände versuchten mehrmals und vergeblich, das Gebiet unter Kontrolle zu bekommen. 1943 soll hier ein vierzehnjähriger Bub, des Verrates verdächtigt, von den Partisanen erschossen und verscharrt worden sein.

KOSCHUTA/KOŠUTA & CO

Wäre es nach den Nationalsozialisten gegangen, hießen die Karawanken heute »Hirschberge«, trachteten die deutschen Herrenmenschen doch, alle Orts- und Flurnamen slawischen Ursprungs auszumerzen. Der Name dürfte auf die keltische Hirschkuh *karvank* zurückzuführen sein, die im Slowenischen *košuta* heißt und dem 14 km langen Gebirgszug südlich von Zell ihren Namen gab. Erfolgreicher war die Germanisierung ihres Gegenübers, das jahrhundertelang Grlovec (im Volksmund Harlouc) hieß und bald nach der Volksabstimmung1920 in Ferlacher Horn umgetauft wurde. Auch die meisten deutschen Gipfelbezeichnungen der Karawanken, wie Hochstuhl oder Lärchenturm, sind erst im 20. Jahrhundert kreiert worden. Wechselt man auf die Südseite des Gebirgszugs, ändern auch die Gipfel ihre Namen. Die Loibler Baba wird dann zur Košutica und aus dem Hainschturm der Kladivo (Hammer).

Oberwinkel/Zvrhnji Kot: Beim Scheriau

Die sogenannte Titoscharte – über die Josip Broz Tito auf seiner Reise nach Wien im Jahr 1934 illegal die Grenze überschritten haben soll – ist in keiner Karte eingezeichnet.

SVETA ANA (PODLJUBELJ)

Ein unansehnliches Zollhaus, ein überdimensionierter Duty-free-Shop und ein kaum besuchter Restaurationsbetrieb beherrschen das Ortsbild des einst malerischen Bergdorfes. Zwei aufgelassene Hotels künden von Zeiten, da Sveta Ana – das seit dem 2. Weltkrieg Podljubelj genannt wird – noch

Sv. Ana, Ljubelj

touristisch attraktiv war. Betriebsamkeit kommt nur am Wochende auf, wenn die Bergwanderer oder, im Winter, die Schifahrer den Ort zuparken. Auch die Grenzstation hat seit Eröffnung des Karawankentunnels an Bedeutung eingebüßt. Ein Reiseführer aus dem 19. Jahrhundert preist die »ungemein anmuthig am Fuße des Loibl gelegene Häusergruppe und Kirche St. Anna«. Letztere besitzt ein gotisches Presbyterium aus dem frühen 16. Jahrhundert mit Hinterglasmalereien von Stane Kregar, einem bedeutenden Vertreter der slowenischen Moderne, aus dem Jahr 1964.

Auch die Gedächtnisstätte »Ljubelj/Mauthausen«, die 1954 am Platz des ehemaligen Konzentrationslagers errichtet wurde, ist als Kulturdenkmal ausgewiesen. Tausende Häftlinge wurden hier von den Nazis unter grauenhaften Bedingungen gefangen gehalten und zur Sklavenarbeit im Tunnelbau gezwungen. Beim Rundgang am Gelände kann man sich ein Bild über die Anordnung und die Funktion der nur noch in ihren Grundrissen vorhandenen Baracken machen. Um zum ehemaligen Krematorium, einem primitiven Eisenrost, der über eine Feuerstelle gelegt ist, zu gelangen, muss ein Weidezaun überwunden werden.

Am Ljubelj

Vom Quecksilberbergwerk, das sich bis zum 1. Weltkrieg in Sv. Ana befand und über 100 Arbeiter beschäftigte, finden sich keine Spuren mehr. Auch von der Schmelze – die Verhüttung erfolgte auf zwei Schachtöfen und einem Flammenofen vor Ort – ist nichts mehr zu sehen.

EINKEHR: Gostišče Koren. Der angeschlossene »Adrenalinski park«, eine Art Abenteuerspielplatz, passt zur benachbarten KZ-Gedächtnisstätte wie die Faust auf's Auge. Leider die einzige Übernachtungsmöglichkeit am Loibl. Tel. +386/4/5922700

---

* Ortsbeschreibung: Tina Hofstätter.

1 Stephan Singer: Kultur- und Kirchengeschichte des unteren Rosentales, Kappel 1934.

2 Dieses und alle weiteren Zitate nach Hans M. Tuschar: Zell/Sele, Klagenfurt 1993.

3 Pfarrchronik zitiert nach Hans M. Tuschar: Zell/Sele, Klagenfurt 1993.

4 Vgl. Hans M. Tuschar: Karawanken, Brücke und Bollwerk, Klagenfurt 1989.

5 Zitiert nach Hans M. Tuschar: Zell/Sele, Klagenfurt 1993.

Gedenkstätte KZ Ljubelj/Mauthausen

DER ÜBERGANG

Wenn in einem Fernseh- oder Kinofilm jemand einen Tunnel gräbt, so führt der meist in die Freiheit oder an einen Ort der Sehnsucht. Beim Loibltunnel ist das anders. Errichtet von KZ-Häftlingen unter Bedingungen, die sie kaum überleben konnten, führt er – von Kärnten aus gesehen – in ein Land, auf das man lange mit Skepsis, oft mit Hass blickte. Seit dem 1. Weltkrieg war der »slawische Erbfeind am Balkan« ein fixes Gegenüber der Kärntner Politik. »Nirgendwo waren Antislawismus auf der einen Seite und Anschlussbestrebungen auf der anderen Seite so deutlich artikuliert und in politische Agitation umgesetzt worden wie hier.«[1]

1945 war der Tunnel durch den Loibl von den Österreichern aus Furcht vor jugoslawischen Übergriffen mit Stacheldraht und Sandsäcken verrammelt worden. Erst zu Beginn der 60er Jahre dachte man daran, diese wichtige Nord-Süd-Verbindung wieder freizumachen – und stieß zunächst auf Angst und Abwehr. Die Kronenzeitung schrieb am 30. 12. 1960: »Dieses jugoslawische Interesse ist verständlich, weil Jugoslawien aus einer Fertigstellung des Tunnels bedeutend profitiert, während Österreich außer ständigen Erhaltungskosten kaum etwas zu erwarten hat, denn der Touristenverkehr von Jugoslawien nach Österreich ist gleich null.« Und die Zeitschrift »Kärntner Landsmannschaft« fürchtete: »Höchstens werden auf diesem bequemen Weg noch mehr Agitatoren in die freie Grenzzone kommen!« 1964 wurde der Tunnel schließlich wieder freigegeben.

Seit 1. Mai 2004 ist Slowenien Mitglied der Europäischen Union. Mag auch der Großteil der Kärntner diesem Datum wenn schon nicht mit Freude, so doch mit Gelassenheit entgegengeblickt haben, gibt es auch heute noch welche, die sich durch den Beitritt Sloweniens zum Staatenbund der EU bedroht fühlen und zur Wachsamkeit mahnen: »[Die großslowenischen Nationalisten] setzen ihre ganze Hoffnung in den EU-Beitritt Sloweniens, der am 1. Mai dieses Jahres Wirklichkeit wird. Offen wird Kärnten oder zumindest Südkärnten als Teil eines künftigen ›Vereinten Slowenien‹ unter dem gemeinsamen EU-Dach beansprucht. Es wird Zeit, mit Sloweniens Repräsentanten Klartext zu reden und dabei unmissverständlich festzustellen: Die Karawankengrenze muss bleiben!«[3]

Ljubelj/Loibl: Alter Grenzübergang

Kurz vor den letzten Kehren, die zum Nordportal des Loibltunnels führen, zweigt eine kleine Schotterstraße linker Hand in den Wald ab – die alte Loiblstraße. Diese war schon in der Antike die beschwerlichste, aber kürzeste Verbindung zwischen den Siedlungen Virunum (nördlich von Klagenfurt) und Emona (dem heutigen Ljubljana), und Säumer schleppten Salz, Gewürze und Südfrüchte nach Norden und Eisen und Holz Richtung Süden. Im frühen Mittelalter fiel das Land rund um die Loiblstraße an die Zisterzienser des Stiftes Viktring, die sich verpflichteten, für die Bewirtung und Beherbergung der Reisenden zu sorgen und ein Hospiz auf der Sapotnitza errichteten. Gefährlich war die Straße damals nicht nur aufgrund des unwegsamen Geländes, sie war auch eine beliebte Strecke für Wegelagerer. Wenn einer gefasst wurde, richtete man ihn in Görtschach hin und ließ seinen Körper zur Abschreckung einige Tage lang am Galgen hängen.

Paolo Santonino, der Sekretär des Bischofs von Caorle, hinterließ uns Einblicke in die Mühen einer Loiblüberquerung anno 1486: »Wir nahmen den Weg über den Loiblberg, der im Anstieg schwierig, im Abstieg höchst anstrengend und gefährlich ist (...). So schlimm war der schlechte Weg an diesem Tage und so schmal, daß ich bis zur jetzigen Stunde nirgends einen ärgeren angetroffen habe. (...) Einige von unseren Pferden verloren ihre Schuhe, die ihnen kurz vorher fest angepaßt worden waren. Zum Dorfe Kappel sind wir nur mehr halbelend gekommen, wegen der vorherigen Anstrengung und weil unbillig spät die Essenszeit hinausgeschoben war. Daselbst fehlte Weizenbrot, doch haben wir mit Gier das aus reinem Roggen und Hirse gegessen ...«[4]

Ljubelj/Loibl: Alte Straße

Wenn man sich die Reisebedingungen vor Augen führt, kann man sich vorstellen, in welch helle Aufregung ein Brief Kaiser Ferdinands II. die Kärntner Landstände 1630 versetzt haben muss: Um der Pest in Oberitalien auszuweichen, werde die Braut seines Sohnes, eine Tochter des spanischen Königs, über den Loibl nach Wien reisen. Da die Prinzessin im Februar anreiste, müssen wohl unzählige Untertanen zur Schaufel gegriffen haben, um die Wege für Kutschen passierbar zu machen, denn Reiten oder gar Gehen war den königlichen Herrschaften zu mühsam. Doch nicht nur Schutz und Sicherheit der Braut, die von einem Tross von 1000 Personen begleitet wurde, sondern auch Verpflegung und Unterkunft der Spanier mussten von den Landständen gewährleistet werden – ein Unternehmen, das die Region wirtschaftlich beinahe ruinierte.

Die Bedeutung des Loibls als Handelsstraße nahm zu, und als 1719 die Städte Triest und Fiume zu Freihäfen wurden, erhob man die Straße über den Loibl zur »Hauptcommerzialstraße«. Schon ab 1750 verkehrte ein privater Stellwagenverkehr von Graz via Klagenfurt nach Ljubljana, ab 1788 sogar ein Postwagen von Klagenfurt über den Loibl.[5] Heute exististiert kein öffentlicher Linienverkehr.

Rund hundert Jahre nach der Prinzessin beehrte erneut ein gekröntes Haupt den Loibl, diesmal der Kaiser selbst, Karl VI. Wieder wurde die Straße neu befestigt und ausgebaut und dem Kaiser zu Ehren auf der Passhöhe zwei Obelisken errichtet, dort, wo zuvor ein 150 Schritt langer Tunnel der Übergang zwischen Kärnten und Krain gewesen war, den man dem Kaiser nicht zumuten wollte.

Doch noch immer war der Weg über den Loibl anstrengend und gefahrvoll, wie uns der Reisende Philipp Ludwig Hermann Röder 1793 versichert: „Lange erhebt sich die Gegend nach und nach, entsetzliche Berge mit Felsen besetzt, schließen den Weg ein, der nun einer schauervollen Kluft gleicht, die durch das Rauschen des Wassers noch fürchterlicher gemacht wird. (...) Dieser Weg ist demnach sehr gefährlich zu bereisen, und dieses besonders zur Regenzeit. (...) Ob nun gleich diese Gegend schon so hoch ist, so ist man doch hier nur erst am Fuß des sehr hohen und ungemein steilen Berges Loibl, über welchen eine künstliche Strasse gebaut ist. (...) Um über diesen Berg eine Straße bauen zu können, ist der Weg schlangenförmig gemacht. Wenn er sich eine Zeitlang von Morgen gegen Abend gewendet hat, so ist ein Umrang da, der wieder von Abend gegen Morgen läuft, bis wieder an das End des Berges, wo ein neuer Umrang ist, der wieder von Morgen gegen Abend läuft, und so führt der Weg durch 18 Krümer, 9 auf jeder Seite, bis auf den Gipfel des Berges, von welchem man dann die 9 Wege übereinander übersehen kann.«[6]

Schon im 17. Jahrhundert, als Johann Weickhard von Valvasor den Loibl bereist hatte, war diesem die Idee gekommen, einen Tunnel zwischen den Kirchen Sv. Ana und Alt

Gedenkstätte KZ Ljubelj/Mauthausen

St. Leonhard zu graben und damit den schwierigen Pass zu umgehen. Als sich Karl VI. ankündigte, wurden diese Pläne im Zuge der Renovierung neu belebt, jedoch abermals ad acta gelegt, da man fürchtete, einen Tunnel nicht zeitgerecht fertig stellen zu können. Die zunehmende Bedeutung der Verkehrsader ließ sie aber wieder und wieder aktuell werden, zu Anfang des 19. Jahrhunderts wurde sogar ein Eisenbahntunnel durch den Loibl angedacht. Das Vorhaben scheiterte immer wieder an finanziellen und technischen Hürden.

Es war die mörderische Maschinerie des Nationalsozialismus, die sich der Herausforderung des Tunnelbaus stellte. Das Projekt sollte nicht nur Kärnten und »Oberkrain« mit einander verbinden, sondern auch wirtschaftlichen Aufschwung in der Region symbolisieren. 1941 beauftragte das Regime die Klagenfurter Firma Raubal unter Führung der SS-Organisation »Todt« mit der Bauprojektierung. Vermessungs- und Straßenbauarbeiten begannen. Im Sommer wurden Umspannwerke und Baracken errichtet; im Spätherbst baute Raubal ein Arbeitslager in Sv. Ana. Anfang 1943 schloss die SS-Organisation mit dem Generalunternehmer Universale Hoch-

und Tiefbau AG Verträge ab, in denen sie sich verpflichtete, das für den Tunnelbau benötigte »Menschenmaterial« aus dem KZ Mauthausen zu organisieren.

Das KZ Mauthausen mit seinen über 40 Außenlagern war ein Konzentrationslager der Lagerstufe III, laut Heydrich-Erlass vom 1.1.1941 »für schwerbelastete, unverbesserliche und auch gleichzeitig kriminelle, vorbestrafte und asoziale, das heißt kaum noch erziehbare Schutzhäftlinge«. Das NS-Regime hatte folglich keinerlei Interesse an ihrem Überleben, und wer nicht sofort hingerichtet wurde, wurde noch eine Zeitlang in Arbeitseinsätzen ausgebeutet, die er nicht überleben sollte. 1947 gab der ehemalige Blockkapo im Loibl-Südlager, Max Skirde, bei seiner Vernehmung durch einen britischen Offizier zu Protokoll: »Untersturmführer Ludolph (der Lagerkommandant, Anm.) befahl, die Häftlinge aufs strengste zu behandeln und ihnen keine Erleichterungen zu gewähren. Er befahl uns persönlich, die Häftlinge zu misshandeln. Zu der Zeit, wo Ludolph Lagerführer war, wurden die Häftlinge derart geschlagen, daß sie arbeitsunfähig wurden. Schließlich beschwerten sich die Ingenieure der Baufirma über die körperliche Schwächung der Häftlinge durch diese Behandlung. (...) Es galt als stehender Befehl, daß die Kapos und Blockältesten die Häftlinge zu schlagen hatten, und Rapportführer Goggel ließ zu diesem Zweck Gummischlauch-Enden beschaffen.«[8]

Gedenkstätte KZ Ljubelj/Mauthausen

Im Frühjahr 1943 errichteten die Nazis auf einem enteigneten Grundstück des Barons von Born unterhalb der Kirche

Sv. Ana ein »Arbeitslager der Waffen-SS«. Im Mai »selektierte« die SS die ersten KZ-Häftlinge für das KZ am Loibl, insgesamt wurden zunächst 330 Internierte, hauptsächlich französische Widerstandskämpfer, dem »Kommando X« zugeteilt. Mit dem Zug wurden sie nach Tržič und von dort mit dem LKW in das Südlager deportiert. Zunächst mussten die Häftlinge das Loibllager Süd weiter ausbauen, bald schon begann man mit der Errichtung einer Zufahrtsstraße zum Tunnelnordportal und dem Loibllager Nord. Ein ehemaliger Häftling, René Bernard, erzählt in einem Interview: »Wir kamen zu Fuß über den Pass. Es war kalt und wir sahen niemanden, keinen Menschen. Rundum nur Berge, und dann sahen wir die Tafel des Bauunternehmers Universale Hoch- und Tiefbau AG in großer Aufschrift. Da wußten wir, daß dies alles zusammengehörte und wir ausgewählt waren, den Berg von der anderen Seite anzubohren.«[9]

Ende September 1943 wurden bereits 680 Häftlinge auf der »Baustelle des Todes«, wie die Lager genannt wurden, eingesetzt. Das Bewachungspersonal bestand aus etwa 100 Männern des »3. SS/T Sturmbann KL-Mauthausen« und ebenso vielen Polizisten der Einheit »Alpenland«. Außerdem waren zu der Zeit 664 Zivile am Loibl beschäftigt. Sie wurden weitestgehend von den KZ-Häftlingen ferngehalten. Ihre Zahl sank im Laufe des folgenden Jahres auf 400, weil sich 150 Slowenen sowie einige Italiener und Franzosen den Partisanen angeschlossen hatten. Die vielen hundert Insassen der beiden Lager blieben auch den Bauern der Umgebung nicht verborgen, die zum Teil selbst mit ihren Ochsengespannen Arbeitsdienste für das KZ leisten mussten. Auf die Frage, ob er sich jemals nach ihnen erkundigt habe, antwortete der Bauer Stanislaus Tschaschl: »Schon, aber wir wußten ja, daß es KZler waren. Die SS-Männer sagten, die Häftlinge sind vorbestrafte Verbrecher, die ihre Haft hier am Loibl zu verbüßen hätten. (...) [Einer] erzählte, auch Kriminelle, Homosexuelle und Russen wären hier inhaftiert, ebenso wie Kommunisten. Der Abschaum aus dem ganzen Reich, sagte einmal der Nordlagerkommandant Paul Gruschwitz, würde auf den Loibl deportiert. Auf die Frage, warum diese Menschen in den Nächten denn so jammern, lachten sie und meinten, zum Arbeitsausgleich werden ›Ballette‹ abgehalten. Es müsse eben ab und zu ein bißchen nachgeholfen werden. Dabei deutete der Südsteirer Vavpotič auf seine, ständig im Stiefelschaft steckende, Reiterpeitsche.«[10]

Weitere Häftlingstransporte folgten, Ende Juli 1944 waren etwa 1.300 KZ-Häftlinge am Loibl interniert. Die Rücktransporte veranlasste der Standortarzt, Sigbert Ramsauer. Sah er bei einem Verletzten oder Kranken keine »Heilungschance«, wurde das »verbrauchte Menschenmaterial« zur Vernichtung nach Mauthausen abtransportiert. Nahm er an, dass der Patient einen Rücktransport nicht überleben wurde, setzte er eine tödliche Herzinjektion mit Benzin – »schönes Sterben« nannte er das – und beaufsichtigte die Verbrennung der Leiche auf dem sogenannten »Scheiterhaufen«, einem behelfsmäßigen Krematorium. In einem Vernehmungsprotokoll durch die Engländer gab Ramsauer 20 bis 25 Morde in seinem Krankenrevier zu; Zeitzeugen sprechen von 33.

Es gab 29 Fluchtversuche, 24 davon gelangen, geplant und ausgeführt mit Unterstützung des Widerstandsaktivisten Janko Tišler, der als Zivilarbeiter am Loibl eingesetzt war und sein Leben riskierte, als er mit den französischen KZ-Häftlingen Kontakt aufnahm und Verbindung zu ihren Familien und den Partisanen herstellte.

Im Dezember 1943 wurde der Durchbruch des 2 x 3 m großen Tunnelstollens von Gauleiter Rainer besichtigt. Auch die Arbeiter freuten sich über ihre Leistung und auf Bier und Gulasch, die man ihnen versprochen hatte – vergebens, natürlich. Schreckliche Gerüchte, was nach der Tunnelfertigstellung mit ihnen geschehen sollte, kursierten, und sie versuchten nach Möglichkeiten, die Fertigstellung zu verzögern. Zu leiser Hoffnung berechtigten heimlich abgehörte Nachrichten von der Front, die von einer möglichen Niederlage der Deutschen berichteten. Gleichzeitig nahm die Brutalität

Loibl-Tunnel Nordportal

im Lager unvorstellbare Ausmaße an: Prügelorgien, »Corridas« genannt, wurden an den arbeitsfreien Samstagnachmittagen veranstaltet, Reinigungs- und Hygienekontrollen boten weitere Gelegenheiten zu Brutalität, und zur Belustigung der Wachmannschaften wurden Boxkämpfe und Fußballspiele zwischen den zu Tode erschöpften und halbverhungerten Häftlingen organisiert.

Im Winter 1944/1945 waren die Häftlinge aufgrund der Witterungsbedingungen, unzureichender Kleidung und Unterernährung völlig entkräftet. Dennoch ging der Tunnelausbau voran, und schon im Dezember 1944 konnte das erste Fahrzeug den Tunnel befahren. Im Frühjahr 1945 kündigte verstärkter Partisanenwiderstand in der Region endlich das bevorstehende Ende des KZ Loibl an. Am 15. April 1945 wurde das KZ Loibl Nord aufgelöst, die Häftlinge in das Südlager gebracht. Insgesamt 1.115 Inhaftierte erlebten das Kriegsende im KZ Loibl Süd. Am 7. und 8. Mai 1945 zogen sie in einer riesigen Kolonne vom Loibl in das Rosental hinunte, immer noch von SS-Bewachern eskortiert, die die Häftlinge als lebende Schutzschilder benützten.

Es gab Pläne, die Häftlinge im Tunnel zusammenzutreiben und zu exekutieren. Dass dies nicht geschah, verdankten sie der Tatsache, dass sich die vom Balkan kommenden Truppen durch den Loibltunnel zurückzogen, begleitet von einem Heer von Kollaborateuren, das versuchte, sich vor den Partisanen und Tito-Einheiten über die Drau zu den Engländern zu retten. Unter ihnen: KZ-Arzt Sigbert Ramsauer in Zivil, der an der Hollenburger Draubrücke jedoch von einem ehemaligen KZ-Häftling erkannt und von Partisanen gefangen genommen wurde.

Gedenkstätte KZ Ljubelj/Mauthausen

1947 standen die NS-Verbrecher vom Loibl vor einem englischen Kriegsgericht. Der Kommandant beider Lager, SS-Hauptsturmführer Jakob Winkler und sein Kommandoführer Walter Briezke wurden zum Tode verurteilt; der Kommandant des Nordlagers, Paul Gruschwitz, erhielt eine langjährige Haftstrafe und kam 1951 wieder frei; SS-Rapportführer Karl Sachse wurde zu 20 Jahren verurteilt und war 1955 wieder auf freiem Fuß; viele kamen ohne jede Strafe davon. KZ-Arzt Sigbert Ramsauer wurde zu lebenslänglicher Haft verurteilt, in den 50er Jahren begnadigt und war bald wieder Inhaber einer florierenden Arztpraxis.

Die Slowenen errichteten nach Kriegsende eine Gedenkstätte, sicherten die Überreste des KZ Loibl Süd, bezeichneten seine Grundmauern mit Tafeln, die erzählen, was dort einst geschah. Heute findet man gleich nebenan eine Jausenstation und, nur ein paar Schritte von den Schauplätzen der Corridas und makabren Boxkämpfe entfernt, einen »Adrenalinski Park«, wo sich die Jugend den sportlichen Kick holt.

In Kärnten gedenkt man am Ulrichsberg der »Helden des 2. Weltkrieges«, zählt noch 1995 die SS zu den »lieben Freunden« von Landeshauptmann Haider und hat der Kärntner Heimatdienst politisch immer noch ein gewichtiges Wörtchen mitzureden. 1995 nahm sich eine Gruppe von Wissenschaftlern um Peter Gstettner des Themas an. Ihr ist die wissenschaftliche Aufarbeitung und die Tatsache zu verdanken, dass sich heute am Nordportal des Loibltunnels wenigstens zwei Informationstafeln mit der Geschichte dieses Ortes finden. Kaum mehr auszumachen sind die spärlichen Mauerreste, überwuchert von Gras und Gestrüpp, von Lüge und Scham.

Annemarie Ribitsch

---

1 Peter Gstettner, Das KZ in der Lendorfer Kaserne vor den Toren der Stadt Klagenfurt. Vgl. www.nachkriegsjustiz.at.

3 Josef Feldner in »Zur Zeit«, Anfang März 2004.

4 Paolo Santonino, Reisetagebücher. Zitiert nach: Hans M. Tuschar, Ferlach. Klagenfurt 1996.

5 Vgl. ebd.

6 Philipp Ludwig Hermann Röder, 1793, Über den Loibl, in: Traumreisen und Grenzermessungen, Hg. Klaus D. Olof und Miloš Okuka. Klagenfurt/Celovec, 1995.

7 Peter Gstettner, Das KZ in der Lendorfer Kaserne vor den Toren der Stadt Klagenfurt. Vgl. www.nachkriegsjustiz.at.

8 Zitiert nach: Josef Zausnig, Der Loibl-Tunnel. Das vergessene KZ an der Südgrenze Österreichs. Klagenfurt/Celovec 1995.

9 Zitiert nach: Ebd.

10 Zitiert nach: Ebd.

In Sv. Peter bei Begunje

3. ETAPPE: ERSTKONTAKT
Wanderung von Sveta Ana (Ljubelj) nach Radovljica

VORSCHAU

Der erste Etappe auf slowenischem Boden steht ganz im Zeichen der Verbrechen, die hier von den deutschen Besatzern begangen wurden; die Schönheit der Landschaft aber übertrifft alle Erwartungen.

Von der Gedenkstätte des KZ Ljubelj steigt man zum Kirchlein Sveta Ana auf, das mit seinen Nachbarhäusern ein Bergdorf simuliert. Über einen spektakulär angelegten Militärweg wandert man zur Preval-Alm, wo man die Aussicht auf das westliche Savetal genießt. Steil ist der Abstieg zur Draga-Schlucht, an deren Eingang ein Hain an die Massaker der Nazis an diesem Ort erinnert. Man passiert die Burgruine Kamen, lässt aber Begunje vorerst links liegen, um Sveti Peter auf dem Hausberg des Ortes einen Besuch abzustatten. Wie im Bilderbuch liegt das Krainer Hügelland im Südosten. Alle Lieblichkeit hat aber in Begunje ein Ende, wo man das Geiselmuseum und die Gräber der NS-Opfer im Park der Psychiatrie besichtigt. Zweifelhaften Kontrast bietet das Hausmuseum der Avseniks, denen die Welt die »Oberkrainer-Musik« verdankt. Vom alten Ortskern, wo manche Keusche Einblick in die bäuerliche Architektur vergangener Jahrhunderte gewährt, gelangt man auf offenes Gelände. Man streift zwei weitere Dörfer und nähert sich auf Feldwegen Radovljica, dessen unversehrte Altstadt man nach Durchschreitung des Stadtgrabens fast unvermittelt betritt.

HINWEISE ZUR WANDERUNG

SCHWIERIGKEITSGRAD: Mittelschwere Wanderung.

LÄNGE: 25 km.

GEHZEIT: 6,5 Stunden.

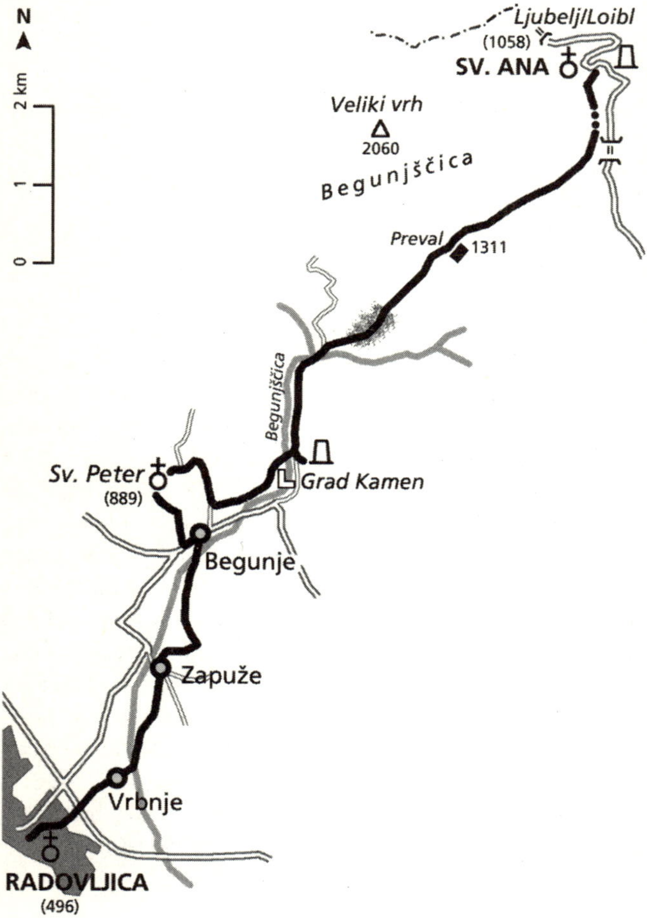
N
2 km
1
0
Ljubelj/Loibl
(1058)
SV. ANA
Veliki vrh
2060
Begunjščica
Preval
1311
Begunjščica
Sv. Peter
(889)
Grad Kamen
Begunje
Zapuže
Vrbnje
RADOVLJICA
(496)

ANSTIEGE: 500 Höhenmeter in zwei Abschnitten.

ABSTIEGE: 900 Höhenmeter in zwei Abschnitten.

WEGE: Wald- und Güterwege, Steige, wenig Asphalt.

ORIENTIERUNG: Einfach.

KARTE: Karavanke, osredni del, 1:50.000, Planinska založba Nr. 189

VERKEHRSVERBINDUNGEN: Bahnhof und Bushaltestelle in Radovljica.

EINKEHR: Prevalalm, Sv. Peter, Begunje.

QUARTIER: Radovljica.

WICHTIGER HINWEIS: Beim Abstieg von der Preval-Alm ist Trittfestigkeit und Schwindelfreiheit erforderlich. Festes Schuhwerk!

WEGBESCHREIBUNG

Man geht vom Gostišče Koren («Adrenalinski park«) zum Mauthausen-Denkmal an der Passstraße; auf dieser nach rechts. Nach ca. 50 m wendet man sich nach rechts in einen ansteigenden (undeutlichen) Wiesenpfad. Man erreicht erneut die Straße, quert diese und steigt halbrechts auf einer Wiese weglos an. Am Waldesrand ein Querweg, man geht links. Man passiert die Kirche Sv. Ana und folgt der alten Passstraße bis zu einem Parkplatz unterhalb eines leerstehenden Schihotels. Von hier auf einem Asphaltsträßchen nach links. Gleich darauf eine Rechtskurve. Hier verlässt man die Straße, indem man sich nach links in einen Steig wendet. Nach wenigen Metern ein Querweg, man geht links (Wegweiser »Preval«). Schöner, anfänglich eben verlaufender Steig hoch über der Autostraße, teilweise seilgesichert. Man durchschreitet einen Tunnel und steigt im Wald gemächlich an. Schöne Blicke ins Tal. Bei einem Querweg geht man rechts und erreicht nach kurzem steilen Anstieg die bewirtschaftete Preval-Hütte (1:20 Std.).

Man folgt vom Sattel unterhalb der Hütte dem Wegweiser »Draga, Begunje«. Steiler, ziemlich mühseliger Abstieg im Wald in südwestlicher Richtung (Markierung roter Kreis mit weißem Punkt). Schöner Mischwald. Nach 30 Min. ein Forstweg, man geht links und gelangt zu einem Bach. Rechts vom Wasserlauf (auf undeutlich markiertem Weg) weiter talauswärts. Der Graben verengt sich zur

Schlucht, durch die man – teilweise seilgesichert – absteigt. Man trifft im Tal auf eine Schotterstraße, auf dieser nach links. Nach 10 Min. erreicht man das Gostišče Draga (2:30 Std.). Man passiert das Gebäude und wendet sich sofort (die Straße verlassend) nach rechts in einen ansteigenden Weg. Nach 50 m ein Wegweiser »Krpin«, welchem man folgt. Der Weg mündet in einen Hohlweg und gabelt sich gleich darauf. Man nimmt den rechten Weg. Nach 15 Min. eine Mehrfachkreuzung, man geht geradeaus über eine Brücke zur Asphaltstraße. Auf dieser nach rechts bis zur Geisel-Gedenkstätte (3:00 Std.).

Man kehrt von der Gedenkstätte zur Brücke zurück, überquert diese und folgt – nachdem man zwei Abzweigungen nach links ignoriert hat – dem Wegweiser »Krpin« nach links. Bald darauf passiert man die Burgruine Grad Kamen (lohnende Besichtigung). Bei der Gabelung oberhalb der Ruine nimmt man den rechten Pfad. Schöner, bald ansteigender Weg unter Felswänden. Vorbei an einer Höhle. Kurz nachdem sich der Weg wieder gesenkt hat, eine Gabelung, man geht geradeaus. Man erreicht ein Asphaltsträßchen und geht auf diesem nach rechts. Nach knapp 10 Min. eine Gabelung, man geht links (Wegweiser »Sv. Peter«). Man folgt dem Weg bis zur Kirche Sv. Peter (4:30 Std.). Schöner Rastplatz oberhalb des Kirchleins. Einkehr beim Bauern neben der Kirche.

Vom Gastgarten des Bauern steigt man auf (teilweise undeutlich) markiertem Hauptweg nach Begunje ab. Im Zweifelsfall hält man sich links. Man erreicht bei den ersten Häusern eine Straße. Geradeaus bis zu einer Querstraße, auf dieser nach links bis zum »Avsenik »an der Hauptstraße. Man geht links bis zum Schloss. Besichtigung des Parks und des Museums (5:00 Std.).

Man verlässt das Schlossgelände durch den Haupteingang, geht nach rechts, passiert die Kirche und wendet sich nach links in die alte Dorfstraße. Vorbei an einigen Häusern mit hübschen Gärten. Vor einer Brücke eine Gabelung, man geht links. Bei einer weiteren Gabelung wieder links. Der Asphalt endet, man gelangt zu einer Kreuzung und geht rechts, bei der nächsten Kreuzung ebenfalls. Man folgt dem Schottersträßchen bis Zapuže. Vorbei an einigen Häusern bis zur Hauptstraße, auf dieser nach links. Gleich darauf endet der Ort, und man wendet sich wenige Schritte nach der Orts-

tafel nach rechts in einen Waldweg. Gleich darauf eine Gabelung, man geht links bergauf. Bald unterquert man eine Hochspannungsleitung und erreicht wenig später ein Wasserreservoir. Man geht rechts an diesem vorbei in einen deutlichen Pfad. Weiter durch den Wald bis zum ersten Haus von V r b n j e (5:45 Std.).

Auf dem Quersträßchen nach links. Nach 50 m eine Querstraße, man geht rechts. Nachdem man einen Bach überquert hat, eine Gabelung, man geht rechts. Nach 30 m wendet man sich in einen Schotterweg nach links bis zu einem Sträßchen, welches man quert. Auf einer kaum sichtbaren Fahrspur geradeaus weiter bis zur S c h n e l l s t r a ß e , welche man mit gebotener Vorsicht überquert. Auf dem Asphaltsträßchen links der Tankstelle geradeaus weiter bis zu einer Querstraße. Man geht links und biegt nach wenigen Metern nach rechts ab. Bei der folgenden Querstraße wendet man sich nach rechts, um sich gleich darauf (Verkehrsspiegel) nach links in ein abwärts führendes Sträßchen zu wenden. Man durchschreitet einen Graben und geht bei einer Querstaße nach links bis zum Hauptplatz von R a d o v l j i c a (6:30 Std.).

AM WEGE

BEGUNJE*

Aus der Perspektive eines Wanderers, der über den Loibl und die Preval-Alm nach Slowenien kommt, ist Begunje die erste größere Ansiedelung nach der Grenze. Ihre Besichtigung gerät zu einer Art Einführungskurs in slowenische Zeitgeschichte und Kultur.

Zu Beginn wird man aber mit den »zivilisatorischen Leistungen« der deutschen Okkupatoren konfrontiert. Im Dragatal, dem Hintereingang Begunjes, erinnert eine Gedenkstätte an die massenhafte Ermordung einheimischer Geiseln durch die Nazis. Es handelte sich dabei um sogenannte »Sühnemaßnahmen« zur Vergeltung von Partisanenangriffen. Eine überlebensgroße Metallskulptur von Boris Kalin hält den Augenblick einer Hinrichtigung fest und verleiht ihm durch künstlerische Überhöhung so etwas wie Würde. Furchtlos und mit entblößter Brust blickt die Geisel dem Tod ins Auge. Ringsum stehen steinerne Prismen mit den Namen und Herkunftsorten der Opfer. Im Sommer düngen Kühe den moosigen Boden. Etwas abseits trägt eine abstrakte Skulptur die Inschrift: »Hier, in dieser Bergwelt / und in schrecklichen Zeiten / wurden Männer, Frauen und Kinder dahingemetzelt. / Nun herrscht wieder Frieden / aber die Stille / klagt die Mörder an / und huldigt den Erschlagenen.« Im Fremdenverkehrsprospekt ist der Hain als lustiger Grabhügel mit blauen Blümchen dargestellt.

Nur wenige Schritte weiter macht die verfallene Burg Kamen mit einem mächtigen und teilweise restaurierten Turm auf sich aufmerksam. Es ist die bedeutendste Ruinenanlage in Gorenjska; ihre beachtliche Größe wird aber erst bei der Begehung deutlich. Leider ist der Versuch einer musealen Aufbereitung in den ersten, reichlich improvisierten Ansätzen stecken geblieben. Die ältesten Gebäudeteile, vermutlich der Südturm mit dem Wohntrakt, stammen aus dem 12. Jahrhundert und dienten erst den Ortenburgern, später den Grafen von Celje als Herrschaftssitz. Später residierten hier die Lamberger, deren angeblicher Heldenmut im Kampf gegen die Türken im Volkslied besungen wird. Freilich suchten die tapferen Ritter hier auch vor den aufständischen Bauern Zuflucht. Anfang des 18. Jahrhunderts übersiedelten die Schlossherren ins Ortszentrum, und die Burg Kamen verfiel.

Ihr neuer Sitz, nach dem Geschlecht der Kacijaner Schloss Katzenstein genannt, beherrscht seither Begunje – weniger in architektonischer Hinsicht als aufgrund seiner mehrfachen Zweckentfremdung. Im Park sitzen Frauen und Männer in Pyjama und Morgenrock auf den weiß lackierten Bänken – Patienten des Psychiatrischen Krankenhauses, das hier untergebracht ist. Wer an Depressionen leidet, wird das Ambiente vielleicht als paradoxe Intervention erleben: Das Schloss fungierte 1941 bis 1945 als Gestapo-Gefängnis; der von einer hohen Mauer umgebene Garten, er diente als Anhaltelager, wurde nach dem Krieg zur Gedächtnisstätte

Geisel-Gedenkstätte im Draga-Tal

umgestaltet. Im Eingangsbereich, wo die Kranken auf Besuch oder Entlassung warten, kauert ein Gefangener aus Metall; ein paar Schritte weiter, rechts der Allee, hält eine friedhofartige Anlage die Erinnerung an die Naziopfer wach. In einem Nebentrakt des Schlosses wurde 1961 das *muzej talcev* (Geiselmuseum) eingerichtet, das die Geschehnisse während der deutschen Besatzung dokumentiert.

Schon wenige Tage nach dem Einmarsch der Wehrmacht im April 1941 wurde Oberkrain dem Reichsgau Kärnten angegliedert. Zum Chef der Zivilverwaltung wurde SS-Brigadeführer Franz Kutschera ernannt, den der »Führer« mit weitreichenden Vollmachten ausstattete. Der Auftrag lautete, »dieses Land wieder deutsch« zu machen, und zwar mit allen Mitteln. So ordneten die Besatzer die Auflösung sämtlicher slowenischer Vereine und Organisationen sowie die Beschlagnahme ihrer Vermögen an. Slowenische Bibliotheken und Archive wurden geplündert oder überhaupt zerstört. Auch alle äußeren Zeichen slowenischer Kultur verschwanden: Slowenische Orts- und Straßennamen mussten deutschen Bezeichnungen weichen, slowenische Vornamen durch deutsche Taufnamen ersetzt werden. Slowenische Kindergärten wurden geschlossen, und in den Schulen übernahmen mehrere hundert deutschsprachige Lehrer aus dem »Reich« den Unterricht. Auch die erwachsene Bevölkerung wurde angehalten, Deutschkurse zu besuchen und sich ihrer »germanischen Wurzeln« zu besinnen.

Begunje: Schlosspark

Gleichzeitig gingen Sondereinheiten brutal gegen »rassisch unzuverlässige« Elemente vor. Die erste Säuberungswelle galt slowenischen Führungskräften, Priestern und Intellektuellen, der bald Massenverhaftungen und Deportationen anderer Bevölkerungsgruppen folgten. Tausende Gefangene fanden sich in den Sammellagern von Begunje, Goričane und Šentvid wieder, um von dort in den Südosten Jugoslawiens verfrachtet zu werden. So wurden im Juli 1941 2.300 Personen nach Serbien deportiert; weitere Massentransporte fanden im Frühjahr 1942 statt. Der ursprüngliche Plan der Besatzer, rund die Hälfte der Bevölkerung in Gorenjska (Oberkrain) auszusiedeln, musste jedoch aufgrund des wachsenden bewaffneten Widerstands aufgegeben werden. Auf die ersten militärischen Erfolge der Partisanen reagierten die Deutschen mit verschärften Repressalien gegen die Zivilbevölkerung. Um der Befreiungsfront die materielle Basis zu entziehen, wurden ganze Dörfer, darunter Kokra und Gradišče »geräumt«, d. h. dem Erdboden gleichgemacht, und wer immer sich der Unterstützung der Partisanen verdächtig machte, musste damit rechnen, hingerichtet zu werden.

In Begunje, das die Deutschen Vigaun nannten, befand sich das Gestapo-Hauptquartier. Hier wurden insgesamt 12.134 Personen festgehalten – neben aktiven Widerstandskämpfern hauptsächlich deren Angehörige bzw. Sympathisanten, darunter auch Kleinkinder und Greise. Die Nazis konnten hier auf die Infrastruktur zurückgreifen, die im 19. Jahrhundert geschaffen worden war, als man das Schloss in ein Frauengefängnis umfunktionierte. Um dem Naziterror den Anschein von Legalität zu geben, installierte Kutschera im Juli 1941 ein »Sondergericht«, das sich unter dem Vorsitz von Kurt Messinger mit der »Aburteilung kommunistischer Elemente« befasste. Das Gericht tagte in der Kapelle des Schlosses; die erste Sitzung fand im August 1941 statt und endete mit vier Todesurteilen, die bereits am darauffolgenden Tag von Polizisten vollstreckt wurden.

Ihren besonderen Sinn für Proportionen stellten die Nazis bei den Geiselerschießungen unter Beweis. Für jeden Deutschen, der bei Partisanenüberfällen umkam, mussten zehn Geiseln ihr Leben lassen, während für jeden getöteten slowenischen Kollaborateur »nur« fünf Geiseln exekutiert wurden. Meist fiel die Wahl auf Bewohner der betreffenden »Bandengebiete«; ihre Hinrichtung fand entweder vor Ort oder auf dem Richtplatz in Begunje bzw. im Draga-Tal statt. Gipfel des Zynismus: die öffentliche Anprangerung der Geiseln und die Bekanntgabe ihrer Exekution auf – zweisprachigen! – Plakaten und Flugblättern.

Aus der peniblen Buchführung der Nationalsozialisten geht hervor, dass in Gorenjska während der Okkupation (mindestens) 1.270 Geiseln erschossen wurden, darunter 849 Häftlinge aus Begunje. Weitere 5.100 Häftlinge landeten in deutschen Konzentrationslagern, davon 989 in Mauthausen. Die wenigsten kehrten nach dem Krieg zurück.

Beklemmender als jede Statistik sind die zehn ehemaligen Gefängniszellen im Geiselmuseum. Hier waren die »gefährlichsten Volksfeinde« untergebracht, buchstäblich in Ketten gelegt und den sicheren Tod vor Augen. Ständige Appelle, stundenlange Verhöre und Folterungen gehörten

Begunje: Schloss Katzenstein

zur täglichen Praxis und sollten die unterernährten und geschwächten Häftlinge moralisch brechen. Besonders standfeste Gefangene, wie etwa der kommunistische Parteisekretär in Gorenjska, Tone Dolinšek-Metod, wurden mehrmals gezwungen, die Erschießung ihrer Genossen mitanzusehen.

An den Zellenwänden findet sich eine Reihe von Inschriften und Zeichnungen der Häftlinge. Die Graffiti wurden nach dem Krieg freigelegt und restauriert. Kaum nachzuvollziehen ist der Heldenmut mancher Todeskandidaten. »Mutter, es ist besser zu sterben, als so ein Leben zu leben«, ritzte etwa Rezika Dragar, »Arbeiterführerin, Revolutionärin und Nationalheldin«, in den Putz. »Das Hakenkreuz wird unter dem Gewicht unserer Opfer zerbrechen. (...) Mein Körper muß zwar sterben, aber meine Idee wird weiter leben.« Neben heroischen Botschaften und verzweifelten Durchhalteparolen finden sich aber auch Inschriften wie diese: »Ich bin allein im Bunker. Ich weiß nicht, was aus mir wird. Ich leide sehr. Mutter, wo bist Du? Ich bin siebzehn Jahre alt. Frančka Baglic«.

Als Zentrum nationalsozialistischer Gewaltherrschaft in Gorenjska geriet Begunje bald ins Visier der Befreiungsfront.

Begunje: Muzej talcev (Geiselmuseum)

Bereits im August 1941 planten die Partisanen eine großangelegte Operation zur Befreiung der Lagerinsassen. Die Aktion scheiterte am Verrat eines Kollaborateurs; die daraufhin verstärkte Bewachung verhinderte jeden weiteren Angriff auf das Lager. Erst im April 1945 endete das Martyrium der Gefangenen. 300 Partisanen umstellten das Lager, und die Deutsche Garnison – die den Befehl zur Ermordung aller Insassen erhalten hatte – ergab sich nach zweitägigen Verhandlungen. 632 Häftlinge konnten gerettet werden.

»Nach der Befreiung«, heißt es auf der Homepage des Ortes, »wurde in der Burg [Katzenstein, Anm.] eine Besserungsanstalt eingerichtet« – eine noble Umschreibung der Tatsache, dass man hier hochrangige Nazis, Kriegsverbrecher und Kollaborateure festhielt und der »revolutionären Justiz« zuführte. Unter ihnen befanden sich auch etliche jener Kärntnerinnen und Kärntner, die zu Kriegsende festgenommen und nach Jugoslawien gebracht wurden. In der Kärntner Öffentlichkeit gelten diese Verhaftungen als willkürliche »Verschleppungen«, durch die sich die Partisanen an ehemaligen Abwehrkämpfern und anderen »Heimattreuen« gerächt hätten. Auch wird bisweilen behauptet, dass kein einziger von ihnen aktiver Nationalsozialist oder an Kriegshandlungen beteiligt gewesen sei. Dabei werden gleich mehrere Tatsachen unterschlagen: Erstens handelte es sich bei den Partisanen zu diesem Zeitpunkt bereits um reguläre, von den Alliierten als Verbündete anerkannte Truppen. Zweitens konnten sich die Jugoslawen bei den Festnahmen auf die Moskauer Deklaration berufen, wonach NS-Verbrecher zu verhaften und zu bestrafen waren. Denn auch die These von der pauschalen Unschuld der »Verschleppten« lässt sich, drittens, kaum aufrecht erhalten (auch wenn sich unter den Inhaftierten zwei halbwüchsige Kinder sowie zwei Ehefrauen befanden). Bei den in Begunje festgehaltenen Kärntnern handelt es sich im Wesentlichen um zwei Gruppen. Die eine war in der NS-Zeit in Kärnten tätig gewesen und auch dort verhaftet worden, darunter zahlreiche NS-Funktionäre und »Alte Kämpfer«. Die andere Gruppe, im Nachkriegs-Kärnten verharmlosend als »Zivilbeamte« bezeichnet, war Teil des NS-Okkupationsapparats in Gorenjska gewesen. Sie bekleideten wichtige Funktionen wie die eines Bürgermeisters, Amtsarztes oder Leiters des Kreisgerichtes. Auch der Lagerkommandant von »Vigaun« sowie Angehörige der Wachmannschaft und Gestapobeamte zählten dazu. Die Mehrzahl der Inhaftierten kehrte nicht mehr nach Kärnten zurück.

An die Zeit des bewaffneten Widerstands wird man auch im Foyer des Verwaltungsgebäudes der Elan-Fabrik erinnert, die sich im Süden Begunjes breit macht. Sie wurde im Jahr 1945 als private Genossenschaft gegründet und ging aus einer kleinen Manufaktur hervor, die im Untergrund Skier für Partisanen erzeugte. In den Vitrinen des kleinen Hausmuseums finden sich neben Brettern aus der Zeit des 2. Weltkrieges auch Skier aus dem, wer's glaubt, 17. Jahrhundert. Historische Fotografien illustrieren die Entwicklung vom primitiven Handwerksbetrieb zu einem der prestigeträchtigsten Unternehmen Sloweniens.

Bereits im ersten Jahr seines Bestehens produzierte Elan 800 Paar Skier. Zählte anfänglich die Volksarmee zu den

Begunje: Elan-Werksgelände

Hauptkunden, fanden sich bald auch ausländische Abnehmer, vor allem in Amerika. 1948 wurde der Betrieb verstaatlicht. Zwei Jahrzehnte später hatte sich die Produktpalette vervielfacht. Neben Alpin- und Langlauf-Skiern wurden u. a. Tennisrackets, Eishockeyschläger, Rennschlitten und sogar Ruderboote erzeugt – Sportgeräte aller Art, sofern sie sich nur aus Holz herstellen und zur Regeneration der Werktätigen gebrauchen ließen.

Neue Werkstoffe kamen in den 70er Jahren zum Einsatz, als sich Elan wieder ganz auf die Produktion von Skiern bzw. auf deren technische Weiterentwicklung konzentrierte. Dank verschiedener Innovationen und einer geschickten Vermarktung brachte es der Betrieb in den 80er Jahren kurzzeitig sogar zum internationalen Marktführer. Unbezahlbares Aushängeschild: Ingemar Stenmark, »bester Schifahrer aller Zeiten«, der auf Elan-Brettern ein Skirennen nach dem anderen gewann. In diese Zeit fällt auch der Auf- und Ausbau ausländischer Produktionsstätten, wie die Fabrik in Fürnitz/Brnca in Kärnten, damals vom Heimatdienst als »Titobetrieb« denunziert.

1990 hatte der Höhenflug ein Ende. Der Markt für Alpinskier war eingebrochen; grobe Managementfehler und die

Hyperinflation in Jugoslawien taten das ihre: Elan, einstiger Stolz der Sozialistischen Republik Slowenien, ging in Konkurs und in der Folge ins Eigentum der Gläubiger über. Eine weitere Demütigung erlebte der Betrieb, als er, ein Jahr nach der Wende, ausgerechnet von der Privredna Banka Zagreb erworben wurde. Allerdings erholte er sich unter der Knechtschaft kroatischen Kapitals erstaunlich rasch. Wieder spielte Elan eine Vorreiterrolle, nämlich bei der Entwicklung des Carving-Skis, der einen neuen Boom im Alpinskilauf auslöste. Auch in der Produktion von Snowboards und Segelbooten knüpfte die Firma an frühere Erfolge an.

Im Jahr 2000 nahm sich die Slowenische Entwicklungsgesellschaft des Unternehmens an. Seither scheint es mit Elan ein weiteres Mal bergauf zu gehen. Glaubt man der Firmendarstellung, zählt Elan bereits wieder zur Weltspitze am Ski- und Snowboard-Sektor, nicht zuletzt dank starker Partner in Skandinavien. Heute werden in Begunje jährlich 500.000 Paar Skier produziert, was im Hauptwerk immerhin rund 1.000 Arbeitsplätze sichert. Neue Produkte, wie Fahrräder und Sportbekleidung, zeugen von ungebrochenem unternehmerischen Optimismus. Etwas nachdenklich stimmen allerdings die am Firmengelände gelagerten Segelbootrümpfe: noch gar nicht ausgeliefert, bieten sie bereits ein Bild gestrandeter Wracks.

Ein Exportschlager ganz anderer Art hat Begunje (zumindest in einschlägigen Kreisen) weltberühmt gemacht: die volkstümliche Musik der Gebrüder Slavko und Vilko Avsenik, kurz »Oberkrainer« genannt. Ihr Geburtshaus befindet sich am südlichen Ortsrand. Vom stattlichen, aber schlichten Dorfgasthaus, das die einheimische Bevölkerung eher unter dem Vulgo-Namen »Pri Jožovcu« kennt, ist es mit großem finanziellen Aufwand und wenig gestalterischer Phantasie zur vielbesuchten Pilgerstätte für Liebhaber volkstümlicher Musik geworden. Es umfasst heute einen Konzertsaal für 350 Besucher, einen kleineren Avsenik-Clubraum, ein Restaurant mit Gastgarten, das Avsenik-Museum samt Galerie im ersten Stock, ein Ton-

Begunje: Grad Kamen

studio sowie einen Laden für Musik- und Texthefte, Tonträger, Bücher, Festschriften und Fanartikel aller Art. Ganzjährig, mit einer kurzen Unterbrechung in den Wintermonaten, finden im Veranstaltungszentrum, das mit modernster Tontechnik und Versatzstücken aus dem »Musikantenstadl« ausgestattet ist, Konzerte volkstümlicher Musikgruppen statt.

Die »Galerija Avsenik« ist neben dem Avsenik-Museum und dem Verkaufsladen für Avsenik-Produkte auch Sitz der Hohner-Generalvertretung für Slowenien und der Akkordeonschule Avsenik. Von hier aus bearbeitet der deutsche Klaviatur-Akkordeon-Hersteller (in Slowenien und in Österreich wird das Akkordeon auch »(Zieh-)Harmonika« genannt) mit Slavko Avsenik als Werbeträger den slowenischen und südslawischen Markt. Im Frühling, Sommer und Herbst finden in den Räumen der »Galerija Avsenik« Harmonika-Workshops statt. In Gruppen- oder Einzelunterricht wird von lokalen Musikpädagogen das Geheimnis des »Avsenik-Sounds« mit seiner charakteristischen Rhythmik und Phrasierung gelüftet und geprobt. Unterrichtet werden auch die restlichen Instrumente des klassischen »Oberkrainer-Quintetts«: Trompete, Klarinette, Bassflügelhorn und Gitarre. Nach neun zweistündigen Unterrichtseinheiten können die erworbenen musikalischen Fähigkeiten bei einem Live-Auftritt erprobt und ein Diplom entgegengenommen werden.

An der »Rückseite« des Ortes, östlich der Hauptstraße, vermittelt eine Reihe alter Bauernhäuser einen guten Eindruck von der alten Dorfstruktur. Wohnhäuser, Keuschen und Wirtschaftsgebäude stehen dicht an dicht, teilweise durch abenteuerliche Zubauten etwas verunstaltet, aber dennoch sympathisch kleinteilig. Auffallend die gepflegten Hausgärten mit ihren üppigen Rabatten, die – wie überall in Slowenien – auf den hohen Stellenwert der Selbstversorgung verweisen. Besonders reizvoll: das verwunschene Haus Nr. 48 im Ortsteil Zgoža. Ein Arkadengang mit Steinsäulen, ein blumengeschmückter Stiegenaufgang und eine Weinlaube lassen an südliche Gefilde denken.

EINKEHR: Restavracija Avsenik pri Jožovcu. Was an Speisen geboten wird, ist wesentlich genießbarer als das Ambiente. Komfortable Zimmer. Tel. +386/4/5307030.

SVETI PETER

Der 839 m hohe Hausberg von Begunje zählt zu den stimmungsvollsten Plätzen in Gorenjska. Wer sich auf den gut halbstündigen, im Sommer recht schweißtreibenden Aufstieg einlässt, wird mit der traumhaften Aussicht auf die vielgestalte Landschaft belohnt. Besonders schön: der Blick auf Bled vom Hügel oberhalb der denkmalgeschützten Kirche. Für gelegentliche Bildstörungen sorgen nur die Paragleiter und Drachenflieger, die den »Balkon Oberkrains«, wie Sveti Peter auch genannt wird, als Absprungrampe nützen.

1523 erbaut, wartet das schiefergedeckte Gotteshaus mit einer kulturgeschichtlichen Kostbarkeit auf. Meister Jernej, vielbeschäftigter Maler aus Škofja Loka, hat hier im 16. Jahrhundert einen Freskenschmuck von seltenem Reichtum hinterlassen. In rund 80 Szenen sind die Christus-Passion, das Jüngste Gericht und die Petruslegende dargestellt. Archi-

Sv. Peter

tektonisch sticht der zweischiffige Bau durch zwei schlanke Stützpfeiler in der Mitte des Raumes und einen freistehenden, ungewöhnlich wuchtigen Glockenturm heraus.

Ein Kleinod bäuerlicher Baukultur stellen das Mesnerhaus und das dazugehörige Wirtschaftsgebäude dar. Winzige Fenster, niedrige Räume und eine Schwarzküche bieten Wohnbedingungen wie vor hundert Jahren. Üppiger Blumenschmuck und kunstvoll geschlichtete Reisigbündel verleihen der Armut romantischen Touch. Herzallerliebst auch der Gemüsegarten am Hang. Bewirtschaftet wird die Keusche von der freundlichen Familie Močnik, die auch den Kirchenschlüssel hütet. Auf Wunsch und wackligen Tischen wird den Gästen hauptsächlich Flaschenbier kredenzt. Angenehme Gesellschaft leisten glückliche Hühner und neugierige Katzen.

DVORSKA VAS

Das kleine Dorf südlich von Begunje hat mit dem stattlichen Drnča-Hof eine bauliche Sehenswürdigkeit zu bieten. Das von alten Obstbäumen flankierte Gut stammt aus dem 13. Jahrhundert und besitzt eine schöne Renaissance-Fassade. Dahinter: eine betagte Luftkuranstalt für ebensolche Gäste.

RADOVLJICA

Am gewinnendsten ist das Städtchen in der warmen Jahreszeit, wenn am verkehrsberuhigten Hauptplatz die Kaffeehaus-Tische aufgestellt sind und sich die Bewohner im »italienischen« Ritual der Abendpromenade üben. Zur mediterranen Atmosphäre trägt auch das historische Stadtbild bei, das man in diesen Breiten kaum erwarten würde – weniger wegen seiner Architektur (die eher »österreichisch« wirkt) als wegen seiner Kompaktheit und der exponierten Lage auf einer Terrasse 75 m über dem Savetal. Sie macht Radovljica zu einer der schönsten Städte in Gorenjska. Dass sie trotz ihrer Nähe zu Bled und zur Autobahn verhältnismäßig wenig touristische Beachtung findet, erstaunt umso mehr.

»Altstadt«, das sind im Wesentlichen besagter Hauptplatz, Linhartov trg, der Kirchhof und ein paar schmale Seitengassen. Auch die vergammelte »Unterstadt« im Nordosten ist historisch. Den Rest bilden Neubauten, die im Nordwesten mit Lesce zum hässlichen Siedlungsbrei verschmelzen.

Den gut erhaltenen, teilweise mittelalterlichen Baubestand verdankt Radovljica, deutsch Radmannsdorf, seinem wirtschaftlichen Niedergang im 18. Jahrhundert, der jede weitere Modernisierung unterband. Bis dahin war der Ort so etwas wie eine Metropole. Um 1050 erstmals erwähnt, entwickelte er sich schon im frühen Mittelalter zum bedeutenden Handels- und Gewerbezentrum, vor allem aufgrund der günstigen Verkehrslage und wegen seiner Nähe zu den Bergbaugebieten unterhalb der Jelovica bzw. zu den alten Industrieorten Jesenice und Kropa. Neben Eisenerzeugnissen wurde hier auch mit Salz und Wein gehandelt; letzterer stammte aus heimischer Erzeugung. Mitte des 16. Jahrhunderts erhielt Radovljica das Stadtrecht und eine eigene Gerichtsbarkeit; das Recht auf Mauteinhebung stellte regelmäßige Einnahmen sicher. Aus dieser Zeit stammt der historische Kern, dessen bedeutendste Häuser liebevoll restauriert wurden.

Ein Zuviel an Zuwendung wurde allerdings dem spätgotischen Štivec-Haus zuteil, dessen vorspringendes Obergeschoß man unnötig verkitscht hat. Umso schöner

Radovljica: Hauptplatz

präsentiert sich der Bau im Inneren mit einer von massigen Mittelpfeilern und raffinierten Kreuzrippen geprägten Gewölbegalerie und dem herrschaftlichen Trauungssaal im ersten Stock, der mit kunstvoller Vertäfelung vom Reichtum seiner ehemals bürgerlichen Besitzer kündet. Schräg gegenüber zieht das Vidic-Haus aus dem Jahr 1634 mit einem Runderker sowie reicher Bemalung mit angenehmer Patina die Blicke auf sich. Weitere Sehenswürdigkeiten sind das Fürsager-Haus aus dem frühen 16. Jahrhundert und das Geburtshaus des Dichters Anton Tomaž Linhart (1756–1795). Er gilt als Verfasser des ersten Theaterstücks in slowenischer Sprache, in dem er »Die Hochzeit des Figaro« auf die sozialen Verhältnisse in Gorenjska übertrug. Linhart war der Meinung, dass Österreich aufgrund der slawischen Bevölkerungsmehrheit eigentlich ein slawischer Staat sei. Er führte außerdem den Begriff der *Slovenci* ein, denen er eine besondere Liebe zur Freiheit attestierte. Um seinen Status als österreichischer Beamter nicht zu gefährden, enthielt er sich allerdings allzu revolutionärer Umtriebe. Am Nachbarhaus ist noch die alte deutsche Aufschrift »Tischlerei« zu erkennen.

Als Kulturdenkmal ausgewiesen, jedoch architektonisch wenig überzeugend ist die Pfarrkirche St. Peter aus dem 15. Jahrhundert. Das spätgotische Langhaus leidet unter mannigfacher Adaptierung und dem größtenteils im 19. Jahrhundert zusammengestoppelten Inventar. Am interessantesten ist die großflächige Fassade mit ein paar gotischen Steinmetz-Einsprengseln und Resten eines Christopherus-Freskos. Vier Linden und ein alter Kastanienbaum beschatten den gepflasterten Vorplatz. Ein auratischer Ort ist auch der Pfarrhof, dessen Arkadengänge aus dem 16. Jahrhundert stammen.

Radovljica: Vidic-Haus

Ohne Sinn für Proportionen beherrscht das Schloss Thurn den Hauptplatz; barocker Stuck und hellgelbe Färbelung täuschen Leichtigkeit vor, die von den schweren Eisengittern im Erdgeschoß konterkariert wird. Sehenswert ist die Fassade allemal, ziert sie doch eine besondere Gedenktafel. »Unter der Führung des Alpinisten Rudolf Badjur«, lautet der Text, »haben sich hier im Dezember 1918 Freiwillige zu einem alpinen Verband zur Befreiung der Kärntner Slowenen zusammengeschlossen.« Gestiftet wurde die Inschrift von den »Kämpfern für die Nordgrenze 1918–19«. Kranzniederlegungen erbeten.

Wann genau das (ursprünglich mittelalterliche) Schloss erbaut wurde, ist unbekannt; überliefert ist eine ganze Reihe von Besitzern, die von den Ortenburgern über die Dietrichsteiner bis zu den Habsburgern reicht. Letztere vermieteten den Sitz den Grafen von Thurn-Valsassina, die ihn im 17.

Jahrhundert vergrößern und außerdem einen »französischen Park«, von den Einheimischen »Paradies« genannt, anlegen ließen. Heute beherbergt das Schloss das *čebelarski muzej* (Bienenzuchtmuseum), dem Peter Handke ein literarisches Denkmal setzte, indem er in »Gerechtigkeit für Serbien«, wenn auch nur in einem Nebensatz, vom »lieben Museum von Radovljica« schrieb.

Radovljica: Altstadt

Man muss mit der Imkerei nichts am Hut haben, um dem Dichter recht zu geben. 1959 als unscheinbare Ausstellung eröffnet, präsentiert es sich heute als ebenso umfangreiche wie professionell gemachte Schau. Diese erstreckt sich über sieben Räume, von denen die ersten beiden der Geschichte der slowenischen Bienenzucht gewidmet sind. Hier lernt man nationale Imker-Größen wie Jan Strgar und Mihael Ambrožič kennen, die sich um den internationalen Bienenhandel verdient machten, indem sie etwa das Problem des Übersee-Transports der empfindsamen Bienenköniginnen lösten. Für Wanderer besonders interessant: ein Art »Bienenstock-Rucksack«. Gewürdigt wird auch Anton Janša, Hofimker unter Maria Theresia, dem die sanftmütige Krainer Biene den Namen Carnica verdankt.

Im Hauptraum werden rund 200 *kranjiči* gezeigt, kunstvoll bemalte Brettchen, mit denen einst die Bienenstöcke geschmückt waren. Originelle Figurenbienenstöcke, darunter auch zeitgenössische »Skulpturen«, ergänzen die volkskundliche Kollektion. Hauptattraktion ist aber ein lebendes Bienenvolk, dessen wabenmöblierte Behausung in der biologischen Abteilung aufgebaut ist. Das Einflugloch befindet sich im straßenseitig gelegenen Fenster; was sich im Inneren des Stockes abspielt, kann – Aug in Aug mit den Bienen – durch eine Glasscheibe beobachtet werden. Der dazugehörige Sound wird live in eine Kabine übertragen.

An der Save

EINKEHR: Auch Josip Broz Tito suchte in Radovljica gelegentlich Ablenkung und Trost. Mehrmals beehrte er die traditionsreiche Gostilna Kunstelj mit seinem Besuch; Speckkuchen soll sein bevorzugtes Gericht und *cviček* sein Lieblingswein gewesen sein. Noch heute ziert ein Foto des Staatsmannes die Wand und die Homepage der Gastwirtschaft. Vorzügliches Risotto, schmackhafte *štruklji*, angenehmer Gastgarten. Zimmervermietung. Gostilna Kunstelj, Gorenjska 9 (gut 100 m vor dem »Eingang« zur Altstadt), +386/4/5315178. Einen guten Ruf hat auch das bald 200-jährige Gasthaus »Lectar«, ehemals Kerzenzieherei und Lebkuchen-Bäckerei. Die historischen Gasträume sind gemütlich, sieht man über den unvermeidlichen rustikalen Ramsch und die Oberkrainer-Dauerberieselung hinweg. Vom schattigen Gastgarten lässt sich beinahe die gesamte Tagesetappe überblicken. Die reichhaltige Speisekarte enthält neben der üblichen Hausmannskost auch manche Überraschung. Als Vorspeise empfiehlt sich Kohlrabi mit Kren; eine Gewissensfrage ist der gelegentlich angebotene Bärenbraten. Gutes Weinangebot, robuste Kellner mit Fransenschultertüchern. Gasthaus Lectar, Linhartov trg 2, +386/4/5374800.

Freundlich wird man im Hotel Grajski dvor empfangen; weniger erbaulich ist der Zustand der Zimmer. Reinigung und Fernsehempfang sind Glückssache, dafür die Preise moderat. Für Kurzaufenthalte. Hotel Grajski dvor, Kranjska cesta 2, +386/4/5315-585.

* Textmitarbeit: Brigitte Entner (Abschnitt »Verschleppte«).

In Kranj

ES IST SO SCHÖN, EIN MUSIKANT ZU SEIN!

»Valera und Valeri, heute spielen wir für Sie! / Valera und Valeri, manche schöne Melodie. / Valeri und Valera, Gäste sind schon viele da / aus dem Lande fern und nah, Valeralala. / Es ist so schön, (...)«

Die Annahme, dass es ohne die beiden slowenischen »Musikanten« Slavko und Vilko Avsenik keine volkstümliche Musik gäbe, ist angesichts der medialen Überschwemmung mit volksmusikalischen Formaten kaum zu halten. Fest steht aber, dass Anfang der 1950er Jahre im kleinen Ort Begunje, am südlichen Fuße der Karawanken, ein Musikstil erprobt und praktiziert wird, für den es zum Zeitpunkt seiner Entstehung noch keinen Namen gibt. Dennoch erfreut sich diese Musikrichtung sehr rasch großer Beliebtheit und wird zum nationalen Identifikationsobjekt. Die Slowenen finden Gefallen an ihrer (Selbst-)Darstellung als frisch-fröhlich-freundliches Alpenvolk, das, gekleidet in folkloristischer Fantasietracht, die Schönheit seines Landes besingt. Die begeisterte Aufnahme der Musik zunächst im benachbarten Ausland, später in der ganzen Welt, führt in der Folge zur Festigung des Klischees der Slowenen als »Oberkrainer-Volk«.

Ob Zufall oder Kalkül, Genialität oder Banalität, die Musik der Brüder Avsenik weist trotz unverwechselbarem Regionalkolorit jenes Maß an universeller Musikalität auf, die einen internationalen Erfolg erst ermöglicht. Dass der Durchbruch zunächst in Deutschland, Österreich und der Schweiz gelingt, hat wohl mit der gemeinsamen Lebenswirklichkeit der Alpenbewohner zu tun, wo Berge und Täler, Bäche und Seen, Wiesen und Almen, Sehnsucht und Heimat über alle Sprach- und Landesgrenzen hinweg ein verbindendes Element darstellen und im Selbstbild der Länder fest verankert sind. Aus Gründen der Staatsräson und als Beitrag zur Völkerverständigung werden die Liedtexte für das jeweilige

Gastland adaptiert: Mit den »Avseniki« reist das Publikum »Veselo po Sloveniji« (»Fröhlich durch Slowenien«), mit den »Oberkrainern« hingegen führt die Reise zur selben Melodie »Kreuz und quer durch die Schweiz«, singen die »Avseniki« vom »Prelepi gorenjski svet« (»Wunderschönes Oberkrain«), stimmt ihr alter ego in Deutschland »Mein München, ich sag' ade« an und hallt das slowenische Echo von der Triglav-Wand, vernehmen deutschsprachige Zuhörer das »Echolied der Dolomiten«. Von vielen Slowenen wird diese Vorgangsweise als vorauseilende Anpassung kritisiert.

In den 50 Jahren des Bestehens der »Avseniki«, das im Jahr 2003 in Slowenien gebührend gefeiert wird, komponiert Slavko mehr als 800 verschiedene Polkas und Walzer, die in zahllosen Noten- und Textheften nachgelesen, auf gut 100 Tonträgern angehört sowie auf Video und DVD betrachtet werden können.

Slavko Avsenik, Jahrgang 1929, und Vilko Ovsenik, Jahrgang 1928 (der ursprüngliche Familienname Ovsenik wird in der Nachkriegszeit für einen Teil der Familie in Avsenik geändert), sind mit den älteren Geschwistern Janez und Majda Sprösslinge von Marija und Ivan Avsenik. Der Vater, Gastwirt, Fleischer und Händler, ist auch begeisterter Sportler, Hobbymusiker und ein engagierter Gemeindebürger, der sich um die touristische Entwicklung Begunjes verdient macht. Unter anderem setzt er sich – vergeblich – für den Bau eines Sesselliftes auf den Hügel von Sv. Peter oberhalb des Ortes ein. Erfolgreicher ist er in seinen Bemühungen, den Kindern eine solide Ausbildung zu ermöglichen, die auch regelmäßigen Musikunterricht einschließt. Auf seinen Wunsch wird ein Familienquartett zusammengestellt, das an Festtagen für die Gäste aufspielt: Slavko, damals sieben Jahre alt, mit einer diatonischen Knopfharmonika, Janez mit der Geige, Majda an der Zither und Vilko mit dem Klaviatur-Akkordeon.

Nach der Schulzeit bleibt Slavko am elterlichen Hof, während sich sein Bruder Vilko, neben dem Jusstudium, auch musikalisch weiterbildet und als Klarinettist ins Tanz- und

Jazzorchester von Radio Ljubljana einsteigt. Zu dieser Zeit stellt Slavko Avsenik das Musizieren hintan, widmet sich dem Skispringen und wird im Jahre 1946 Mitglied der jugoslawischen Nationalmannschaft. Sein persönlicher Rekord liegt bei 74 Metern auf der 80-Meter-Schanze von Planica. Während der Militärzeit, die ihn zunächst nach Skopje in Mazedonien und später zurück nach Kranjska gora führt, wendet sich Slavko als Autodidakt wieder dem Harmonikaspiel zu, diesmal auf dem Klaviatur-Akkordeon. Nach Militärdienst und Heirat zieht er mit seiner Frau Brigita nach Ljubljana, wo er als Weber in der Textilfabrik Tonos arbeitet. In seiner Freizeit nützt er jede Gelegenheit für Auftritte als Solist oder im Duett mit seinem Bruder Vilko.

Begunje: »Pri Jožovcu«

Entscheidend für die Entstehung des Ensembles »Avseniki« ist das Jahr 1953, als Slavko mit Erfolg eine Audition bei Radio Ljubljana absolviert. Es folgen regelmäßige Solo-Auftritte. Slavko Avsenik wird mit dem Aufstieg des Radios zum Massenmedium einem breiteren Publikum bekannt, erweitert sein »Ein-Mann-Harmonika-Orchester« zum Trio, aus dem, auf Vorschlag seines Bruders Vilko, schließlich das legendäre »Gorenjski kvartet« entsteht: Slavko Avsenik – Harmonika, Vilko Ovsenik – Klarinette, Franc Košir – Trompete und Franc Ogrizek – Baritonhorn. Als Vokalisten werden Danica Filiplič und Franc Koren engagiert, und als im Jahr 1954 Leo Ponikvar an der Gitarre dazu stößt, ist das »Kvintet bratov Avsenik« komplett.

Die ersten Erfolge verbucht das Ensemble mit seinen Auftritten in der Sendung »četrtkovi večeri domačih pesmi in napevov« (»Der Donnerstag-Abend der slowenischen Volkmusik«) auf Radio Ljubljana, die bald zur beliebtesten und meist gehörten Radiosendung wird, sowie in der »slovenska ura« (»Slowenische Stunde«) von Radio Kärnten. Diese Sendung hört auch Fred Rauch vom Bayerischen Rundfunk, der gerade seinen Urlaub in Kärnten verbringt, und er ist vom neuen Klangbild des Ensembles begeistert. Er bittet den ORF-Redakteur Ljubo Hartmann, ihm die Tonbänder für seine Sendung in München zu überlassen. Für das deutschsprachige Publikum werden aus dem »Kvintet bratov Avsenik« die »Oberkrainer Musikanten« und lauten die Titel der ersten beiden Avsenik-Hits, der Polka »Na Golici« und des Walzers »Z Bohinja«, nun »Trompeten-Echo« und »Slowenischer Bauerntanz«. Der Erfolg lässt auch in Deutschland nicht auf sich warten und Fred Rauch, der den Werdegang der »Avseniki« bis zu seinem Tod im Jahr 1997 mit Empathie begleitet, schickt bald 60.000 Briefsendungen begeisterter Zuhörer samt einer Einladung nach München an Slavko Avsenik nach Begunje.

Begunje: Galerija Avsenik

Im Jahr 1955 verbringen die »Avseniki« ihre ersten und entscheidenden Stunden in der Bundesrepublik Deutschland. Als die »Oberkrainer« in München ankommen, werden sie bereits von Konzertagenturen, Schallplattenfirmen und Verlagen erwartet. Nach einem 20-Minuten-Auftritt im Kongresssaal folgen Verhandlungen über Plattenverträge und Verlagsangelegenheiten, die sich aufgrund mangelnder Sprachkenntnisse schwierig gestalten. Beim Mitternachtsessen werden sie mit der Bitte überrascht, am nächsten Vormittag vier ihrer Titel in einem bereits reservierten Studio einzuspielen. Die »Avseniki« willigen ein, erledigen am nächsten Tag die Aufnahmen und sitzen am Nachmittag, mit einem Schallplattenvertrag in der Tasche, kurz vor Ablauf des 48-Stunden-Visums, das für jugoslawische Staatsbürger damals obligat war, im »Dalmacija-Express« zurück nach Ljubljana.

Nun geht es Schlag auf Schlag: Im Jahr 1957 erscheint die erste LP in Deutschland, 1965 wird das 1.000ste, im Jahr 1974 das 5.000ste Konzert in der ausverkauften Tivoli-Halle in Ljubljana gegeben. Es folgen Konzertreisen in die USA und nach Kanada. 1980 wird die 50ste LP veröffentlicht, bis zum Jahr 1988 sind bereits mehr als 800 Kompositionen und 108 Schallplatten am Markt. Zunehmende Rückenschmerzen zwingen Slavko zur Einschränkung des Akkorddeonspiels. 1991 folgt die Auflösung des »Ansambel bratov Avsenik« in der Original-Besetzung mit Slavko Avsenik – Harmonika, Albin Rudan – Klarinette, Franc Košir – Trompete, Leo Ponikvar – Gitarre und Mik Soss – Bariton-Horn sowie dem Gesangs-Trio Jožica Širca-Svete, Joži Kališnik und Alfi Nipič. Im gleichen Jahr sterben Trompeter Franc Košir und Leo Ponikvar, Gitarrist der ersten Stunde. Zum 40sten Bühnenjubiläum, im Jahr 1993, wird das Ensemble »Gašperji«, mit Slavko Avsenik jun. an der Spitze, zur »amtlichen« Nachfolgegruppe der »Original Oberkrainer« gekürt. 1999 werden Slavko Avsenik und Vilko Ovsenik mit dem »Silbernen Stern« der Republik Slowenien ausgezeichnet und treten vor dem amerikanischen Präsidenten Bill Clinton auf. Im Jahr 2003 schließlich feiern Publikum, Radio und Fernsehen 50 Jahre Avsenik-Musik.

Weltweit werden mehr als 31 Millionen Tonträger verkauft, dafür gibt es 36 Schallplatten in Gold, zwei in Platin und eine in Diamant. Die Band legt jährlich über 100.000

Kilometer im Auto zurück und begeistert bei einem Auftritt im Münchner Olympiastadion 100.000 Zuhörer. »Oberkrainer-Musik« wird zum musikalischen Stilbegriff und Markennamen. Die Polka »Trompetenecho«, slowenisch »Na Golici«, wird zur Leitmelodie zahlloser Volksmusiksendungen und -gruppen; von ihr existieren mehr als 400 verschiedene Aufnahmen in unterschiedlichsten Arrangements und Instrumentierungen, vom Streichquartett bis zur Big Band.

Der charakteristische »Avsenik-Sound« basiert auf einem einfachen Grundrhythmus des Bariton-Horns oder des Schlagbasses (Kontrabass mit Bünden) im Polka- oder Walzertakt, ergänzt durch kurze, gedämpfte Akkordschläge der Rhythmus-Gitarre. Das repetitive rhythmische Grundmuster wird von betont lebhaften Achtel- und Sechszehntelbewegungen der Harmonika gefüllt und umspielt. Trompete und Klarinette übernehmen, meist in Terzenlage, die Melodieführung, oft durch das eben noch rhythmisierende Akkordeon unterstützt, das auch für längere Solopassagen eingesetzt wird. Die auf- und abschwellende Klangfülle des Avsenik-Sounds bleibt stets transparent und filigran, getragen von einer oft kopierten, jedoch selten erreichten Leichtigkeit und manisch anmutenden Spielfreude.

Vergleichsweise unbeholfen und grobschlächtig nimmt sich dagegen die Spielweise der zahllosen österreichischen und deutschen Epigonen aus, die von der steigenden Nachfrage am Markt für volkstümliche Unterhaltungsmusik profitieren. In den siebziger Jahren treibt die Avesnik-Nachahmung zum Teil skurrile Blüten: Zahllose Quintette mit »Oberkrainer-Besetzung« versuchen sich im Kopieren des »Original-Oberkrainer-Sounds«. Sie treten nicht nur in der gleichen »Tracht« auf – Lederstiefel mit weißen Stoffgamaschen, knielange, dunkle Lederhose, weißes Hemd mit buntem Fransenschultertuch, darüber ein schwarzes Gilet mit Blümchenmuster – sondern imitieren auch den slowenischen Akzent.

Seit den 1990er Jahren setzt auch das Fernsehen verstärkt auf die volkstümliche Musik und produziert speziell im deutschsprachigen Raum am laufenden Band Sendungen à la »Musikantenstadl«. Längst dämmen Rhythmuscomputer, Synthesizer und Playbackgesang die Verve, den Schwung und die Begeisterung des »echten« Musizierens ein, die mitunter gratwandernden, herzhaft-volkstümlichen Texte werden weiter verdümmlicht. Das Motto »Es ist so schön, ein Musikant zu sein!«, zugleich Titel und Refrain einer bekannten Avsenik-Polka, klingt in diesem Zusammenhang fast wie eine gefährliche Drohung.

Begunje: Im Avsenik-Fanshop

Seit Jahrzehnten lukrieren Produzenten, Plattenfirmen und Ensembles der volkstümlichen Musik satte Gewinne. Um die Zukunft müssen sich auch die Mitglieder der Familie Avsenik nicht sorgen, mannigfaltige Vermarktung sichert Bekanntheitsgrad und Wohlstand. Neben dem musikalischen Erbe, das von den beiden Avsenik-Söhnen Slavko junior und Gregor mit ihren Gruppen gepflegt und in bare Münze umgewandelt wird, wirft auch das ehemalige Dorfgasthaus pri Jožovcu in Begunje, das um ein Veranstaltungszentrum für 350 Besucher mit regelmäßigem Konzertbetrieb, ein Museum und einen Verkaufsladen erweitert wurde, erkleckliche Summen ab.

Emil Krištof

In Kropa

4. ETAPPE: INS ABSEITS
Wanderung von Radovljica nach Kropa

VORSCHAU

Die Flusslandschaft bei Radovljica und die artenreichen Karstwälder südwestlich der Save sind die landschaftlichen Höhepunkte dieser kurzen Wanderung. Ihre besondere Note verdankt sie aber zwei eigenwilligen Industrieorten, die einst vom Eisen lebten und vor 100 Jahren ins Abseits gerieten.

Vom Zentrum Radovljicas, das hoch über der Save thront, gelangt man rasch ins idyllische, von Schafen und Gänsen bevölkerte Tal. Begleitet vom Fluss schlägt man sich auf verwachsenen Pfaden nach Kamna Gorica durch, das mit historischen Wohn- und Arbeitsstätten zu einem ausgedehnten Rundgang lädt. Man kehrt im *Mlin* ein und steigt zur bewaldeten Vreča an. Sanft schlängelt sich der Weg zwischen den Dolinen zur Ojstra peč. Man blickt zurück. In Zgornja Dobrava, schön auf einem Plateau gelegen, stehen eiserne Ähren am Gottesacker und rosten Spielgeräte im Garten der *gostilna*. An Jugoslawien erinnern die Häuser von Brezovica. Ein letztes Hindernis stellt der Berg im Süden dar. Man wandert im Mischwald bis zu einem Sattel. Von hier ist es nur noch ein Katzensprung bis Kropa, das sich in einen schattigen Graben zurückgezogen hat. Eng stehende Häuser und das Rauschen der Kanäle prägen den Ort.

HINWEISE ZUR WANDERUNG

SCHWIERIGKEITSGRAD: Leichte Wanderung.

LÄNGE: 13 km.

GEHZEIT: 4 Stunden.

ANSTIEGE: 200 Höhenmeter in zwei Abschnitten.

WEGE: Feld- und Waldwege. Asphalt nur in den Ortschaften.

ORIENTIERUNG: Keine Markierung, trotzdem relativ einfach. Im Wald nach Brezovica ist Aufmerksamkeit geboten.

RADOVLJICA
(496)
SAVA
Vreča
Kamna Gorica
Dobrava
Lipnica
Brezovica
KROPA
(531)
N
2 km
1
0

KARTE: Karavanke, osredni del, 1:50.000, Planinska založba Nr. 189
VERKEHRSVERBINDUNGEN: Bahnhof und Bushaltestelle in Radovljica, Bushaltestelle in Kropa.
EINKEHR: Kamna Gorica, Zgora Dobrava.
QUARTIER: Kropa.

WEGBESCHREIBUNG

In Radovljica geht man am Ostende des Hauptplatzes nach rechts in ein Gässchen und gelangt zu einer Querstraße, auf dieser nach links. Man überquert die Eisenbahn und wendet sich nach der Brücke scharf nach rechts in einen absteigenden Pfad. Bald darauf ein breiterer Querweg, man geht rechts, erreicht ein Schottersträßchen, auf diesem geradeaus weiter. Nach 20 m eine Gabelung, man geht links. Vorbei an einem Bauernhof. Man gelangt bald zur Autostraße, wendet sich nach links und überquert die Save. Nach der Brücke biegt man nach links in ein Sträßchen. Bald endet der Asphalt, weiter auf breitem Schotterweg in südöstlicher Richtung. Nach 50 m eine Kreuzung. Man geht geradeaus, den Hauptweg verlassend. Der Weg führt in den Wald und steigt kurz an. Bei einer Gabelung geht man links. Schöner, teilweise etwas undeutlicher und mühseliger Pfad entlang der Save. Man bleibt stets in Ufernähe und erreicht schließlich eine Hängebrücke (0:50 Std.).

Man bleibt auf der rechten Flussseite, steigt auf einem breiten Schotterweg bis zu einer Kreuzung an und geht geradeaus weiter (Wegweiser »Kamna Gorica«). Kurz darauf passiert man einen Bungalow, weiter auf dem Hauptweg bis zu einer Kreuzung auf einem kleinen Sattel mit Wegkreuz im Wald. (Eine kurzer Abstecher nach rechts – Wegweiser »Galerija« – führt in eine wilde Blockhalde mit riesigen bemoosten Felstrümmern.) Man geht geradeaus dem Wegweiser »Kamna Gorica« folgend. Bald erscheint die Ortschaft. Man passiert ein paar Häuser, überquert die Hauptstraße und gelangt ins Ortszentrum von Kamna Gorica (1:30 Std.). Besichtigung des Ortes. Einkehr in der Gostilna Mlin am östlichen Ortsrand.

Man geht von der Gostilna ca. 100 m zurück in den Ort und wendet sich vor einem Bildstock nach rechts. Vorbei am Haus Nr. 9 zur Hauptstraße, welche man quert, um schräg vis-à-vis (leicht rechts) einen ansteigenden Weg zu betreten. Kurzer steiler Anstieg. Nach ca. 50 m, in Sichtweite einer B l o c k h ü t t e *, eine Gabelung, man geht links (Achtung, diese Abzweigung ist sehr leicht zu übersehen!), kurz auf ebenem Wege zwischen besagter Hütte und einem Bienenhaus hindurch, dann weiter ansteigend. Bei einer Gabelung geht man links. Man erreicht einen* A u s s i c h t s p l a t z *und geht hier auf breiterem Wege rechts an einem Unterstand vorbei. Schöner Weg, der sich in sanftem Auf und Ab zwischen Dolinen dahinschlängelt. Bei einem Querweg geht man rechts. Man folgt dem Hauptweg und wendet sich nach rund 10 Min. in eine Abzweigung scharf nach links (Wegweiser »Ojstra peč«). Man gelangt zu einem* A u s s i c h t s p u n k t *(2:00 Std.).*

Vom Aussichtsplatz geht man zurück zum Hauptweg und geht auf diesem nach links in südöstlicher Richtung. Der Weg führt an der G e l ä n d e k a n t e *entlang und mündet schließlich in einen breiteren Güterweg. Geradeaus weiter. Bei einer Gabelung geht man links und tritt kurz darauf aus dem Wald. Man gelangt zu einer Kreuzung und geht auf einem Asphaltsträßchen geradeaus weiter. Man passiert zwei alte Bauernhäuser und gelangt nach ca. 200 m zu einem Wegkreuz. Hier verlässt man die Straße nach links und geht auf einem Wiesenpfad auf die* K i r c h e *von* Z g o r n j a D o b r a v a *zu. Man wendet sich – nicht ohne zuvor das Partisanendenkmal besichtigt zu haben – vor der Friedhofsmauer nach rechts, passiert ein paar Häuser und geht auf einer Querstraße nach rechts bis zur* g o s t i l n a *Pri Marički (2:30 Std.).*

Von der Gostilna wandert man auf der Straße Richtung Lipnica (Wegweiser) ca. 250 m bergab. In einer Linkskurve des Sträßchens wendet man sich nach rechts in einen Wiesenweg und gelangt gleich darauf in den Wald. Abstieg zur Straße, auf dieser nach rechts. Man überquert die L i p n i c a *und geht nach der Straßenbrücke nach links über einen Parkplatz. Rechts an einer* F a b r i k *vorbei. Der Asphalt endet, und man steigt rechts über einen kunstvoll angelegten Treppenweg steil an. Man erreicht ein Sträßchen, und geht auf diesem nach links. Gleich darauf eine Gabelung (Wegkreuz), man geht links.*

Man durchschreitet die letzte Häusergruppe von B r e z o v i c a *. Der Asphalt endet, auf breitem Fahrweg geradeaus weiter. Man gelangt in den Wald und geht bei einem breitem Querweg nach rechts* *bergauf. Bald danach biegt man scharf nach links in einen Forstweg, weiter bergauf. Auf dem Hauptweg bleibend bis zu einer Gabelung bei einer großen F u t t e r k r i p p e, man geht links. Kurz darauf eine Einmündung von rechts, die man ignoriert. Ein paar Meter weiter eine Gabelung, man geht links. Der Weg verjüngt sich allmählich. Nach etwa 10 Min. senkt sich der Weg zu einer lang gestreckten Weide. An deren Ende eine Kreuzung, man geht rechts bergauf (nimmt also nicht den verlockenden, neben einem Bächlein verlaufenden ebenen Weg!). 20minütiger, moderater Anstieg; bei zwei Gabelungen geht man jeweils rechts. Man erreicht einen S a t t e l und geht an einer Kreuzung geradeaus. Bequemer Abstieg nach K r o p a (4:00 Std.).*

AM WEGE

KAMNA GORICA

Wer von slowenischen Dörfern das Klischee bäuerlicher Idylle vor Augen hat, wird hier gründlich enttäuscht. An Lieblichkeit hat Kamna Gorica nichts zu bieten; seinen Reiz verdankt es vielmehr dem Umstand, dass es als alter Industrieort ein höchst eigenwilliges Ortsbild hervorgebracht hat.

Obwohl namentlich erst spät, nämlich im Jahr 1498 als Steinpüchel genannt, reicht seine Tradition als eisenverarbeitender Ort viel weiter zurück. Bereits in frühgeschichtlicher Zeit und in der Antike wurde hier Erz gewonnen und verarbeitet. Detaillierte Beschreibungen der Schmiedehämmer von Kamna Gorica finden sich im Urbarium von 1579 und, rund hundert Jahre später, bei Johann Weickhard Valvasor, vom dem auch die erste bildliche Darstellung stammt. »Dieser Ort verdient großes Lob«, schrieb der Gelehrte, »weil sie die besten Nägel schmiden«. Ein Schmelzofen, zwei Hammerwerke und zwei Essen standen damals als Produktionsstätten zur Verfügung. Verarbeitet wurde das Erz, das von italienischen Einwanderern an den Hängen der Jelovica, an deren Fuße der Ort liegt, geschürft wurde.

Anfang des 18. Jahrhunderts existierten bereits 16 Hammerschmieden mit insgesamt 40 Feuerstellen, an denen je 10 bis 20 Arbeiter zugange waren. Es handelte sich zumeist um Familienbetriebe, die den örtlichen Gewerken zuarbeiteten. Erzeugt wurden mehr als 100 verschiedene Nägelsorten, die mit Pferdefuhrwerken bis Udine, Triest und sogar nach Venedig geliefert wurden. Die längsten in Kamna Gorica hergestellten Nägel maßen 1,80 Meter und wurden beim Bau von Stauwehren eingesetzt. Das Tagespensum lag bei 30 bis 50 Nägeln pro Person, und das bei einem 16stündigen Arbeitstag. Auch Kinder wurden zur Mitarbeit in der Schmiede herangezogen.

Am 17. Juni 1835 – noch vor dem allgemeinen Niedergang des slowenischen Eisenhüttenwesens in der 2. Hälfte des 19. Jahrhunderts – brach über Kamna Gorica eine Katastrophe herein: Ein verheerendes Feuer vernichtete einen Großteil der Produktionsstätten; 550 Beschäftigte aus rund 140 Nagelschmiedfamilien standen vor dem Nichts. Der Wiederaufbau gelang nur teilweise, zumal die Handarbeit mit der industriellen Fertigung an anderen Standorten immer weniger Schritt halten konnte. Umso gnadenloser wurden die Arbeiter ausgebeutet, was immer wieder zu sozialen Konflikten führte.

Im kollektiven Gedächtnis sind die katastrophalen Wohnverhältnisse der Arbeiter geblieben. Manche zehn- und mehrköpfige Familie musste sich mit einer Schwarzküche und ein bis zwei winzigen Zimmern begnügen. Bis zu drei Kinder teilten sich ein Bett, für die Kleinsten mussten manchmal Schubladen als Schlafplatz herhalten. Die Arbeitskleidung wurde aus Lumpen zusammengeflickt; Holzpantoffel waren üblich. Die Grundnahrung bestand aus Mais, Graupen und Buchweizen; Kraut und Bohnen ergänzten das Standardprogramm. Fleisch gab es, wenn überhaupt, nur an hohen Feiertagen und blieb ansonsten den Gewerken vorbehalten. Diesen oblag auch der Handel mit den Gütern des täglichen Bedarfs, was die Arbeiter in doppelte Abhängigkeit brachte. Kaum eine Familie, die nicht bei ihren Brotherren verschuldet war.

In Kamna Gorica

Janez Krek, Pionier der katholischen Sozialbewegung in Slowenien, gab 1894 den Anstoß zur Gründung einer Genossenschaft im benachbarten Kropa. 20 Arbeiter machten sich mit Hilfe von Spendengeldern und kirchlichen Mitteln selbstständig; vier Jahre später schlossen sich ihnen mehrere Nagelschmiede in Kamna Gorica an. Dank günstiger Kredite und neuer Absatzmöglichkeiten konnte die Produktionsgemeinschaft nicht nur bescheidene Gewinne erzielen, sondern auch höhere Löhne und bessere Arbeitsbedingungen als die privaten Unternehmer bieten. Mit den Erfolgen der Genossenschaft wuchs aber die Unzufriedenheit der Arbeiter in den »alten« Betrieben. Ihr Unmut entlud sich sich 1904 in Form eines in Kamna Gorica ausgerufenen Streiks, der am 1. Mai auf Kropa übergriff und mit einem Massenbeitritt zur Genossenschaft endete. Als kurz darauf auch einige Kleinbetriebe, darunter die Verzinkerei, dem Beispiel der Arbeiter folgten, wurde die Genossenschaft zum wichtigsten Arbeitgeber der Region. Ivan Magužar, verhasster Ausbeuter, der bis zu diesem Zeitpunkt als Hauptabnehmer die Preise für die Eisenerzeugnisse diktiert hatte, ging seines Monopols verlustig und in Konkurs.

So erlebte Kamna Gorica Anfang des 20. Jahrhunderts noch einmal eine kurze Phase des Aufschwungs. Wichtigstes Exportgut waren verzinkte Nägel und Schrauben, die im Schiffs- bzw. Eisenbahnbau Verwendung fanden. 1939 erhielt die Genossenschaft den stolzen Namen »Plamen« (Flamme), was jedoch nicht darüber hinweg täuschen konnte, dass diese bereits zu verlöschen drohte. Nach dem Krieg stellte ein Mitgliedsbetrieb nach dem anderen die Produktion ein; viele Arbeiter wanderten nach Jesenice aus, dessen Stahlwerke mit höheren Löhnen und leichterer Arbeit lockten. Die letzte Nagelschmiede Kamna Goricas wurde von Frau Šparovec betrieben. 1.200 Schuhnägel soll die emsige Schmiedin pro Tag erzeugt haben – mit gezählten 21 bis 22 Hammerschlägen pro Stück. Erst 1960 legte sie ihr Werkzeug für immer zur Seite.

In Kamna Gorica

Beim Rundgang im Ort stößt man allenthalben auf Zeugnisse aus der Zeit der Eisenproduktion. Am Hauptplatz bezeichnet ein Heldendenkmal in Gestalt eines Schmelzofens die Stelle, an der einst der Hochofen stand. Über eine morsche Holzrinne stürzt Wasser in den ehemaligen Werkskanal, der sich im Ortszentrum mehrmals verzweigt und die Häuser und Gärten umfließt. Zwei steinerne Brücken und ein paar Stege stehen für insgesamt 44 Übergänge, die der Ort früher hatte. Auch wenn die Bezeichnung »Klein-Venedig« längst nicht mehr zutrifft, prägt das Wasser zumindest akustisch noch immer den Ort.

Südöstlich des Hauptplatzes drängen sich die historischen Gebäude aneinander: spätbarocke Bürgerhäuser, Arbeiterhäuser und Hütten, teilweise unverputzt oder dem Verfall preisgegeben, teilweise renoviert oder durch Zubauten ihrer Ursprünglichkeit beraubt. Charakteristisch sind die winzigen Fenster mit den eisernen Läden, auffallend die Fensterstürze und Torbögen aus grünem Vulkangestein. In einem bereits bedenklichen Zustand befindet sich das schlossähnliche Herrenhaus Nr. 29 mit klassizistischer Fassade und üppiger Stukkatur. Eine Inschrift erinnert an die denkwürdige Versammlung der Arbeiter am 1. Mai 1904.

Kamna Gorica: Kappus-Haus

Das Haus war einst Sitz der Familie Kappus von Pichelstein, einer Gewerkendynastie, die in den Adelsstand erhoben wurde und sich, wie in der Ortschronik betont wird, »im Lauf der Jahrhunderte völlig slowenisiert« hat. Neben Rechtsanwälten, Richtern und Politikern brachte die Familie auch einen berühmten Jesuiten hervor: Marko Andrej Kappus (1657–1717), den ersten slowenischen Missionar in (Latein-) Amerika. Die anderen große Söhne Kamna Goricas: Matevž Langus (1792–1855), Kirchenmaler und Portraitist (der sich rühmte, »niemals« France Prešeren gemalt zu haben); Leopold Kordesch (1808–1879), »deutscher« Dichter und Journalist; Lovro Toman (1827–1870), Schönling und Politiker mit angeblichem Hang zur Selbstbereicherung.

Besonders hervorzuheben ist das Haus Nr. 38, das mit einem zwischen Felswänden »hängenden« Park mit kugelförmig geschnittenen Ziersträuchern das Ortsbild um ein surreales Element bereichert. Von hier empfiehlt sich der Aufstieg zur Kirche, von wo man einen steil terrassierten Gemüsegarten und die reizvolle Dachlandschaft Kamna Goricas überblickt. Fünf Altäre sowie zwei Gemälde des Matevž Langus besitzt die Pfarrkirche, deren Besichtigung sich allerdings kaum lohnt.

Wer sich für die Ortsbesichtigung etwas länger Zeit nimmt, wird neben den genannten Kulturdenkmälern viele Details entdecken, die zur sympathisch morbiden Atmosphäre des Ortes beitragen. Ein verblasstes Plakat, das im Schaukasten vor der aufgelassenen *trgovina* für eine Exkursion auf den Kärntner Sonnblick wirbt; oder ein windschiefes Steinhaus, das einem Ferrari als Garage dient. Auch am Ortsrand finden sich Besonderheiten: ein Pferdestall mit wiederverwerteten Fenstern und Glastüren eines Wohnhauses und, besonders merkwürdig, ein Fachgeschäft für Duschvorhänge.

An vergangene Zeiten trauter Zweisprachigkeit erinnert der melodiöse lokale Dialekt mit vielen deutschen – man ist versucht zu sagen: »windischen« – Einsprengseln. *Cágar* heißt hier der *kazalec*, also der Zeiger, und *ciferpleč* die *številčnica*, das Ziffernblatt. Der *fájmoštar* (Pfarrer) schaut durch's *kùkerle* (Fenster) in die *kabernèv* (Speisekammer), und die *prigla* (das Tratschweib) ist dem *potònfel* (Angeber) ziemlich *cvider* (zuwider). Ein schönes *pild* (Bild) bieten dafür die *špringarca* (Maiglöckchen) im Frühling ...

EINKEHR: Taverna Mlin an der Hauptstraße am südwestlichen Ortsende. Gemütlicher Gastgarten, nette Stube, schöne junge Müllerin.

DOBRAVA

Die architektonisch unscheinbare Haufensiedlung profitiert von ihrer schönen Lage auf der Hochebene zwischen dem Savetal und dem Lipnicagraben, Vreča genannt. Sanft gewellte Felder mit malerischen Harpfen und landwirtschaftlich genutzte »Hausdolinen« laden zur Rast. Ein prächtiges Panorama – mit dem Triglav im Westen, den

In Kropa

Karawanken im Norden und den Selški-Hügeln im Süden – bietet sich von der Pfarrkirche Sveti Križ. Von hier, rühmt sich das Dorf, sollen 26 weitere Kirchen zu sehen sein. Lohnend ist auch die Besichtigung des Friedhofs: Ein Spalier geknickter Ähren aus Eisen hält Ehrenwache für die gefallenen Partisanen.

EINKEHR: Gostilna pri Marički: eine etwas heruntergekommene, aber freundliche Gaststätte. Realsozialistischer Gastgarten, türkischer Kaffee.

KROPA*

Von allen Etappenzielen auf der Route nach Ljubljana ist Kropa wohl das ungewöhnlichste. Es liegt in einem kleinen Becken am Ende des Kroparca-Grabens, eines weltabgewandten Seitenarmes des Lipnica-Tales, der an beiden Seiten von Wäldern flankiert und im Süden von der fast senkrechten Zidana skala begrenzt wird. Wo wenig Platz ist, herrscht entsprechendes Gedränge. Manche Häuser rempeln sich gegenseitig mit der Dachkante an, andere stemmen sich mit gespreizten Sockeln gegen die Nachbarn oder scheinen sich auf sie draufsetzen zu wollen. Am auffälligsten sind aber die Hausformen selbst: große, teils dreigeschoßige Gebäude aus dem 17. oder 18. Jahrhundert mit dickem Gemäuer und winzigen Fenstern bis unter den Giebel. Die meisten besitzen barocke Fassaden mit Schmuckelementen aus grünem Stuck; spätgotische oder Renaissance-Elemente verweisen aber auf einen älteren Ursprung. Einige Häuser wirken, als wären sie direkt aus Hallstatt hierher versetzt worden oder als stammten sie aus kleinstädtischem Umfeld.

In Kropa

Die eigentümliche Architektur ist – wie in Kamna Gorica – Ausdruck der industriellen Vergangenheit des Ortes. Was aber dort nur fragmentarisch vorhanden ist, verdichtet sich hier zu einem fast kompletten Freilichtmuseum. 1953 wurde der Ortskern unter Denkmalschutz gestellt, so dass er heute dem Besucher ein (nahezu) unversehrtes Bild von vor 150 Jahren bieten kann. Den störendsten zeitgenössischen Eingriff stellt ausgerechnet das Partisanendenkmal von Stane Keržič im Zentrum dar, dem eine alte Schmiede weichen musste. Zur angenehmen Atmosphäre tragen auch die Kroparca und der Werkskanal bei, die den Ort durchfließen und für lebhafte Wasserspiele sorgen. Auf einer Strecke von 1200 Metern versetzte der Bach einst nicht weniger als 50 Wasserräder in Rotation; sein sperriger Name leitet sich von *krop*, das ist das siedende, brodelnde Wasser, ab. Erst beim Stauwerk kommt das Wasser zur Ruhe – ein Ort der Sammlung im doppelten Sinne des Wortes.

Der Aufstieg Kropas begann im 14. Jahrhundert, als das Eisenhüttenwesen von den Bergwerken an den Hängen der Jelovica ins Tal zum Wasser wanderte. Schon im 15. Jahrhundert wurden zwei Hochöfen errichtet, ebenso mehrere Schmieden. 1550 erlangten die Bewohner des Ortes mit der von Kaiser Ferdinand erlassenen Bergwerksordnung eine gewisse Autonomie, die die Abhängigkeit von den Grundbesitzern einigermaßen linderte. Sie war bis zu den Reformen des Kaisers Joseph II. (1781) gültig. Den Höhepunkt erreichte die Eisenverarbeitung in Kropa aber im 18. bzw. zu Beginn des 19. Jahrhunderts. In dieser Zeit verfügte der Ort (neben den Schmelzöfen) über sieben Hammerwerke und 19 Nagelschmieden. Die großen Hämmer, »Narren« genannt, wurden von Wasserrädern angetrieben und dienten der Erzeugung der Rohlinge – grobe Eisenstangen, aus denen händisch die Fertigprodukte geschmiedet wurden. Es waren dies wie in Kamna Gorica Nägel aller Art, die, in Holzfässern verpackt, in die ganze Welt exportiert wurden.

In Kropa

In der zweiten Hälfte des 19. Jahrhunderts erlebte Kropa eine schwere wirtschaftliche Krise, die mehrere Ursachen hatte: Zum einen war das heimische Eisenerzvorkommen größtenteils aufgebraucht, zum anderen lag Kropa fernab der wichtigen Handelsrouten. Zum Problem für die heimischen Schmieden wurde aber vor allem die wachsende industrielle Produktion von Nägeln und Schrauben. Anfang des 19. Jahr-

In Kropa

hunderts schlossen sich die Hammerwerke und Schmieden zu der bereits erwähnten Genossenschaft industriellen Typs zusammen, was dem Ort noch einmal zu einem vorübergehenden Aufschwung verhalf. Die Nachfolgerin dieser Genossenschaft, die Schraubenfabrik »Plamen«, arbeitete bis zu ihrem Konkurs 1997, der vor allem im Wegfall des jugoslawischen und osteuropäischen Marktes gründete. Die Konkursmasse wurde von einer deutschen Firma aufgekauft, die 1998 ein neues Unternehmen, »Novi plamen«, gründete.

Eine anschauliche Darstellung erfährt die Geschichte Kropas im kleinen Schmiedemuseum. Herausragend sind mehrere Modellbauten, so etwa ein Relief, das die Besiedelung im 18. Jahrhundert detailgetreu wiedergibt. 1.400 Einwohner hatte der Ort zu dieser Zeit – mehr als viermal so viel wie heute, und das bei fast gleichbleibendem Häuserbestand. Aufschlussreich sind auch das Modell einer »mittelalterlichen« Schmiede aus dem Jahr 1936 sowie das Modell eines Blasebalgs mit Wasserantrieb, der an eine Herz-Lungen-Maschine erinnert. Unter den vielen Originaldokumenten und -gegenständen sticht eine Kollektion seltsamer Metallplättchen, die einstige »Währung« Kropas, hervor: Es handelt sich dabei um gestanzte »Münzen«, mit denen die Arbeiter entlohnt wurden und die nur in den unternehmenseigenen Greißlereien eingelöst werden konnten.

Ein eigener Schauraum ist den Nägeln gewidmet, die in Kropa und Kamna Gorica produziert wurden. 96 verschiedene *žeblji* (von insgesamt 127 produzierten Arten) können besichtigt werden, u. a. in Form einer (deutschsprachigen) Musterkollektion aus »gewöhnlichen flügelköpfigen Nägeln«, »runden, schmalen und spitzköpfigen Nägeln«, »Schiffsnägeln«, »Schiffsklammen«, »gewöhnlichen Schuhnägeln«, »Stiefeleisennägeln«, »Schusterzwecknägeln«, »Mauskopfschuhnägeln« und »deutschen, englischen sowie französischen Hufnägeln«. Ein Bild vom Alltagsleben der Arbeiterfamilien im 19. Jahrhundert kann man sich in einer nachgebauten und mit allerlei historischen Gebrauchsgegenständen ausstaffierten Wohnstube machen. Immer noch aktuell ist ein handgezeichnetes Plakat aus dieser Zeit, das vor den Folgen des Alkoholmissbrauchs warnt. Nicht jedermanns Sache mag das Gedenkzimmer des heimischen Kunstschmieds Joža Bertoncelj sein, der die Verschnörkelung von Eisengittern, Kerzenständern und Ähnlichem auf die Spitze getrieben hat. Von ihm stammt auch das weithin sichtbare Eisenskelett beim Denkmal der Mauthausen-Außenstelle Ljubelj.

Der freundliche und auskunftsfreudige Kustode beschließt seine Führung mit einer ohrenbetäubenden Darbietung eines Orchestrions (Leierkastens) aus dem 19. Jahrhundert, das in einem der Dorfgasthäuser Kropas in Betrieb war (Schmiedemuseum: +386/4/5336717 oder +386/4/5315188).

Von den historischen Häusern am *plac*, wie der Ortskern genannt wird, ist das Fovšaritn'ca (Nr. 28) aus dem 17. Jahrhundert besonders hervorzuheben. Es repräsentiert ein typisches Gewerkenhaus, das im Parterre Werkstätten und Verkaufsräume, im 1. Stock die großzügige Wohnung der Eigentümer und im Dachgeschoß die beengten Unterkünfte der Arbeiter enthielt. Pro Zimmer sollen bis zu drei Familien untergebracht worden sein. Die Besichtigung lohnt nicht zuletzt wegen des Tito-Gedenkzimmers (+386/41/849941). Das relativ kleine Ažmann-Haus (Nr. 7) ist jüngeren Datums und diente im 19. Jahrhundert, kaum vorstellbar, 92 Personen als Zuhause. Weitere Sehenswürdigkeiten sind das Geburtshaus (Nr. 38) des Malers Peter Žmitek, der die sozialen Verhältnisse vor 100 Jahren dokumentierte, und das Macol-Haus (Nr. 58), das bis 1957 als Volksschule diente. Geschichtlich relevant ist auch der Bildstock des Heiligen Florian vis-à-vis des Partisanendenkmals, wo einst Bischof Hren gegen den Protestantismus predigte.

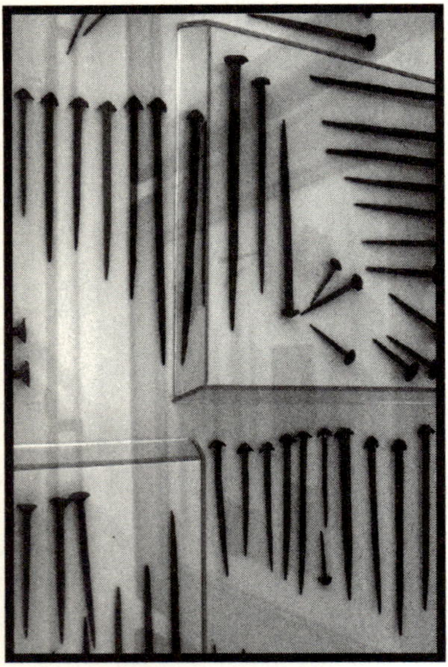

Kropa: Im Schmiedemuseum

Um alle Kleinode des Ortes zu entdecken, reicht ein kurzer Rundgang bei weitem nicht aus. Ein vollständiges Bild erhält man erst bei der Erforschung der Sackgassen, Treppenwege und Hinterhöfe sowie beim Aufstieg zur Pfarrkirche St. Leonhard. Die bietet zwar wenige Kunstschätze, dafür aber einen guten Rundblick auf die Ortschaft. Oberhalb des Friedhofs reihen sich schöne Hausgärten aneinander. Reste uralter befestigter Saumpfade und verfallener Stolleneingänge findet man im verwunschenen Wald östlich davon. Eine nähere Erkundung wert ist auch der untere, von der Novi-plamen-Fabrik beherrschte Ortsteil. Dort sticht neben der heruntergekommenen Ambulanz und dem Pensionistenclub das schwere schmiedeeiserne Gitter des »Klub Ballarina« im *kulturni dom* ins Auge. Fast scheint es, als hätte man das ehemalige Parteihaus in einen Harem umfunktioniert.

EINKEHR: Gostilna p'r Kovač. Das 400 Jahre alte Haus in der Nähe des *plac* enthält eine sehenswerte Sammlung historischer Fotografien, alter Haushaltsgeräte und ausgedienter Radioapparate. Die ebenfalls ausgestellte schmiedeeiserne Blutwurst weckt Appetit auf die Küche. Neben der Pflege regionaler Spezialitäten wie *žonta* (Leber) und *fržolovc* (Bohneneintopf) versteht man sich auch auf die Zubereitung von Forellen. Nicht minder verlockend ist der gut bestückte Weinkeller. Ab Herbst 2004 bietet der engagierte Wirt auch komfortable Übernachtungsmöglichkeiten an. Tel. +386/4/5336320. Montags geschlossen. Die Alternative: Rückfahrt nach Radovljica mit Bus oder Taxi.

---

* Textmitarbeit: Katja Kernjak.

Bei Topolje

ZUR SPRACHE

Die Sprachlandschaft, die der Wanderer von Klagenfurt nach Ljubljana durchschreitet, ist ähnlich bewegt wie die Natur. Soweit es die slowenische Sprache betrifft, wird auf dem Kärntner Wegteil die Rosentaler Mundart (*Rožansko narečje*) der Kärntner Dialektgruppe gesprochen. Auf der Südseite der Karawanken beginnt das Territorium der Oberkrainer Mundart (*Gorenjska narečna skupina*), einer der meistverbreiteten slowenischen Dialekte. Die Stadt Škofja Loka mit ihrem Hinterland gehört zum Gebiet des so genannten Gereut-Dialekts (*Rovtarska narečna skupina*), der Spuren der ehemaligen deutschen Mundart aufweist, welche im Mittelalter von Kolonisten aus dem bayrischen Dialektgebiet hierher gebracht wurde.

Als Johann Weichard Valvasor in seinem Monumentalwerk »Ehre des Herzogtums Krain« (1689) von der Sprache der Bewohner Oberkrains berichtete, schrieb er: »Unter denselben hört man dreierlei Sprachen, nämlich die rechte krainerische, die rechte deutsche und drittens die aus der krainerischen und deutschen untereinander gemengte.« Diese Mischsprache engte er auf den Ort Bitnje (deutsch Feichting genannt, gelegen zwischen Kranj und Škofja Loka) ein. »Wer die Leute dieses Dorfes verstehen soll, der muss beides, sowohl krainerisch als auch deutsch können, weil die Einwohner dieses langen Dorfes beides ineinander mengen«, hieß es bei Valvasor. Deutsch wurde ihm zufolge allein in und um Weißenfels gesprochen (der Ort fiel 1918 an Italien und heißt heute amtlich Fusine in Valromana). »Im Übrigen wird in ganz Oberkrain gut krainerisch geredet, ausgenommen sind nur jene Orte, die nahe an Kärnten stoßen. Denn dort sprechen die Leute gar grob und ziehen die Worte nach der windischen Sprachart gar lang aus.« Valvasor dürfte dabei vor allem an das Gebiet um Rateče und Kranjska gora gedacht haben, denn die dortige Mundart trägt deutliche Spuren des slowenischen Gailtaler Dialektes. In Ljubljana begegnen einander die beiden zentralen Dialekte des Slowenischen, die Mundarten Oberkrains und Unterkrains. So bekam der Zentralort Krains, später auch Sloweniens, sprachlich eine starke Position im Sinne des innerslowenischen Sprachausgleichs.

In diesem auf viele Dialekte aufgeteilten slowenischen Sprachraum entstand im 16. Jahrhundert die slowenische Schriftsprache als einigendes Band. Protestantischen Geistlichen ist es zu verdanken, dass es dazu kam. Die ersten slowenischen Druckwerke, ein Katechismus und eine Fibel, gab Primus Trubar 1550 heraus. Kaum 34 Jahre später erschien bereits die Bibel in slowenischer Sprache, finanziert von den Ständen Krains, Kärntens und der Steiermark. Das Slowenische zählt zu den ersten europäischen Sprachen, in die Ende des 16. Jahrhunderts die gesamte Bibel übersetzt wurde. Die Gegenreformation drängte die slowenische Schriftsprache wieder zurück. Da das Slowenische in den höheren weltlichen Gesellschaftsschichten keine starken Stützen mehr fand, dauerte die Stagnation etwa 150 Jahre. Erst der allgemeine gesellschaftliche Modernisierungsschub im Zeitalter des aufgeklärten Absolutismus, in der zweiten Hälfte des 18. Jahrhunderts unter Maria Theresia und Joseph II., gab dem Slowenischen neue Impulse. Im Laufe des 19. und schließlich im 20. Jahrhundert entwickelte es sich von einer – grob vereinfachend gesprochen – Bauern-, Gebetbücher- und Predigtsprache zu einer umfassenden Standardsprache.

Diese Entwicklung erfolgte oft in Konkurrenz und immer wieder in Konflikten mit den Nachbarn, deren kulturgeschichtliche Tradition reicher und deren politische und ökonomische Macht weit größer war als jene der slowenisch sprechenden Bevölkerung. Zu Beginn des 19. Jahrhunderts bemühten sich erst einige wenige Gebildete meist geistlichen Standes um eine einheitliche slowenische Schriftsprache. Im Revolutionsjahr 1848 wurde das erste nationalpolitische Programm formuliert und die Parole vom »Vereinten Slowenien« ausgegeben. Der allgemeine Demokratisierungsprozess nach 1860 brachte allmählich die slowenische nationalpolitische Massenbewegung hervor. Im Herzogtum Krain, dem einzigen Kronland der Habsburgermonarchie mit slowenischer Bevölkerungsmehrheit, hatte sie ihren Kristallisationskern, in den ländlichen Gebieten fand sie den entscheidenden Rückhalt.

Auch die Sozialgeschichte der slowenischen Literatur im 19. Jahrhundert bietet ein merklich anderes Bild als etwa die deutsche. Die Träger und Präger der frühen Phase der slowenischen Nationswerdung – Dichter und Schriftsteller spielten die zentrale Rolle – entstammten meist dem bäuerlichen oder dem kleinstädtischen Milieu. Zu einer stärkeren Urbanisierung kam es erst im Laufe des 20. Jahrhunderts. Somit durchschritten die Slowenen einige Etappen vom »geschichtslosen Volk«, wie sie auch genannt wurden, zur staatlichen Selbstständigkeit gewissermaßen im Eilschritt, wobei Standardsprache und Literatur einen hohen Stellenwert hatten. Waren unter den Hauptgestalten des slowenischen Protestantismus auffällig viele Unterkrainer, stammten viele bedeutende Persönlichkeiten der slowenischen kulturellen und politischen Emanzipationsbewegung aus dem Oberkrainer Raum.

In Begunje wurde Anton Bonaventura Jeglič (1850–1939) geboren. Er war Seelsorger, Schulmäzen und Verfasser zahlreicher Schriften. 1898 wurde er Bischof von Ljubljana. Als katholischer Oberhirte hatte er an allen Erfolgen des slowenischen konservativen Lagers und an einigen der slowenischen nationalpolitischen Bewegung wesentlichen Anteil. 1905 öffnete das von ihm initiierte bischöfliche Gymnasium Šentvid bei Ljubljana seine Tore, das erste Gymnasium, in dem Slowenisch alleinige Unterrichtssprache war. Im Herbst 1917 wurde Jeglič zu einem wichtigen Schrittmacher im Trennungsprozess der Slowenen vom habsburgischen Österreich-Ungarn. Auch im Königreich Jugoslawien blieb Jeglič unumstrittene Autorität der Konservativen. Bedeutsam war sein Eintreten für die Autonomie Sloweniens. Sein Nachfolger wurde der aus Dolintschitschach/Dolinčiče (Pfarre St. Michael bei Bleiburg/Šmihel pri Pliberku in Kärnten) stammende Gregor Rožman (1883–1959), der während der italienischen und nationalsozialistischen Okkupation eine äußerst umstrittene Rolle spielte und bei Kriegsende 1945 den Weg in die Emigration wählte.

Zum engsten Kreis der slowenischen Kulturschaffenden der Aufklärungszeit zählte Anton Tomaž Linhart (1756–1795). Der in Radovljica als Sohn eines aus Mähren eingewanderten Kaufmanns Geborene war Dichter, Dramatiker, Schulmann und Historiker. Linhart begann sein literarisches Schaffen in deutscher Sprache. Nachdem er zum Zirkel des Barons Sigismund von Zois (1747–1819), eines der reichsten Krainer Gewerken und großen Mäzens der slowenischen Kulturbewegung, gestoßen war, wurde er zum Begründer der slowenischen Dramatik und Geschichtsschreibung. 1788 erschien der erste Band seines Werkes »Versuch einer Geschichte von Krain und den übrigen Ländern der südlichen Slaven Österreichs«, 1791 der zweite. Das Werk blieb unvollendet und behandelt nur die Zeit bis zum 8. Jahrhundert. Es war insoferne bahnbrechend, als Linhart das Konzept einer auf die Landesgrenzen beschränkten Geschichtsschreibung verwarf und sich einer auf ethnischer Grundlage basierenden Betrachtungsweise zuwandte. Einen festen Platz in der slowenischen Literaturgeschichte schuf sich Linhart mit zwei Schauspielen, die bis heute im Repertoire slowenischer Bühnen stehen. Beide wurzeln geistig in der Aufklärung und gehen auf fremde Vorlagen zurück. 1789 wurde im Ständischen Theater in Ljubljana die Komödie »Županova Micka« auf die Bühne gebracht, die erste Aufführung eines weltlichen slowenischen Theaterstücks überhaupt. Das zweite Theaterstück »Ta veseli dan ali Matiček se ženi« lehnte Linhart an die Komödie »Le mariage de Figaro« von de Beaumarchais an, versetzte es jedoch in die zeitgenössische Gesellschaft Krains.

Ein weiterer Sohn Radovljicas war Anton Füster (1808–1881). 1847 wurde er Professor für Religion und Pädagogik an der Universität Wien sowie Universitätsprediger. In die politische Öffentlichkeit trat er in den Monaten des Revolutionsjahres 1848 als Feldkaplan der Wiener Akademischen Legion. Füster setzte sich für einen bewaffneten Kampf um Freiheitsrechte ein und stieg mit den Studenten auf die Barrikaden. Im sogenannten Völkerfrühling 1848 wirkte er anfangs im Kreise der in Wien weilenden slowenischen Studenten und Akademiker an der Erstellung eines slowenischen politischen Programms mit, verließ jedoch bald die slowenischen Reihen und schloss sich den Deutschliberalen an. Nach der Niederschlagung der Revolution floh er ins Ausland und kehrte erst 1876 aus Nordamerika nach Österreich zurück.

An mehreren Stellen in Oberkrain kreuzt man die Spuren des slowenischen Nationaldichters France Prešeren (1800–1849). Sein Grabmal steht am aufgelassenen Friedhof von Kranj. Was für die deutsche Literatur Goethe, für die englische Shakespeare und für die russische Puškin, ist für die slowenische Prešeren. In Vrba, einem kleinen Dorf südlich des Stol (Hochstuhl), steht sein Geburtshaus. Das Studium der Rechtswissenschaften schloss er in Wien ab. Zunächst in Ljubljana und dann in Kranj war er als Rechtsanwalt tätig. Prešerens dichterisches Gesamtwerk ist relativ klein an Umfang. Alle seine Gedichte, darunter etwa ein Fünftel in deutscher Sprache, finden in einem schmalen Band Platz. Als Prešeren in slowenischer Sprache für ein intellektuelles Publikum zu dichten begann, gab es diese slowenische Gruppe erst in spärlichen Ansätzen. So war es beinahe ein Stilbruch, als Prešeren seine Gedichte an eine Bürgertochter in der Volkssprache des Landes veröffentlichte. Ihn störten die Sprachgewohnheiten seiner Landsleute. »Deutsch sprechen in der Regel hier zu Lande / Die Herrinnen und Herren, die befehlen, / Slowenisch die, so von dem Dienerstande«, schrieb er über die ethnische Arbeitsteilung im damaligen Krain. Das ist nicht die einzige Stelle, an der er über die subalterne Position der slowenischen Sprache klagte, und er war nicht der Einzige, der so dachte. Sein dichterisches Werk ist umso bemerkenswerter, als er in der slowenischen Literatur so gut wie keine Vorgänger hatte. Darüber hinaus erteilte Prešeren allen Plänen, das Slowenische in einer einheitlichen südslawischen oder gesamtslawischen Sprache aufgehen zu lassen, eine klare Absage.

In Kranj wurde Janez Bleiweis (1808–1881) in einer Kaufmannsfamilie geboren. In Wien studierte er Human- und Tiermedizin. Bedeutsam wurde er vor allem als Begründer und Redakteur der slowenischen Wochenzeitung »Kmetijske in rokodelske novice«, die 1843 in Ljubljana erstmals erschien. Diese Zeitung, herausgegeben von der Landwirtschaftlichen Gesellschaft für Krain und bis 1848 das einzige Blatt in slowenischer Sprache, spielte in der Entwicklung der slowenischen Standardsprache, in der slowenischen Literatur und in den Anfängen der slowenischen Politik eine wichtige Rolle. 1848 wurde Bleiweis zur zentralen Persönlichkeit der slowenischen politischen Bewegung und blieb es bis zu seinem Tod. Er gehörte dem gemäßigt liberalen, pragmatischen und zu Kompromissen bereiten Lager der slowenischen Emanzipationsbewegung an, trat für eine einträchtige Zusammenarbeit des liberalen und konservativen Lagers ein und trug entscheidend zum Profil der slowenischen nationalen Politik in der ersten Phase der Demokratisierung bei.

Neben Prešerens Grabstätte ruht der Dichter Simon Jenko (1835–1869), geboren in Podreča. Er studierte kurze Zeit im Klagenfurter Priesterseminar (1855/56) und Rechtswissenschaften in Wien. Ohne einen Abschluss erreicht zu haben, kehrte er in die Heimat zurück. Jenko war der wichtigste slowenische Lyriker der 2. Hälfte des 19. Jahrhunderts. Er, eine Heinrich Heine verwandte Seele, schrieb Kurzprosa, Liebeslyrik, reflektierende und patriotische Gedichte. Wie Prešeren beschäftigte auch ihn die Entwicklung der Slowenen zur Kulturnation.

In Škofja Loka kann man sich an Ivan Tavčar (1851–1923) erinnern, einen in Poljana (bei Škofja Loka) geborenen Schriftsteller und Politiker. Auch er studierte in Wien Rechtswissenschaften. In Ljubljana eröffnete er eine eigene Rechtsanwaltskanzlei und wurde im slowenischen liberalen Lager politisch aktiv. Mehrmals wurde er in den

Landtag und in den Wiener Reichsrat gewählt, 1920 ins Belgrader Parlament. Von 1911 bis 1921 war er Bürgermeister von Ljubljana. Als Literat verfasste er Kurzgeschichten, Novellen und Romane. Die Protagonisten seiner Erzählungen und Romane sind zumeist im bäuerlichen Milieu angesiedelt, geographisch viele in oder um Škofja Loka.

Besonderes Gewicht in der slowenischen Kulturgeschichte hat Jernej Kopitar (1780–1844) aus Repnje. Der talentierte Bauernsohn erfuhr seine Erstausbildung in Ljubljana und kam in den Zirkel des Barons Sigismund von Zois, dessen Sekretär er wurde. Bereits in jungen Jahren erwarb er sich um die Vereinheitlichung der slowenischen Schriftsprache große Verdienste. Kopitars »Grammatik der slavischen Sprache in Krain, Kärnten und Steyermark« (1809) schlug ein neues Kapitel in der Entwicklung der slowenischen Schriftsprache auf. Noch bis zum Beginn des 19. Jahrhunderts erschienen slowenische Bücher bisweilen in nicht weniger als vier oder fünf Varianten, nämlich in einer kärntnerischen, einer krainerischen, zwei steirischen und einer weiteren im Königreich Ungarn (im heutigen Übermurgebiet im Nordosten Sloweniens). 1808 zog Kopitar nach Wien. Nach dem Studium der Rechtswissenschaften wurde er Zensor für slawische, neugriechische und rumänische Drucke, die im Österreichischen Kaiserstaat erschienen. Als Experte für slawische Sprachen bekam er eine wichtige Position in der Wiener Hofbibliothek und stieg bald zum Kustos auf. Seine zahlreichen Beiträge erschienen in wissenschaftlichen Publikationen und in den wichtigsten Kulturzeitschriften der Monarchie. Mit vielen europäischen Wissenschaftern seiner Zeit stand er in Kontakt und prägte das damalige Slawenbild mit. Einfluss übte er auf die Entwicklung der serbischen und kroatischen Schriftsprache aus. Als Wissenschafter wurde Kopitar zu einem der Begründer der Slawistik. Auf kulturpolitischer Ebene trug er zur Entwicklung des austroslawistischen Konzeptes bei, womit er die österreichischen Slawen dem Einfluss Russlands entziehen wollte.

Theodor Domej

Bei Topolje

5. ETAPPE: LANGER MARSCH
Wanderung von Kropa nach Kranj

VORSCHAU

Um Kropa in südlicher Richtung verlassen zu können, ist ein kürzerer und viel leichterer Anstieg von Nöten, als es der steile Talschluss erwarten lässt. Schon nach einer knappen Stunde hat man die Höhe erreicht, auf der man, einem ebenen Panoramaweg folgend, zum Kirchlein Sveti Primož gelangt. Zu Recht gilt dieser Ort als einer der schönsten Aussichtspunkte Sloweniens. Im Norden bietet sich das Savetal mit der Karawankenkette als Kulisse dar, im Südosten erstrecken sich die hügeligen Ausläufer der Jelovica.

Jamnig, das 1944 von den Nazis niedergebrannt wurde, ist das erste von fünf Bergdörfern, an denen man im Lauf des Tages vorüberkommt. Eines scheint schöner als das andere gelegen, und jedes gibt interessante Einblicke in das schwere Fortkommen der Bauern. Von Podblica, der zweiten Station, steigt man nach Nemilje ab, um von dort über einen Sattel nach Toplje zu gelangen. Besonders malerisch präsentiert sich Brezovnica, das unterhalb der Kirche Sveti Mohor auf steilem Hange klebt. Auf bequemen Güterwegen in harmonischer Landschaft geht es weiter nach Čepulje, wo man sich für den letzten Teil der Wanderung, den mühseligen Anstieg zur Wallfahrtkirche Sveti Jošt, stärken kann. Kräfteraubend ist auch der steile Abstieg zum Fuße der Šmarjetna gora, an dessen Vorderseite den Wanderer die Altstadt Kranjs erwartet. Ihre Durchquerung ist der würdige Abschluss dieser großartigen Wanderung.

HINWEISE ZUR WANDERUNG

SCHWIERIGKEITSGRAD: Anstrengende Wanderung.

LÄNGE: 32 km.

GEHZEIT: 8 bis 9 Stunden.

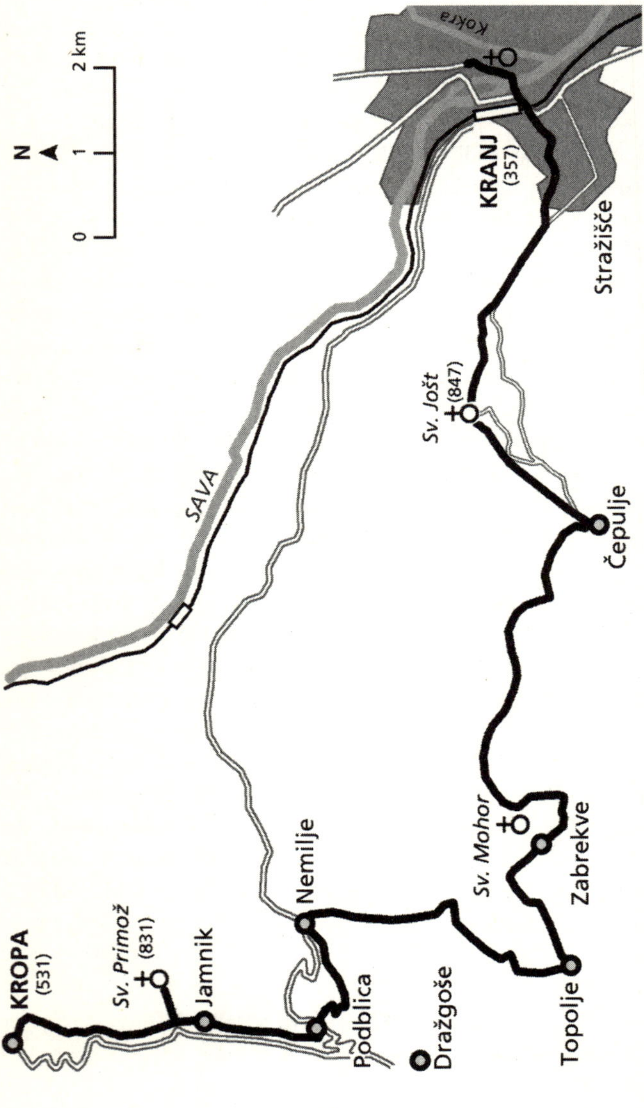
N
0
1
2 km
KROPA
(531)
Sv. Primož
(831)
Jamnik
Podblica
Nemilje
Dražgoše
Topolje
Zabrekve
Sv. Mohor
Čepulje
Sv. Jošt
(847)
Stražišče
KRANJ
(357)
Kokra
SAVA

ANSTIEGE: Rund 800 Höhenmeter in drei Abschnitten.
WEGE: Waldwege, Güterwege, wenig Asphalt.
ORIENTIERUNG: Bis Podblica schwierig. Ab Brezovnica fast durchgehend, in manchen Abschnitten jedoch äußerst mangelhaft markiert.
KARTE: Gorenjska 1:50.000, Geodetski zavod Slovenije
VERKEHRSVERBINDUNGEN: Bushaltestelle in Kropa, Bahnhof in Kranj.
EINKEHR: Gostilna in Nemilje, Čepulje und Sv. Jošt.
QUARTIER: Hotel in Kranj.

WEGBESCHREIBUNG

Vom Bildstock vis-à-vis des Kriegerdenkmals im Zentrum von Kropa steigt man, dem Wegweiser »Na Jamnik« folgend, steil an und gelangt in den Wald. In einem Hohlweg (keine Markierung) stets bergauf, diverse Abzweigungen werden ignoriert. Nach rund 5 Minuten passiert man ein Holzkreuz, eine Dreifachgabelung, man nimmt den mittleren Weg. Bei einer weiteren Dreifachgabelung nimmt man den linken Weg, der alsbald in einen breiteren Hohlweg einmündet. Weiter bergauf. Bei der darauffolgenden Gabelung geht man links und erreicht bald einen Sattel (0:20 Std.). [Anmerkung: In diesem Abschnitt ist die Wegsituation leider ziemlich verwirrend. Im Zweifelsfall steigt man einfach bis zum Kamm auf und geht auf diesem nach rechts.] Hier wendet man sich sofort nach rechts in einen breiten Querweg. Moderater Anstieg in südlicher Richtung (undeutliche Markierung). Bei einer Dreifachgabelung nimmt man den mittleren Weg. Man gelangt oberhalb eines Hauses zur Straße und geht auf dieser nach links. Nach gut 5 Minuten passiert man die Ortstafel von Jamnik und wendet sich nach 30 m nach links in einen Fahrweg. Wenig später durchschreitet man den Weiler Kolombart und setzt die Wanderung auf schönem Panoramaweg bis zum Kirchlein Sv. Primož fort (1:15 Std.).

Von der Kirche ca. 300 m zurück bis zu einer Gabelung, man geht links und erreicht wenig später Jamnik, das man durchquert und auf einem Asphaltsträßchen wieder verlässt. 100 m vor der Einmündung des Sträßchens in die Hauptstraße wendet man sich nach links in einen abschüssigen Feldweg. Nach 100 m eine Gabelung, man geht rechts steil bergab. Nach eine Kehre ein Querweg, man geht rechts. Der Weg führt in einen kleinen Taleinschnitt und wird undeutlicher. Man folgt ihm unbeirrt, stets bergab. Bald darauf, oberhalb einer Lichung, eine Gabelung, man geht geradeaus, weiter bergab, nun wieder auf deutlichem Wege. Wenig später ein Querweg, man geht rechts. Man folgt dem Hauptweg in südlicher Richtung (im bewaldeten Hang unterhalb der Hauptstraße) bis zu den ersten Häusern von P o d p l i c a (2:15 Std.). Hier geht man nach rechts bis zur S t r a ß e , auf dieser nach links. In einer Linkskurve der Straße (Wegweiser »Kranj«) biegt man nach rechts (!) in ein Asphaltsträßchen. Bei der Gabelung vor dem F e u e r w e h r h a u s geht man rechts. Der Asphalt endet, und man wandert auf einem Schotterweg in Serpentinen talwärts. Im Graben auf einem Asphaltsträßchen talauswärts. Man erreicht die Hauptstraße und geht auf dieser nach rechts bis N e m i l j e (3:00 Std.).

Man geht rechts an der Gaststätte vorbei (Wegweiser »Selca«) und passiert wenig später ein reich bemaltes B i e n e n h a u s . Unmittelbar nach dem Bienenhaus eine Gabelung, man geht links und verlässt den Ort in südlicher Richtung. Bald endet der Asphalt, und man setzt die Wanderung auf einem bequemen Schottersträßchern fort. Moderater, rund 30-minütiger Anstieg im Wald bis zu einem S a t t e l . Geradeaus weiter bis T o p o l j e (4:00 Std.). Schöne Blicke.

Am O r t s b e g i n n von Topolje, also unmittelbar nach der Einmündung des Schottersträßchens in eine asphalierte Straße, wendet man sich scharf nach links in einen ansteigenden Feldweg. Nach etwa 50 m eine Gabelung, man geht rechts, vorbei an einer Harpfe. Gleich darauf wieder eine Gabelung, man geht links und gelangt in den Wald. Auf breitem Forstweg etwas eintönig in nördöstlicher Richtung. Bei einem Querweg geht man rechts. Unterhalb einer Weide eine Kreuzung, man geht geradeaus. Oberhalb der Häuser von Z a b r e k v e eine Gabelung, man geht rechts und bei der darauffolgenden Gabelung links. Man erreicht bei einem Schuppen einen Querweg und geht hier links bis zu einem Schottersträßchen, auf diesem geradeaus weiter. Die Straße steigt an und beschreibt eine scharfe Linkskurve; hier geht man geradeaus und passiert ein etwas heruntergekommenes W o c h e n e n d h ä u s c h e n (4:45).

Bei einem S t e i n b r u c h eine Gabelung, man geht geradeaus, auf dem Hauptweg bleibend. Moderater Anstieg bis zu einem S a t t e l (5:00). Hier geht man auf einem Quersträßchen nach rechts. Angenehmer, deutlich markierter Fahrweg. Nach rund 15 Minuten, auf einem unbewaldeten Rücken, eine Gabelung, man geht links (weiter der Markierung folgend). Nach 5 Minuten gabelt sich der markierte Weg, man geht geradeaus (Weg »L«). Der Weg verjüngt sich. Bald danach eine Gabelung, man nimmt den rechten Weg (an dieser Stelle ist die Markierung leicht zu übersehen). Bei einer weiteren Gabelung geht man rechts (Wegweiser »Cepulje«). Sehr schöner Weg im Buchenwald mit gelegentlichen Fernblicken. Man gelangt zu einer Asphaltstraße und geht auf dieser nach links. Man erreicht Č e p u l j e (6:00). Einkehr in der Gostilna na Seblu.

Vor der Gostilna weiter auf der S t r a ß e Richtung Kranj. Nach 100 m biegt man nach links in einen ansteigenden, markierten Pfad (Wegweiser »Sv. Jošt«). Man überquert eine K u p p e , berührt in einem Sattel eine asphaltierte Straße ohne ihr zu folgen und steigt erneut an. Bei einem weiteren kleinen S a t t e l geht man rechts und ereicht bald darauf die Kirche S v . J o š t (7:00 Std.).

Man passiert, von der Kirche kommend, die Gostilna, steigt auf einem Treppenweg wenige Meter zu einem Querweg ab und wendet sich auf diesem nach links. Nach etwa 200 m biegt man nach rechts in einen steil abfallenden P f a d (Markierung). 30minütiger, etwas mühseliger Abstieg bis zur S t r a ß e , auf dieser nach links. Nach etwa 300 m verlässt man die Straße nach rechts, in einen deutlichen, jedoch an dieser Stelle nicht markierten Pfad. Der Weg verläuft rechts der Straße, in geringem Abstand zu dieser, und mündet auch bald wieder in die Fahrbahn ein. Man geht auf dieser wenige Meter bergab, um dann nach links in einen nun wieder deutlich markierten Weg abzubiegen (Wegweiser »Stražišče«). Man folgt der Markierung mit gebotener Aufmerksamkeit. Bald unterquert man eine S t a r k - s t r o m l e i t u n g und geht hier bei einem breiten Querweg nach links, um sich nach wenigen Metern nach rechts in einen ansteigenden Pfad zu wenden (hier fehlt die Markierung). Man passiert gleich darauf die Tafel Nr. 8 eines Fitness-Parcours und findet den nächsten Markierungspunkt. Kurz darauf ein Querweg, man geht rechts bergab. Man folgt der stellenweise sehr undeutlichen

Markierung mit erhöhter Aufmerksamkeit. Nachdem man zwei Lichtungen überquert hat, steigt man zu einem grünen Haus an. Links am Haus vorbei über eine Wiese bis zu einem Sträßchen, auf diesem geradeaus weiter. Man gelangt bei der Burg Šempetrski grad (8:00 Std.) zu einer Querstraße und geht auf dieser nach links. Nach 50 m eine Gabelung, man geht links. Man folgt der Pot na Jošta rund fünf Minuten bis zur Delavska cesta und geht auf dieser nach links. Nach 70 m biegt man nach rechts in die Kocjanova ulica und gelangt zu drei großen Holzkreuzen. Hier steigt man nach rechts auf einem Gehweg bis zur einer Straßenbrücke ab. Wenige Schritte vor der Brücke wendet man sich nach links in einen Pfad, der zu den Bahngeleisen führt. Man überquert vorsichtig die Bahnanlagen und geht nach links bis zum Bahnhof von Kranj (8:30 Std.).

[Variante: Man überquert die Eisenbahnbrücke, geht bei der darauffolgenden Gabelung geradeaus und überquert die Save. Nach der Brücke steigt man halb rechts über die Vodopivčeva ulica zur Altstadt von Kranj an (9:00 Std.).]

AM WEGE

SVETI PRIMOŽ

Wer für Kitsch empfänglich ist, wird an diesem Ort auf seine Rechnung kommen. Wie aufgemalt sitzt das Kirchlein auf einer Bergnase der Jelovica, wo es dank seiner traumhaften Lage zur viel fotografierten Ikone in Gorenjska geworden ist. Noch schöner als das Panorama ist aber der Kamm- bzw. Hangweg, der die Kirche mit Kolombart und Jamnik, seinen Nachbarorten, verbindet. Es ist der Idealtypus eines historisch gewachsenen Wanderweges, der an Harmonie und erzählerischem Gehalt kaum zu übertreffen ist. Das Gotteshaus selbst hat durch ein Übermaß an Renovierung ein wenig von seinem architektonischen Reiz eingebüßt. Und da es außerdem versperrt ist, muß sich der Wanderer das gotische Presbyterium aus dem 14. Jahrhundert sowie die Gewölbefresken aus dem 15. Jahrhundert leider selber malen.

Sv. Primož

JAMNIK

Ein Denkmal in Form einer stilisierten Brandruine erinnert an den 27. Februar 1944, an dem die Nazis das Dorf – zusammen mit den Nachbardörfern Podplica, Nemilje und Njivica – fast zur Gänze niederbrannten. 37 Opfer hatten die vier Dörfer zu beklagen. Ein weiteres Denkmal ist dem Volkshelden Lojze Kebe-Štefan gewidmet, der hier im Oktober 1942 seinen Verletzungen erlag. Nordwestlich des Dorfes befand sich die Partisanendruckerei »Meta«, die nach dem Krieg renoviert wurde und besichtigt werden kann.

Im Zentrum des Ortes steht ein barocker Kapellenstock mit einem ungewöhnlich muskulösen Christus aus dem 19. Jahrhundert. St. Primus und der Heilige Felizian leisten ihm beim Bodybuilding Gesellschaft.

PODBLICA

Trotz schöner Hanglage unter den Felsen des Kosovec bietet die Streusiedlung keinen sonderlich idyllischen Anblick. Schmucklose Zweckbauten prägen das Ortsbild; wohltuend ist aber der weitgehende Verzicht der Bewohner auf Behübschung. Ihre Vorfahren waren hauptsächlich im Bergbau

Bei Jamnik

oder mit der Köhlerei beschäftigt, heute pendeln sie größtenteils ins Tal aus.

Am südlichen Ortsende lodern steinerne Flammen aus der Wiese: Viktor Kejžar, Mitglied des Regionalkomitees der Kommunistischen Partei Sloweniens, ließ hier im antifaschistischen Kampfe sein junges Leben.

DRAŽGOŠE

Obwohl nicht unmittelbar an der Wanderroute gelegen, verdient Dražgoše, der Nachbarort Podblicas, an dieser Stelle Erwähnung. Er besitzt das mit Abstand größte Partisanendenkmal der Region, ein Monument von den Ausmaßen einer Raketenabschussbasis, dessen martialische Architektur die Solidarität des Betrachters auf eine harte Probe stellt. Das begehbare und von Boris Kobe entworfene Monstrum besteht aus fünf flakturm-ähnlichen Betonpfeilern, die im Grundriss einen fünfzackigen Stern bilden und durch zwei Plattformen miteinander verbunden sind. Von der obersten Ebene, auf die man über eine spiralförmige Treppe gelangt, blickt man wie ein Feldherr ins befreite Land. Auch Marschall Tito hat hier am 3. Mai 1977 die Aussicht genossen.

Kolombart

Eine Inschrift von Josip Vidmar gibt über die Widmung des Denkmals Auskunft: »Zur Ehre und dauerhaften Erinnerung an den großen Kampf des slowenischen Volkes für seinen Bestand und die Freiheit. Für die gefallenen und überlebenden Helden des Cankar-Bataillons, die am 9., 10. und 11. Jänner 1942 an diesem Ort einen großen Sieg über die nazistischen Henker errangen.«

Am 28. Dezember 1941 hatten sich rund 200 Partisanen in das strategisch günstig gelegene Bergdorf zurückgezogen, um dort, wie es heißt, »neue Kräfte für den Kampf zu sammeln und die Bevölkerung politisch zu schulen«[1]. Fünf Tage später riefen sie die »freie Republik Dražgoše« aus und markierten damit »den ersten Flecken befreiter Erde in Gorenjska«. Dass dieser Affront von den deutschen Besatzern nicht hingenommen werden konnte, stand von vornherein fest, doch schienen die Partisanen gewillt, ihren Brückenkopf mit allen Mitteln zu verteidigen. Dražgoše wurde zur Festung ausgebaut. Am 9. Jänner rückten die Deutschen mit 2.500 Mann und schwerem Geschütz gegen die Ortschaft vor. Zwei Tage hielten die Partisanen der Übermacht stand, und das entlang einer fast drei Kilometer langen Frontlinie. Dann aber drohte ihnen die Munition auszugehen, woran auch ein kühnes Nachschubmanöver nichts zu ändern vermochte. Also zogen sich die Kämpfer am dritten Tag mit einem Teil der Dorfbewohner auf die Kališnik-Alm oberhalb des Ortes zurück.

Die nachrückenden Deutschen machten kurzen Prozess: Dražgoše wurde niedergebrannt, einige Häuser wurden samt ihren Bewohnern in die Luft gejagt. 41 Zivilisten fanden bei dem Massaker den Tod, wer überlebte, wurde verhaftet und nach Šentvid bei Ljubljana verschleppt. Das Cankar-Bataillon hatte neun Tote und 16 Verwundete zu beklagen; bei einem Gefecht am 13. Jänner fielen zwölf weitere Kämpfer. »Siegreich« waren die Partisanen dennoch, zumindest in propagandistischer Hinsicht. Denn die »Schlacht um Dražgoše« fand als erste größere militärische Auseinandersetzung zwischen deutschen Eliteeinheiten und der Befreiungsfront sogar internationale Beachtung, zumal die Deutschen dabei hohe Verluste verzeichnen mussten. Die Partisanen sprachen von bis zu 1200 getöteten Deutschen, was allerdings weit übertrieben war.

Wie um die Schmach wettzumachen, kehrten die Nazis im Februar nach Dražgoše zurück. Sie zerstörten sämtliche noch bestehenden Gebäude, eine »Arbeit«, die sechs Wochen in Anspruch nahm. Insgesamt wurden 245 Objekte gesprengt, neben den Bauernhöfen auch die Dorfkirche und mehrere Kapellen. Damit nicht genug, demolierten die Deutschen auch sämtliche landwirtschaftliche Maschinen und Fuhrwerke. Die Vorräte wurden, sofern sie nicht bereits vernichtet waren, beschlagnahmt und mit den Tieren – 658 an der Zahl – abtransportiert.

In der »neuen slowenischen Geschichtsschreibung« erscheinen die Vorfälle um Dražgoše in einem anderen Licht. Die Historikerin Tamara Griesser-Pečar wirft den Partisanen vor, mit der Ausrufung der »Republik Dražgoše« »völlig sinnlose Opfer riskiert, ja (...) provoziert« zu haben.[2] Ihrer Meinung nach »wurden Menschen, die eigentlich nur möglichst friedlich leben, fleißig arbeiten und ihre Familie durch die schwere Zeit der Besatzung bringen wollten, schwerer

Gefahr ausgesetzt, um ein bestimmtes strategisches Ziel zu erreichen: nämlich die Bewohner zu zwingen, ebenfalls Partisanen zu werden, wodurch sie zugleich der Ideologie des Kommunismus nähergebracht werden konnten.« Außerdem hätten die Partisanen sich feige bzw. trotz anderslautender Versprechungen zurückgezogen und die wehrlose Bevölkerung der Rache des Okkupators überlassen. Noch schwerer wiegt der Vorwurf der Autoren, dass sie in weiterer Folge 23 unschuldige Menschen in der Umgebung Dražgošes wegen des Verdachts der Kollaboration liquiduiert hätten.

Denkmal in Dražgoše

Das Denkmal von Dražgoše dagegen lässt keinen Zweifel zu. Die Darstellungen im Geiste des sozialistischen Realismus – sie stammen vom Bildhauer Stojan Batič – erstarren im Pathos. Hier wirft sich eine Gruppe bewaffneter Revolutionäre in Pose, dort nimmt eine Skulpur aus Bronze Anleihe bei der Symbolik des Katholizismus. Gelungener sind die Illustrationen des Malers Ive Šubic (der den Kampf um Dražgoše selbst erlebte). Sein Wandmosaik umfasst 10 verschiedene Szenen, in denen die Gefechte um das Dorf und die Gräuel der Nazi dargestellt sind. »Glühende Steine« symbolisieren Feuer und Blut, »eisiges Blau« steht für Kälte und Tod. Doch vermag die Dramatik der Farben den Mangel an Ausdruckskraft nicht wettzumachen.

Bei Zabrekve

NEMILJE

Freunde slowenischer Volkskunst dürfen sich freuen: An der Abzweigung nach Topolje hält ein Bauer die Tradition bemalter Bienenstockbrettchen hoch, und einige Schritte weiter findet sich das seltene Beispiel eines *doplars* mit angeschlossener *procesije* (siehe »Kleine Harpfenkunde«).

TOPOLJE

Kaum ein Dorf in Gorenjska, in dem der 2. Weltkrieg nicht vor der Haustüre stattfand. Unzählige Gedenksteine erinnern an kleinere und größere Gefechte zwischen Partisanen und deutschen Einheiten oder ihren Verbündeten. So auch in Topolje, wo am 5. April 1945 der Partisanendichter Oto Vrhunc zu Tode kam. Er und drei seiner Genossen waren einer Patrouille von *domobranci* über den Weg gelaufen und von dieser in eine Schießerei verwickelt worden. Als Vrhunc ins Knie getroffen worden und damit in eine aussichtlose Lage geraten war, nahm er sich mit der Pistole selbst das Leben. Die Heimwehrler aber »rächten« sich, indem sie die Leiche mit Bajonetten schändeten und zur Abschreckung der Dorfbewohner liegen ließen.

In Zabrekve

ZABREKVE

Besonders malerisch präsentiert sich der im steilen Gelände errichtete Ort im Herbst, wenn die rostigen Blechdächer mit den bunten Laubbäumen harmonieren. Die rund 100 m darüber liegende Kirche Sv. Mohor wurde 1944 von einer deutschen Einheit vermint und als Sprengfalle benutzt. Die zerstörte Kirche wurde nach dem Krieg wiedererrichtet.

SVETI JOŠT

Zwei markante Hügel erheben sich westlich von Kranj. Auf beiden, wie auf fast allen Hügeln in Gorenjska, steht eine Kirche. Sv. Jošt ist der höhere der beiden Berge, entsprechend größer ist das Gotteshaus auf seinem Gipfel. Die barocke Wallfahrtskirche mit zwei wuchtigen Türmen wurde um 1740 – die gotische Vorgängerin war zu klein geworden – errichtet, um sofort einen wahren Ansturm von Pilgern zu erleben. So mussten bis zu 20 Messen pro Tag gelesen bzw. 50.000 Kommunionen pro Jahr gespendet werden. Die von frommen Pilgern gegründete Bruderschaft zählte bald 175.000 Mitglieder. Treibende Kraft war Pfarrer Simon Vačavnik, der auch die so genannte »Heilige Stiege« neben dem

Sv. Jošt

Glockenturm errichten ließ. Um für seine Kirche besondere Privilegien und das Recht auf Ablassgewährung zu erlangen, pilgerte er gleich zweimal zu Fuß nach Rom, was die Attraktivität von Sv. Jošt zusätzlich steigerte.

Kaum 40 Jahre dauerte der Boom, dann wurde es für lange Zeit recht still um den Ort, sieht man von einer »Wunderheilung« ab, die sich aber rasch als Betrug erwies. Für eine Renaissance sorgte Anfang des 20. Jahrhunderts u. a. Janez Evangelist Krek (der Begründer der Schmiede-Genossenschaft in Kropa) mit sogenannten Sozialkursen. Dem »großen Lehrer der christlich-sozialen Arbeiterschaft« ist eine Inschrift an der Außenwand der Kirche gewidmet. Im Kircheninneren werden kunstgeschichtlich Interessierte die Reste des gotischen Presbyteriums mit Fresken des Meisters Jernej sowie zwei Barockbilder von Janez Valentin Metzinger sehenswert finden.

Von France Prešeren stammt der Text auf der Glocke im rechten Kirchturm, die 1834 aus türkischen Kanonenkugeln gegossen wurde: »Im Meer versank der Türken Reich bei Navarone / mit ihm ging meine Bronze auf den Meeresgrund. / Der Pilger kauft sie auf; Samass' gießt sie zur

Glocke: / jetzt künde ich die Ehre Gottes von Sankt Jost!« Verfasst ist der Vers in »Bohoričica«, einer alten slowenischen Schrift, die in dem zur damaligen Zeit heftig ausgetragenen »Laibacher ABC-Krieg« eine wichtige Rolle spielte. Damals stritt sich die nationale intellektuelle Elite, in welcher Schrift in Hinkunft das Slowenische niedergeschrieben werden sollte. Während Jernej Kopitar die »Metelčica«, ein kyrillisches Alphabet, propagierte, kämpfte Prešeren für die »Bohoričica« (die übrigens keine Hačeks besaß).

EINKEHR: Dom na Joštu. Etwas grobschlächtig, aber nicht ungemütlich. Deftige *klobase* (Bratwürstel). Für guten Umsatz sorgen Heerscharen schick gekleideter Powerwalker, die zu den Tagesrandzeiten Sv. Jošt stürmen. Rekordhalter ist Janez P., der den Hügel laut Mitteilungsblatt des Alpenvereines bis Ende 2002 5.473 Mal bestiegen hat.

STRAŽIŠČE

Mit modernen Industrieanlagen, Wohnblöcken und einer rapide wachsenden Anzahl von Einfamilienhäusern wuchert der Ort vor sich hin. Eine 2001 gegründete Bürgerinitiative kämpft ohne sichtbaren Erfolg gegen die vollständige Verbauung der Ebene zwischen Zgornje Bitne und der Save durch die ISKRA- und SAVA-Werke. Nur im Nordwesten, am Fuße der Šmarjetna gora zeigt sich Stražišče noch von seiner ländlichen Seite. Hier steht auch Šempetrski grad, einst Schrottenburg genannt, ein reichlich vergammelter Bau aus dem 16. Jahrhundert, der mit der benachbarten Burgkapelle den Denkmalschützern einiges Kopfzerbrechen bereitet. Eine Gedenktafel erinnert an Jože Šiška und seine drei Söhne, die hier einen Anschlag gegen die deutschen Besatzer verübten und 1942 als Geiseln erschossen wurden.

Das Siebmacher-Haus in der Nähe der Burg stammt ebenfalls aus dem 16. Jahrhundert, als Stražišče ein bedeutendes Zentrum des Siebmachergewerbes war. Die hier erzeugten Siebe sollen bis nach Italien, Holland, Belgien, Frankreich, Ungarn und Griechenland geliefert worden sein.

KRANJ

Als Hitlerdeutschland Jugoslawien überfiel und »Oberkrain« dem Gau Kärnten angeschlossen wurde, rechtfertigte man dies unter anderem damit, dass es sich bei den Gebieten südlich der Karawanken um »uralten deutschen Boden mit reichen Spuren deutschen Blutes« handelte. Da es sich aber schwer verheimlichen ließ, dass hier vor allem Slowenen lebten, wurden diese von Kärntner Volkskundlern auf eine etwaige rassische Verwandtschaft untersucht. Das las sich dann in einem 1942 in Kranj erschienenen Büchlein so: »Was die Kopfmaße anbelangt, so besitzen die Slowenen des Savelandes den Längen-Breiten-Index von 84,3, sind also ausgesprochen kurzköpfig und dies zugleich mehr als die Kärntner, unter denen es durchaus mehr Langköpfe und weniger Übergangsformen gibt als südlich der Karawanken. Hierin unterscheiden sie sich deutlich noch von den Slowenen in Kärnten, wo die dinarische Kurzkopfrasse durch Mischung mit den nordischen Langköpfen stärker überdeckt sein muß. Wieder aber heben sie sich merklich ab von den südlicher wohnenden Slawen, bei denen die Kurzköpfigkeit zunimmt. Die Kurzköpfe scheinen mit dem braunen Typus zusammenzufallen, die Langköpfe mit dem lichten. Während sich die schmal- und breitgesichtigen Kurzköpfe mit unseren Kurzköpfen decken, dürften die wenigen Kurzköpfe mit ausgesprochen mongoloider Gesichtsbildung zum Teil auf awarischen Einschlag hinweisen, die Langköpfe jedoch germanisch-nordischer Herkunft sein.«[3]

Krausen Abstammungstheorien kann man in Kranj auch heute noch begegnen, allerdings mit umgekehrten Vorzeichen und ohne menschenverachtende Ideologie im Hintergrund. Ein rothaariger Wirt erzählt, dass die Slowenen wahrscheinlich mit den Schotten verwandt seien, zumindest würden beide Völker von den Kelten abstammen. »Zum Beweis« spielt er Aufnahmen alter slowenische Volkslieder vor, die tatsächlich an schottische Weisen erinnern. Auch seinen Familiennamen dekliniert er mühelos vom Slowenischen ins Althochdeutsche und weiter ins Schottische. Andererseits, räumt er ein, sei auch

Kranj

die Theorie, wonach die Slowenen von den Venetern abstammten, nicht von der Hand zu weisen. Man könnte sich dann eventuell als »Alpen-Venezianer« fühlen und so dem Anspruch Sloweniens auf freien Zugang zum Mittelmeer Nachdruck verleihen. Sicher sei jedenfalls, dass die Slowenen *keine* slawischen Wurzeln hätten.

»Geschlechtskranke«, wie man obsessive Ahnenforscher im Kärntner Landesarchiv tituliert, werden in »Krainburg« jede Menge Spuren vergangenen »Deutschtums« finden. 1910 wurden in Gorenjska noch 27.000 Personen mit deutscher Umgangssprache gezählt, das waren 5,3 % der Gesamtbevölkerung. Ein Großteil davon lebte in den Städten (oder in Sprachinseln) und gehörte der Oberschicht oder Beamtenschaft an. So gab es auch in Kranj ein deutsches Gymnasium (das mangels Alternative auch von slowenischsprachigen Schülern besucht wurde) und eine Reihe deutsch(national)er Schul- und Kulturvereine. Viele Unternehmen befanden sich »in deutscher Hand«. Nach der Gründung des SHS-Staates nahm die Zahl der Deutschsprachigen rasch ab. Viele wanderten aus – teils freiwillig, teils aus wirtschaftlicher Not oder weil sie aus dem Staatsdienst entlassen worden waren. Den Verbliebenen aber blies, sofern sie sich nicht assimilierten, nationaler Gegenwind ins Gesicht: Der deutschsprachige Schulunterricht wurde zunehmend behindert und schließlich unterbunden. Deutsche Vereine wurden aufgelöst und teilweise enteignet. Deutschsprachige Aufschriften und Denkmäler verschwanden; 1929 wurden auch die deutschen Ortsnamen verboten. Viele dieser Einschränkungen gingen – das wird in Österreich gerne vergessen – mit reziproken Maßnahmen der Kärntner Landesregierung gegen die Kärntner Slowenen einher. Dass die politisch-kulturelle Elite der deutschsprachigen Minderheit immer stärker dem Nationalsozialismus zuneigte (teils aus deutschnationaler »Tradition«, teils als Reaktion auf die staatlichen Repressionen), heizte den Konflikt weiter an. »Heil Hitler« wurde zum allgemeinen Gruß der Deutschen in Slowenien; Hakenkreuzschmierereien häuften sich. So wurde auch der Einmarsch der Wehrmacht 1941 von der großen Mehrheit der Sloweniendeutschen als Befreiung empfunden, und viele von ihnen stellten sich bereitwillig in den Dienst des Naziregimes.

Kranj: Mestni trg

Als sich die militärische Niederlage des Dritten Reiches abzuzeichnen begann, flüchteten etwa 16.000 slowenische Deutsche außer Landes. Nach dem Krieg sank ihre Zahl auf rund 2.400 Personen. Es war dies die Folge von Enteignungen und Vertreibungen auf Basis der sogenannten AVNOJ-Beschlüsse, die Personen deutscher Nationalität (sofern sie nicht auf Seite der OF gekämpft hatten) weitgehend ihrer Bürgerrechte beraubten.[4]

Während man von einer deutschsprachigen Minderheit in Kranj heute wohl nicht mehr sprechen kann (ein Großteil der 1997 mit genau 1.813 bezifferten »Altösterreicher« lebt in der Štajerska), hat die Stadt einen zwar nicht gezählten, aber doch merkbaren Anteil an nicht-slowenischen Bürgern. Es handelt sich dabei, von Ausländern abgesehen, um Menschen aus dem ehemaligen Jugoslawien, die – im Gegensatz zu den Italienern, Ungarn und Roma in Slowenien – nicht als ethnische Minderheit anerkannt sind. Einige dieser Serben, Bosnier und Mazedonier zählten zu den *izbrisani,* den »Ausgelöschten«, das sind jene geschätzte 18.000 Einwohner Sloweniens, die es nach der Unabhängigkeit verabsäumten, die slowenische Staatsbürgerschaft zu beantragen und deren Daten aus dem Bevölkerungsregister getilgt wurden. Bis 2004 besaßen sie weder Staatsbürgerschaft noch Arbeitsgenehmigung. Die Kirche des Heiligen Sebastian, Fabian und Rocchus am Pungert, dem südlichsten Zipfel der Altstadt, ist Treffpunkt der serbisch-orthodoxen Christen. Sie wurde dem Popen vom katholischen Pfarrer zur Verfügung gestellt, wofür dieser herbe Kritik seiner rechtgläubigen Gemeinde einstecken muss.

Kranj: Plečnik-Treppe und Rosenkranzkirche

Über längere geschichtliche Zeiträume betrachtet, war Kranj seit jeher eine »multikulturelle« Stadt. Ob Kelten, Römer, Alemannen, Ost- und Westgoten, Langobarden,

In Kranj

Franken, Bajuwaren oder Slawen, alle besiedelten oder besetzten sie irgendwann den Ort und hinterließen ihre Spuren. Verschiedene alte Namen, wie Carnium, Creina oder Chreinburg, erinnern an solche Zeiten; archäologische Funde aus der Jungstein- und Eisenzeit verweisen auf noch viel frühere Epochen der Besiedelung, als nationale Differenzen noch keine Rolle spielten. Einige Zeugnisse der »Ureinwohner« Kranjs sind im ersten Stock des *Gorenjski muzej* im Rathaus ausgestellt. Was anderswo zumeist eine langweile Anhäufung von Knochen, Scherben, Pfeilspitzen etc. ist, gerät hier dank sorgfältiger Ausstellungsarchitektur und raffinierten akustischen Zuspielungen zum sinnlichen Erlebnis. Besonders einprägsam ist das rekonstruierte Grab eines Säuglings. Die Gestaltung der Ausstellung geht auf das Konto der Künstlerin Verena Perko, die dafür einen Museumspreis erhielt.

Unfreiwillig komisch ist hingegen das Sterbebett des slowenischen Nationaldichters France Prešeren (1800–1849), das man einige Häuser weiter in der *Prešernova hiša* bewundern kann. Auch hier trachtet man, den Besucher mit Beschallung zu beeindrucken: Unter der Tuchent ertönen,

Kranj: Prešeren-Theater

vom Bewegungsmelder ausgelöst, Prešerens letzte, von schlimmem Husten und Röcheln begleitete Worte hervor. Ob er dabei auch an die Jahre dachte, die er als Rechtsanwalt in Klagenfurt verbrachte? Der hier, dass es Gott erbarm', seine letzte Stunde wieder und wieder erleben muss, ist am Marktplatz vor dem Prešeren-Theater als eiserner Riese mit wallender Mähne und entschlossener Miene dargestellt. Wie er tatsächlich ausgesehen hat, weiß niemand, da es kein einziges zeitgenössisches Bild des Dichters gibt. Das erste Portrait entstand vier Jahre nach seinem Tod.

Ein anderer nationaler Säulenheiliger, und zwar im engeren Sinne des Wortes, hat Kranj ebenfalls seinen Stempel aufgedrückt: Jože Plečnik. Der 1872 in Ljubljana geborene Otto-Wagner-Schüler verzierte nicht nur das Prešeren-Theater mit etwas zu groß geratenen Arkaden, sondern bescherte der Stadt 1959 auch einen kulissenhaften Stadteingang, indem er die ehemals protestantische Rosenkranzkirche mit einem »falschen« Säulengang aufzuwerten trachtete.

Von solchen Schönheitsfehlern abgesehen, bietet die Altstadt von Kranj ein ansprechendes Bild. Sie wurde 1983 zum Kulturdenkmal erklärt und hat sich im Kern ihre mittelalterlichen Züge bewahrt. 1060 erstmals erwähnt, diente der Ort erst den Bischöfen von Brixen als Festung, dann den Markgrafen von Krain als Amtssitz. Im 13. Jahrhundert zur Stadt erhoben, kam sie 1335 in den Besitz der Habsburger, die sie im Lauf der Zeit an verschiedene Feudalherren, u. a. den Grafen von Celje, verpfändeten.

Kranj: Mestni trg

Wegen der günstigen Verkehrslage entwickelte sich Kranj bald zum wichtigen Handelszentrum. Regelmäßige Wochenmärkte und große Messen zogen immer mehr Kaufleute und Handwerker u. a. aus Kärnten, aber auch aus anderen Städten Mitteleuropas an. Sie errichteten ihre Bürgerhäuser entlang der städtischen Hauptachse, die heute von der Cankarjeva ulica, dem Glavni trg (Hauptplatz) und der Prešernova gebildet wird. Zwei Parallelstraßen entstanden aus den Wirtschaftswegen entlang der Hinterhöfe. Mit mehreren Seitengassen und Durchgängen ergab dies den Grundriss der Bebauung, wie er noch heute besteht. Aufgrund ihrer wirtschaftlichen Macht erstritten die Bürger im 14. Jahrhundert mehr Rechte, die in einer von der Gemeindeversammlung und den Räten repräsentierten Stadtautonomie gipfelten. In diese Zeit wachsenden städtischen Selbstbewusstseins fällt auch die Errichtung der Pfarrkirche St. Kanzian mit dem alles überragenden Glockenturm. Das mächtige Hallenschiff, dessen Gewölbe von vier achteckigen Pilastern getragen wird, entstand nach süddeutschen Vorbildern und sollte in der Folge mehrere Kirchenbauten in

Slowenien beeinflussen. Der bedeutendste Kulturschatz der Kirche ist der bemalte Flügelaltar aus dem Jahr 1510, der sich jedoch in der Österreichischen Galerie in Wien befindet. Die restliche Inneneinrichtung stammt hauptsächlich aus dem 19. oder 20. Jahrhundert und hält nicht, was das gotische Hauptportal verspricht.

Im 16. Jahrhundert erlebte Kranj eine Zeit wirtschaftlicher Blüte, und die Bürgerhäuser begannen ihre heutige Gestalt anzunehmen. Sie wurden aufgestockt und wendeten nun ihre Giebel der Straße zu. Durchgänge wurden überbaut, Arkadenhöfe entstanden, Eingänge und Fenster erhielten Steinmetzverzierungen, Fassaden entsprechenden Freskenschmuck. Ein Teil des Rathauses (das man auch wegen seines Renaissancesaales mit der prächtigen Holzdecke besichtigen sollte) stammt aus dieser Zeit, ebenso das gegenüberliegende Pavšlar-Haus mit seinem schönen Innenhof. Einen Blick wert ist auch das spätgotische Petrček-Haus (Nr. 5), das einst den deutschen Lese- und Freizeitverein »Kasino« und ab 1863 den slowenischen Nationalen Leseverein beherbergte.

In Kranj

Im Westen der Altstadt blickt das Schloss Khislstein auf die Save hinunter, von dort, wo schon in der Antike Befestigungsanlagen standen und sich wahrscheinlich auch eine frühmittelalterliche Burg befunden hatte. Valvasor, der einst das Schloss besuchte, schrieb 1689: »Es hat in diesem Schloß eine gute Cistern oder Brunnen, welche allein dasselbe mit

Kranj: An der Save

Wasser versorgen muß, weil sonst weder im Schloß noch in der Stadt einiger Brunn mehr zu finden. Hingegen muß die Stadt das Wasser aus der Kancker [Kokra] oder aus der Sau [Save] schöpffen und von dannen eine ziemliche Höhe hinauf tragen, worüber, wie leicht zu erachten, bey warmer Zeit manchen Wasserträgern alsdann auch die Backen mit saurem Schweiß bewässert werden müssen. Daher pflegt man zu sagen, in der Stadt Crainburg sey mehr Wein als Wasser.«

Mitte des 16. Jahrhunderts wurde Kranj von der Reformationsbewegung erfasst, und die Mehrzahl der Bürger schloss sich dem Protestantismus an. Ein denkwürdiges Ereignis war der Besuch des großen slowenischen Reformators Primož Trubar nach seiner Rückkehr aus dem deutschen Exil im Jahr 1561. Erzherzog Ferdinand machte aber der Abtrünnigkeit ein Ende, indem er 1598 den protestantischen Gottesdienst verbot. Ein Jahr später veranstaltete Bischof Tomaž Hren auf dem Hauptplatz Kranjs eine spektakuläre Bücherverbrennung.

Es folgten zwei Jahrhunderte wirtschaftlichen Niedergangs, begleitet von mehreren Feuersbrünsten und Epidemien. Kranj ging eines Großteils seiner Wehranlagen ver-

Kranj: An der Kokra

lustig und begann sich gegen Norden hin auszudehnen. Einschneidend waren die Jahre der französischen Besatzung 1809–1813, in denen sich die Stadt als Gemeinde konstituierte (und sich dabei die umliegenden Dörfer einverleibte) und vorübergehend ein slowenisches Gymnasium erhielt. Wo sich einst das obere Stadttor und das Bürgerspital befunden hatten, entstand ein neuer Platz, heute der Maistrov trg, benannt nach General Rudolf Maister, dem »Kämpfer für die slowenische Nordgrenze« in den Jahren 1918 und 1919.

1846 zog France Prešeren nach Kranj, um eine Anwaltskanzlei zu eröffnen. 14 Jahre war ihm in Ljubljana die Zulassung verweigert worden, also musste er sich mit einem Standort in der Provinz zufrieden geben. Dem Alkohol vielleicht auch aus diesem Grund über die Maßen zugeneigt, mischte er im Revolutionsjahr 1848 zwar noch in der städtischen Volkswehr mit, segnete aber bereits ein Jahr später infolge einer Leberzirrhose das Zeitliche. Sein Ehrengrab kann im Prešernov gaj besichtigt werden. Dort finden sich auch das Grabmal des Dichters Simon Jenko, der seine Übersiedelung nach Kranj im Jahr 1869 gar nur ein Jahr überlebte, sowie der Grabstein von Ernestine Jelovšek, der Tochter France Prešerens, mit den schönen Versen ihres Vaters: »Freund Tod, jetzt säume nicht zu sehr! / Sei Straße, Schlüssel, Glückes Tür / von dieser Schmerzenstatt uns führ' / dorthin, wo die Verwesung alle Ketten sprengt.« Tavčarjeva und Bleiweisova ulica erinnern an zwei weitere Leitfiguren der »slowenischen Erweckungsbewegung« in Kranj, den Schriftsteller Ivan Tavčar sowie Janez Bleiweis. Letzterer gab die Zeitung »Kmetijske in rokodelske novice« heraus, deren identitätsstiftender Verdienst es unter anderem war, das slowenische Wort *straniš-če* für Klosett einzuführen, wofür bis 1844 nur ein deutscher Begriff (»Abtritt«) bzw. Fremdwörter (»Privet« und »Sekret«) in Gebrauch waren.

Kranj: Hochgarage

Die Wandlung von der Kleinstadt zu einem der bedeutendsten Industriestandorte Sloweniens vollzog Kranj erst nach dem 1. Weltkrieg. In weniger als zehn Jahren siedelten sich am Ufer der Save mehrere Textilfabriken, ein Gummierzeuger (Semperit) sowie Schuh- und Lederbetriebe an; die nötige Energie lieferte Vinko Majdič, der seine unrentabel gewordene Mühle in ein Elektrizitätswerk umgebaut hatte. Mit den Betrieben wuchs auch die Arbeiterschaft, die sich bald zu organisieren begann und mit häufigen Streiks von sich reden machte. Geschichte schrieb der Textilstreik des Jahres 1936, dem sich Textilarbeiter in ganz Slowenien anschlossen. Keimzelle des proletarischen Klassenbewusstseins war der legendäre Arbeiterkulturverein

»Svoboda« (Freiheit). 1941 wurde Kranj erst von Mussolinis Truppen, dann von der Deutschen Wehrmacht besetzt. Die Nazis stellten einen Großteil der Betriebe auf Kriegsproduktion um, indem sie etwa die Textilfabrik Jugočeška in das Luftfahrgerätewerk Krainburg (LGW) umwandelten. Größter Erfolg des antifaschistischen Widerstandes war ein Bombenanschlag auf das NS-Parteiheim, jenes Gebäude, in dem heute das Prešeren-Theater untergebracht ist. Nach der Befreiung verlagerte sich der Schwerpunkt der Produktion auf die Elektro- und Gummi-Industrie; der ISKRA-Konzern (hervorgegangen aus dem LGW) und die Reifenfabrik SAVA wurden zu Leitbetrieben des sozialistischen Sloweniens.

Kranj: Globus-Kaufhaus

Wer auf dem Fußmarsch von Klagenfurt nach Ljubljana einen Pausentag einlegen möchte, ist gut beraten, dies in Kranj zu tun. Erstens lassen sich die Sehenswürdigkeiten in der Altstadt kaum in wenigen Stunden bewältigen, zweitens will auch die nähere Umgebung erkundet werden. Dazu gehören etwa das »realsozialistische« Globus-Kaufhaus an der Koroška cesta (dessen Rückseite von begnadeter Hässlichkeit ist) oder die martialischen Plastiken des Bildhauers Lojze Dolinar auf dem bis 1992 Trg revolucije genannten Slovenski trg. Keinesfalls sollte man es verabsäumen, vom Zentrum über den Kokrški breg in die Kokra-Schlucht hinabzusteigen, mit der Kranj ein spektakuläres Kulturdenkmal unmittelbar vor seiner Haustür besitzt. Nur wenige Schritte, und man findet sich zwischen

Kranj: Hotel »Creina«

überhängenden Felswänden wieder, wo das Rauschen des Wassers jeden Verkehrslärm übertönt. Reizvoll ist auch ein Spaziergang am Treppelweg entlang der Save-Insel mit der riesigen Wehranlage und dem alternativen Kulturzentrum am oberen Ende sowie dem alten E-Werk an ihrem unteren Abschnitt. Und schließlich erweist sich Kranj spätestens in den Abendstunden als atmosphärisch besonders angenehme Stadt. Dazu trägt nicht zuletzt die überraschend lebendige Lokalszene bei, die sie als »halbe Universitätsstadt« (die Universität Maribor unterhält hier eine Expositur) und Schulzentrum hervorgebracht hat. Junge Leute kommen am Maistrov trg oder in der Tavčarjeva auf ihre Rechnung; ältere Semester betrinken sich am Glavni trg.

EINKEHR: Mit dem Hotel Creina hat der Architekt Edvard Ravnikar der Stadt 1970 einen Bau von beachtlicher Modernität beschert. Ein beinahe dekonstruktivistisch anmutendes Betonskelett bildet das Grundgerüst, dessen Zwischenräume mit reißverschlussartig gemauerten Ziegelwänden ausgefüllt sind. Besonders »spannend«: die skulpturalen Auswüchse an der Südseite. Leider lässt der Zustand der Einrichtung und die Qualität des Frühstücksbuffets etwas zu wünschen übrig. Trotzdem mit Abstand die beste Adresse in Kranj. Hotel Creina,

Koroška cesta 5, +386/4/2024550, www.hotel-creina.si.
Gostilna stari Mayr, Glavni trg 16. Traditionsreiches Gasthaus, dessen Küche keine bleibenden Erinnerungen hinterlässt.
Kavarna Europa, Poštna ulica 3. Sympathisches Café mit ansprechender Speisekarte.
Mona Lisa, Jake Platiše 17. Das angeblich beste Restaurant Kranjs ist gut 20 Gehminuten von der Altstadt entfernt. Das Essen ist passabel, vollkommen geschmacklos hingegen die Einrichtung.

---

1 Vgl. Pomniki nob na Škofjeloškem. Ljubljana 1986.

2 Tamara Griesser-Pečar: Das zerrissene Volk. Slowenien 1941–1946. Okkupation, Kollaboration, Bürgerkrieg, Revolution. Wien 2003.

3 Dr. V. Paschinger, Dr. M. Wutte, Dr. G. Graber: Oberkrain. Krainburg 1942.

4 Vgl. dazu: Reinhard Reimann: »Für echte Deutsche gibt es bei uns genügend Rechte«. Die Slowenen und ihre deutsche Minderheit 1918–1941. In: Harald Heppner (Hg.): Slowenen und Deutsche im gemeinsamen Raum, München 2002; sowie: Mirko Messner: Zur Geschichte der AVNOJ-Beschlüsse, Mitteilungen der Alfred Klahr Gesellschaft, Nr. 1, Wien 2002.

Denkmal in Dražgoše

DIE SCHÖNHEIT DER PARTISANEN

Der Weg von Klagenfurt nach Ljubljana durchquert eine Landschaft, in der gekämpft, gefoltert und gemordet worden ist. Davon sind nur noch wenige Spuren zu sehen: In den Ferlacher Stahlwerken, an deren Ruinen und Resten man vorbeiwandert, arbeitete eine antifaschistische Zelle. Von den Außenlagern des Konzentrationslagers Mauthausen am Loiblpass sind gepflegte Fundamente übrig. Am Ende einer Schlucht steht ein Totenhain. In einem Gang im psychiatrischen Heim von Begunje, der heute als Museum dient, hängen Plakate der deutschen Besatzer, auf denen ermordete Geiseln und hingerichtete Partisanen namentlich aufgelistet sind. Eine Gedenkstätte erinnert an sie. Der Ort Jamnik, den die deutschen Besatzer niederbrannten, ist schon lange wieder aufgebaut.

Die Spuren erzählen wenig: Nichts erinnert an den Widerstand der Ferlacher Arbeiter. Kaum jemand, der im Lager Loibl-Süd eine als »Sportplatz« ausgewiesene Fläche betritt, wird von den grausamen Spielen wissen, mit denen die Erbauer des Loibl-Tunnels hier ihre Bewacher erheitern mussten. Der benachbarte Gastwirt hat keine Scheu, seinen mit stationären Sportgeräten bestückten Garten »Adrenalinskipark« zu nennen. Im Park des psychiatrischen Heims von Begunje sitzen heute Pfleglinge in der Sonne. Jamnik scheint idyllisch. Keinem Haus, an dem man vorbeigeht, ist der namenlose Schrecken anzumerken, der seine Bewohner erfasst haben muss, wenn Militär und Gestapo eindrangen, um sie zu deportieren.

Es gibt also fast nichts zu sehen. Wer mehr wissen will, muss kleine Zeichen lesen. Das ist in vielerlei Hinsicht schwierig. Zu allererst ist der Blick durch große Zeichen verstellt: In Kärnten wollen Denkmäler an den sogenannten Kärntner Abwehrkampf nach dem Ende des 1. Weltkriegs erinnern und beziehen implizit mehr als ein Jahrhundert mit ein, in dem man immerzu zu kämpfen meinte. Der Begriff Freiheit (»Kärnten frei und ungeteilt«), der dabei in Anspruch genommen wird, verbirgt den erst nationalen, dann nationalsozialistischen und dann wieder diffus nationalen Hintergrund. Weil es meist gegen Andere und kaum für etwas Bestimmtes ging, sind die Formen abstrakt und inhaltsleer: Gedenktafeln oder allenfalls Kreuze. Die Partisanendenkmäler, denen man in Slowenien begegnet, sprechen eine konkretere Sprache: Oft sind bronzene Gruppen von bewaffneten Männern und Frauen aneinandergeschart. Die Zukunft, in die sie grimmig blicken, soll eine sozialistische sein.

Die großen Zeichen sind Mittel eines Kampfes, den der Essayist Dan Diner den »Krieg der Erinnerungen« genannt hat: Nationen und Regionen, Parteien und Personen versuchen die Vergangenheit jeweils in ihrem Sinne zu definieren, um die eigene Identität zu sichern. Die Aussagen, die mit den Denkmälern dargestellt werden, verweisen daher nicht auf eine Geschichte, wie sie so und nicht anders gewesen ist, sondern ordnen Ereignisse auf der Folie einer Kontinuität, die dann Geschichte heißt und den Ereignissen erst ihre Bedeutung zuweist. Das gilt in Kärnten und in Slowenien.

Von Kärnten aus gesehen erscheint diese Kontinuität nach wie vor als nationale Differenz. Während noch mancher Habsburger des 18. Jahrhunderts keinen der deutschen Dialekte sprach, in denen sich zum Beispiel der russische Provinzadel verständigte, wurde im 19. Jahrhundert hier wie anderswo mit dem Aufbau einer Nation begonnen. Aber das Rohmaterial einer solchen Konstruktion ist sperrig: Zu unterschiedlich sind die Dialekte und Bräuche, zu widersprüchlich die sozialen Milieus, zu vielfältig die Geschichten. Die Frage, was denn nun wirklich das Deutsche wäre, das durch diese Unterschiede hindurch allen Deutschen zukäme, ist kaum zu beantworten. So entsteht die Nation einerseits über die Hochsprache, andererseits aber durch die reine Differenzierung selbst: Deutsch ist hier vor allem, wer nicht

In Kropa

Slowenisch ist. Der Halbsatz aus der Kärntner Landeshymne »Wo man mit Blut die Grenze schrieb« weist darauf hin, dass sich diese Differenzierung erst im Kampf bestätigt. Weil aber Menschen vergesslich und Konstruktionen brüchig sind, muss die Bestätigung immer wieder erneuert werden.

In Kärnten war die Möglichkeit dazu schon lange im Inneren präsent. Zur Zeit der Völkerwanderung hatten Slawen und Bajuwaren den Landstrich besiedelt und sich untereinander und mit den bereits Anwesenden vermischt. Als die Agenten der Nationalisierung später das Vermischte wieder trennen wollten, entstanden aufs Neue komplizierte Verhältnisse. Wer konservativ dachte, war auch als Deutschsprechender eher auf der Seite des Habsburgerreichs, gegen das die Deutschnationalen wie die Slowenischnationalen in einem durchaus fortschrittlichen Sinne agitierten. Nach dem Zusammenbruch des Vielvölkerstaates wurde Südkärnten von Truppen des Königreichs der Serben, Kroaten und Slowenen besetzt. Gegen sie hatten die sogenannten Abwehrkämpfer vorübergehende Erfolge. Die Pariser Friedenskonferenz ordnete in Teilen Südkärntens eine Volksabstimmung an, bei der sich 1920 eine Mehrheit für die Zugehörigkeit zur damaligen Republik Österreich entschied. Dass auch eine nicht unbeträchtliche Anzahl von Slowenischsprechenden für Österreich optiert hatte, wurde schlecht bedankt. Sie sahen sich bald in Jugoslawienfreunde und Deutschfreunde, in »Slowenen« und sogenannte »Windische« dividiert, Mischfiguren zwischen sprachlichem Eigensinn und Anpassung, denen man sogar germanische Wurzeln andichtete. Die Nationalsozialisten wollten das Projekt endgültig vollenden, Kärnten von den Slowenischsprechenden zu reinigen: Viele wurden ausgesiedelt und ihre Höfe an deutschsprechende Menschen übergeben. Hauptsächlich slowenischsprechende Deserteure der deutschen Wehrmacht, dann Töchter und Söhne von Ausgesiedelten, schließlich deutschsprechende Sozialdemokraten und Kommunisten gliederten sich in die Osvobodilna Fronta, die slowenische Befreiungsfront, ein und formierten die Kärntner Partisanenbewegung. Aber auch Christen gründeten geheime Netzwerke des Widerstands. Am Ende des Krieges war aus den Partisanen die reguläre jugoslawische Armee geworden, die kurzfristig mit den britischen Alliierten Kärnten besetzte. Von den dabei verhafteten ehemaligen Funktionären und Sympathisanten der Nationalsozialisten kehrten etwa hundert nicht mehr zurück, woran man sich noch heute unter dem Titel »Verschleppung« erinnert.

Von Slowenien her trifft der Blick zurück auf ebenso komplexe Umstände. Dass ein slowenischer Autor noch 1909 von »der slowenischen Gesinnungslosigkeit und Lauheit« schreiben muss, belegt die Mühsal der Nationalisierungsarbeit auch auf der anderen Seite. Wer Slowenisch sein wollte, musste sich nicht nur von den Deutschen, sondern auch von den Mitslawen unterscheiden können. Das 1918 gegründete Königreich der Serben, Kroaten und Slowenen drückt schon in seinem Namen nationale Differenzen aus, die sich sogar noch zuspitzten, als es 1929 in Königreich Jugoslawien umgetauft worden war. Die Versuche, den Staat serbisch zu dominieren, führten zu gewalttätigen Auseinandersetzungen und ab 1929 zu einer Diktatur, die noch bis 1941 dem Deutschen Reich nicht feindlich gegenüberstand. Auf massiven Druck verbündete sich Jugoslawien sogar mit Deutschland. Ein sofort darauf folgender Putsch machte den Vertrag wieder nichtig.

Als die deutsche Luftwaffe am 6. April 1941 Beograd bombardiert hatte und die Wehrmacht in Jugoslawien einmarschierte, fiel der Staat und liefen seine Funktionäre auseinander: Der Kommandant einer jugoslawischen Gebirgsdivision zum Beispiel schloss sich einer kroatischen Militärrevolte an und wurde schließlich erschossen, sein Stellvertreter ging zu den Partisanen, der Stabschef zu den Königstreuen. Die Bewohner von Ljubljana blickten am 11. April 1941 entsetzt, aber auch verwundert aus ihren Häusern, als statt der erwarteten deutschen Wehrmacht italienische Truppen in ihre Stadt einmarschierten. In ganz Slowenien stand eine Vielheit von Kräften den Besatzern gegenüber: bürgerliche Organisationen wie zum Beispiel der Nationalrat und dann der Slowenische Bund, durchaus heterogene linke Organisationen und ihr schließlich kommunistisch dominierter Dachverband, die Befreiungsfront. Die Angehörigen der »Jugoslawischen Armee in der Heimat«, die so genannten Tschetniks, kämpften gegen die Besatzung und dann auch gegen die Befreiungsfront, kollaborierende Polizeieinheiten folterten Kommunisten, und die Mitglieder der slowenischen Heimwehr, die so genannten *domobranci*, leisteten den Eid, wörtlich »unter dem Befehl

Bei Topol

Denkmal in Dražgoše

des Führers« und »mit den SS-Truppen und der Polizei« ihre Pflicht zu erfüllen. Schließlich gewann die Partisanenarmee die Oberhand. Von einem Lager in Viktring, dem Ausgangspunkt der Wanderung, wurden nach Kriegsende geflüchtete Mitglieder der *domobranci* nach Jugoslawien zurückgebracht und dort zum Großteil getötet. Der Krieg 1991, der Jugoslawien auseinander und Abertausende seiner Bewohner in den Tod riss, aber Slowenien die staatliche Souveränität brachte, war hier ein kurzer Kampf. Unterstützt von großen Teilen der Bevölkerung erwehrte sich die slowenische Territorialverteidigung der jugoslawischen Bundesarmee, in der auch Slowenen dienten. Der Kampf war auf beiden Seiten merkwürdig gehemmt: Die Bundesarmee schoss noch nicht ausschließlich im Namen des serbischen Nationalismus, und die slowenische Politik nahm pragmatisch die künftigen Nachbarschaften vorweg.

Wie der Blick von Kärnten aus den Widerstand gegen den Nationalsozialismus gerade dadurch zu diskreditieren meint, dass er ihn auf »die Partisanen« und diese wieder auf den »Titokommunismus« reduziert, hat die ganz anders motivierte, aber im Prinzip analoge Reduktion in Slowenien den Blick auf die Vielfalt der Vorgänge lange Zeit verstellt. Die Kraft der großen Zeichen, die alle historischen Ereignisse immer schon geordnet haben, scheint sich heute aber zu erschöpfen. In Kärnten geschieht dies eher unbewusst oder unfreiwillig: Jörg Haider kombiniert einen schottischen Kilt mit dem Oberteil eines sogenannten Kärntneranzuges, und das ist selbst den Hütern der reinen Trachtenlehre nicht negativ aufgefallen. Heimat ist endgültig zum »Kärntner Hamatle« geworden, das ist der Name eines uralten Gasthauses in Klagenfurt, das illegal abgerissen und als seine eigene Kopie aus Beton wieder aufgebaut worden ist, weil die Renovierung des Originals zu teuer gekommen wäre. In Slowenien wiederum erinnert man sich auffallend emotionslos an den Krieg von 1991: Es gibt keine großen Paraden und Umzüge. Es ist, als ob das slowenische Pensum an Heldentum schon in der Partisanenzeit abgearbeitet worden wäre.

Wer nicht mehr von den großen Zeichen aus, also von oben her, denken will und kann, muss in ein historisches Geschehen eintauchen. Was aber geschehen ist, sind viele Ereignisse, und es handelten viele »Figuren«, die in einer Vielheit von Relationen standen. Lipej Kolenik, dessen Buch »Für das Leben, gegen den Tod. Mein Weg in den Widerstand« Peter Handke gelobt hat, wird als armer Keuschlersohn in Kärnten geboren, desertiert aus der Wehrmacht und geht zu den Partisanen. Deutlicher als Karel Prušnik-Gašper, dessen Partisanenbuch »Gemsen auf der Lawine« ein eher heroisches Leben erzählt, sieht Kolenik das Heldentum und das Grauen. Als ein Partisan wegen eines Kameradendiebstahls zum Tode verurteilt wird, hört er ihn weinen und um Hilfe rufen. Nach dem Krieg sitzt Kolenik zwischen allen Stühlen: Als Leser der linken Zeitung »Slovenski vestnik« droht ihm die Kirche mit Exkommunizierung. Weil er nicht für Österreich gekämpft haben will, wird ihm eine Zeit lang die Invalidenrente verweigert. Nach dem Bruch zwischen Tito und Stalin nennen seine kommunistischen Freunde in Kärnten ihn einen Verräter. Ludmilla Misotič wohnt auf der anderen Seite der Karawanken. Sie ist eine Slowenin, die immer nur nach

Norden blickt. In ihrem Bericht »Die Grenzgängerin« sagt sie: »Ich wusste nur das eine: Hinter dem Berg wird deutsch gesprochen, und die deutsche Sprache bedeutete für mich, wie für viele arme, gewöhnliche Menschen, Österreich.« Von ihrer Sehnsucht wird sie während des 2. Weltkriegs nach Norden getrieben und kommt schließlich in ein sowjetisches Lager.

Beide, Kolenik und Misotič, waren einfache Menschen. Ihr Erleben dokumentiert gerade dadurch die Komplexität der Relationen, in der sich historische »Figuren« herausbilden. Ist damit aber alles relativ auch im politischen oder sogar ethischen Sinne? Wo gekämpft, gefoltert und gemordet worden ist, kann das niemand akzeptieren. Werden die Toten von Begunje durch die Opfer der Bomben auf Klagenfurt aufgewogen? Sind »Hakenkreuz und Titostern«, so der Titel einer Ausstellung, Symbole zwar sehr unterschiedlicher Bewegungen, die am Ende aber doch auf dasselbe Verhängnis hinauslaufen? »Die Wahrheit, die hinter den Geschichten aufleuchtet, ist vielschichtig, schillernd, aber nicht unbestimmt«, schreibt Paul Parin im Buch »Es ist Krieg und wir gehen hin. Bei den jugoslawischen Partisanen.« Was aber ist dieses Bestimmte einer historischen Wahrheit? Wie kann man es bedenken, ohne es zu neutralisieren und ohne Anknüpfung an den Nationalismus oder an das Motiv des Fortschritts in Richtung auf den realen Sozialismus?

Im seinem Buch, das vom freiwilligen Einsatz einiger junger Schweizer Ärzte im jugoslawischen Partisanenkrieg erzählt, schreibt Paul Parin einen bemerkenswerten Satz: »Es gibt eine besondere Art Schönheit der Freiheitskämpfer.« Die Schönheit von Kämpfern: Dabei denkt man sofort an die faschistische Ästhetik, an die Stahlgewitter, aus denen glattgestählte Menschen hervorgehen und sich den Maschinen angleichen, von denen Filippo Tommaso Marinetti in seinem »Manifest des Futurismus« verkündet hat, sie seien »schöner als die Nike von Samothrake«. Noch Arnold Schwarzenegger und Lara Croft entsprechen dieser Vorgabe. Paul Parin dagegen ist engagierter Linker. Die Partisanen kämpfen gegen den Faschismus, gegen die maschinenhaften Marschierer, und in diese Negation der Unterdrückung hinein scheint Paul Parin die Träume vom neuen Menschen projiziert zu haben. Aber Parins Satz zielt tiefer. Der Schönheit der Freiheitskämpfer entspricht seine eigene Zuneigung. Wie später der französische Literat Jean Genet in seiner Reportage aus den palästinensischen Flüchtlingslagern »Ein verliebter Gefangener. Palästinensische Erinnerungen« ist er tatsächlich verliebt, und wie viele Verliebte ergriffen durch das extreme Ineinander von Hilflosigkeit und Heldenmut, von Verletzlichkeit und Stolz, das sie an den geliebten Menschen zu erkennen meinen. Im Blick des Verliebten sind die Partisanen zu einem Volk des Krieges vereint. Die Schönheit, die Paul Parin meint, ist die Schönheit dieses Volkes: »Aus mageren Gesichtern blickten sie ernst, mit blitzenden Augen, die Uniformen und Waffen sauber, als ob sie frisch aus der Kaserne kämen und nicht aus vier Jahren tödlicher Kämpfe (...) im Wald.«

Bei Podblica

Aber auch die Bilder vom Aufbruch in den 1. Weltkrieg zeigen fast schöne Menschen in diesem Sinne: Mit Blumen im Gewehrlauf meinen sie, den proletarischen Existenzängsten oder bürgerlichen Bindungen zu entfliehen. Und noch der Offizier, der sich ein Picknick im Felde erwartet hat, schwärmt als Davongekommener stolz von Fronterlebnis und Kameradschaft. Der Ausnahmezustand schweißt die

In Polhov Gradec

Männer aneinander. Aber während die Soldaten von zu Hause, von Frauen und Kindern weggingen oder weggetrieben wurden, um die Heimat zu verteidigen, unterscheiden sich die Partisanen gerade dadurch von ihnen, dass sie zu Hause bleiben. Daher sind beim »heimischen Widerstand gegen Invasionsheere«, so die wörterbuchmäßige Definition des klassischen Partisanenkriegs, auch Frauen und Kinder dabei. Die Erde, die sie verteidigen, ist aber nicht immer die ihre. Der Partisan im spanischen Kampf gegen die Truppen Napoleons, nach Carl Schmitts »Theorie des Partisanen« überhaupt »der erste, der es wagte, irregulär gegen die ersten modernen regulären Armeen zu kämpfen«, kämpfte für den Feudalismus und den Katholizismus, von denen die Franzosen ihn irgendwie auch befreien wollten. Annähernd zur selben Zeit springen der Tiroler Andreas Hofer und seine Mannen für den Kaiser Franz ein, der sich zuerst über sie lustig macht und sie dann im Frieden von Schönbrunn verrät. Und es ist auch nicht sicher, ob alle Kärntner Abwehrkämpfer schon wussten, was einer ihrer Führer, Hans Steinacher, 1943 bekennen sollte, nämlich dass sie eigentlich für Großdeutschland kämpften. Den Versuchen, zu dieser Verwechslung nach wie vor zu stehen und sie zugleich zu verleugnen, haftet heute allerdings etwas Komisches an.

Die Generäle wussten dennoch von Anbeginn an um die Gefahr, die aus dem Partisanenkampf für sie und ihresgleichen erwächst. In seinem Klassiker »Vom Kriege«, 1832 erschienen, sieht General Carl von Clausewitz den Hauptvorteil eines Partisanenheeres darin, »wie ein nebel- und wolkenartiges Wesen, sich nirgends zu einem widerstehenden Körper« zusammenzufügen, zugleich aber auch immer wieder drohende Wolken bilden zu können, »aus denen einmal ein kräftiger Blitzstrahl herausfahren kann«. Auch die jugoslawischen Partisanen gingen an keine Fronten, sondern in den Wald. Um Nebel und Wolke sein zu können, ist ihre Disziplin informell. Sie sind immer in Bewegung, und das im eigenen Terrain. Ihre Erfahrung ist daher nicht die eines Ausnahmezustands unter Kameraden fern der Heimat, sondern die Ahnung der Freiheit mitten im Eigenen, der Freiheit als Erlebnis der Vielen, wovon schon Heinrich von Kleist geschwärmt hat. So ist es für Heerführer und Herrscher, die sich der Partisanen bedienen, eine essentielle Frage, wie sie das wolkenartige Wesen zusammenhalten und auf sich verpflichten können. Ein französischer Kollege von Clausewitz kennt ein Mittel: »un peu de fanatisme«, und schon wird der Feind gewahr, »daß ein Volk nicht besiegt werden kann, welches eins mit seinem Könige ist«, wie es in einem preußischen Text heißt.

Der Partisanenkrieg hat aber immer auch Tendenzen, sich dieser Vereinnahmung zu entziehen. Andreas Hofer kämpft weiter, nachdem der Kaiser ihn allein gelassen hat, und wird deshalb in Mantua von den Franzosen erschossen. Die jugoslawischen Partisanen scheinen im Wald auch Elemente einer gesellschaftlichen Utopie zu verwirklichen: Die prinzipielle Gleichheit von Frauen und Männern ist eine radikale Antithese zu den Verhältnissen vor allem im jugoslawischen Süden. Nationalistische Äußerungen sind streng verboten. Der später geschriebene Satz von Régis Debray »Die Volksarmee wird der Kern der Partei sein, nicht umgekehrt« umschreibt das Programm, den Wald der Partisanen in die Institutionen hinein zu retten. Dass Stalin die so genannten Spanienkämpfer, die nach der Niederlage der Republik gegen Franco in die Sowjetunion kamen, zu einem großen Teil liquidieren ließ, zeigt vielleicht, wie sehr gerade er eine Infektion mit der Walderfahrung fürchtete.

Gegen Ende des jugoslawischen Partisanenkrieges sieht Paul Parins Frau und Kampfgefährtin Goldy, wie ein Partisan von einem Genossen angebrüllt wird: An seiner zerrissenen Uniform, in der er gerade aus dem Wald gekommen ist, fehlt ein Knopf. Paul Parin resigniert: »Aus der Praxis der Kampfgemeinschaft ist der ‚Neue Mensch' nicht entstanden. Aber hatten wir nicht mit ihm gelebt? Jetzt hat er sich von innen aufgelöst. Die ihren Knopf innen haben, werden nie eine kommunistische Gesellschaft gründen.« Die Partisanen waren ja auch deshalb Partisanen, weil sie nicht immer Partisanen bleiben wollten. Im Übergang in die Normalität muss der Verliebte es zur Kenntnis nehmen: Es gibt kein Volk des Friedens. Und als der Wald sich lichtet, werden auch andere Leichen sichtbar, die in ihm vergraben sind: vermeintliche oder tatsächliche Kollaborateure, Klassenfeinde und Deserteure.

Die Kriege der Gegenwart erscheinen nur für die reichen Länder noch nicht als Weltbürgerkrieg. Sie werden in ihrer Mehrheit von Kämpfern geführt, die der Definition des Partisanen exakt entsprechen, wie sie General von Clausewitz formuliert hatte: Nebelartig sickern sie ein, und Blitze schlagen in die Twin-Towers oder aus den Vorortzügen in Madrid. Aber zugleich muss auf einem Unterschied beharrt werden. Im Elend von Afrika, in der absurden Bedrängnis des Gaza-Streifens, in den Ruinen Tschetscheniens sind kaum konkrete Utopien denkbar, einzig nur der Wunsch: Es soll anders werden. Er wird auf Erlösungsbilder projiziert und von politischen, religiösen und ökonomischen Profiteuren ausgebeutet. Die ungeheure Menge der jungen Männer, die sich durch die Straßen von Kairo oder Karatschi schiebt, hat wenig Perspektiven. Wo keine konkreten Utopien den konkreten und damit relativen Feind, eben den Feind in Relation auf

In Kranj

diese konkrete Utopie, identifizierbar machen, erscheint die Figur des absoluten Feindes. Über sie hat Carl Schmitt am Ende seines schon zitierten Buches geschrieben: »Die Vernichtung wird dann ganz abstrakt und ganz absolut. Sie richtet sich überhaupt nicht mehr gegen einen Feind, sondern dient nur noch einer angeblich objektiven Durchsetzung höchster Werte, für die bekanntlich kein Preis zu hoch ist.« Und für Carl Schmitt ist eben das der Unterschied: »Der Partisan hat (...) einen wirklichen, aber nicht einen absoluten Feind. Das folgt aus seinem politischen Charakter.«

Wie alle ähnlichen Denkmäler haben auch die Monumente des jugoslawischen Partisanenkriegs einen Diebstahl begangen. Den toten Kämpfern wurde der je eigene Tod entwendet und auf einen übergeordneten Sinn bezogen. Für die Überlebenden war genau das der Trost. In einer Zeit aber, in der die Tradition der Erinnerung an die jugoslawischen Partisanen gebrochen ist, erscheint die Nacktheit der Toten. Die Denkmäler werden zu Monumenten dieser Nacktheit. Sie stehen isoliert in der Landschaft und sind gerade dadurch auf das Äußerste präsent. Der Totenhain ist eine Versammlung von Steinen. Die Namen auf den Plakaten im Gang des

Museums von Begunje erscheinen wie Rufe ins Nichts. Im Friedhof von Zgornja Dobrava wachsen eiserne geknickte Ähren. Beim Philosophen Walter Benjamin heißt es: »... es ist ein unwiederbringliches Bild der Vergangenheit, das mit jeder Gegenwart zu verschwinden droht, die sich nicht als in ihm gemeint erkannte.« Die Wanderer sind aufgerufen, die Nacktheit mit der Kraft ihrer eigenen Gedanken und Gefühle zu bedecken.

Wilhelm Berger

Unter der Koschuta/Košuta (rechts)
Am Loibl/Ljubelj (unten)

Bienenstöcke im Draga-Tal (oben)
In Sv. Peter bei Begunje (rechts)

Bauernhöfe in Zabrekve (rechts)
Schmiedehaus in Kropa (unten)

STAURANT
JUBLJANSKA
CESTA
Cockta
Schweppes
Tonic Water

Am Sorško polje bei Kranj (rechts)
In Čirče (unten)

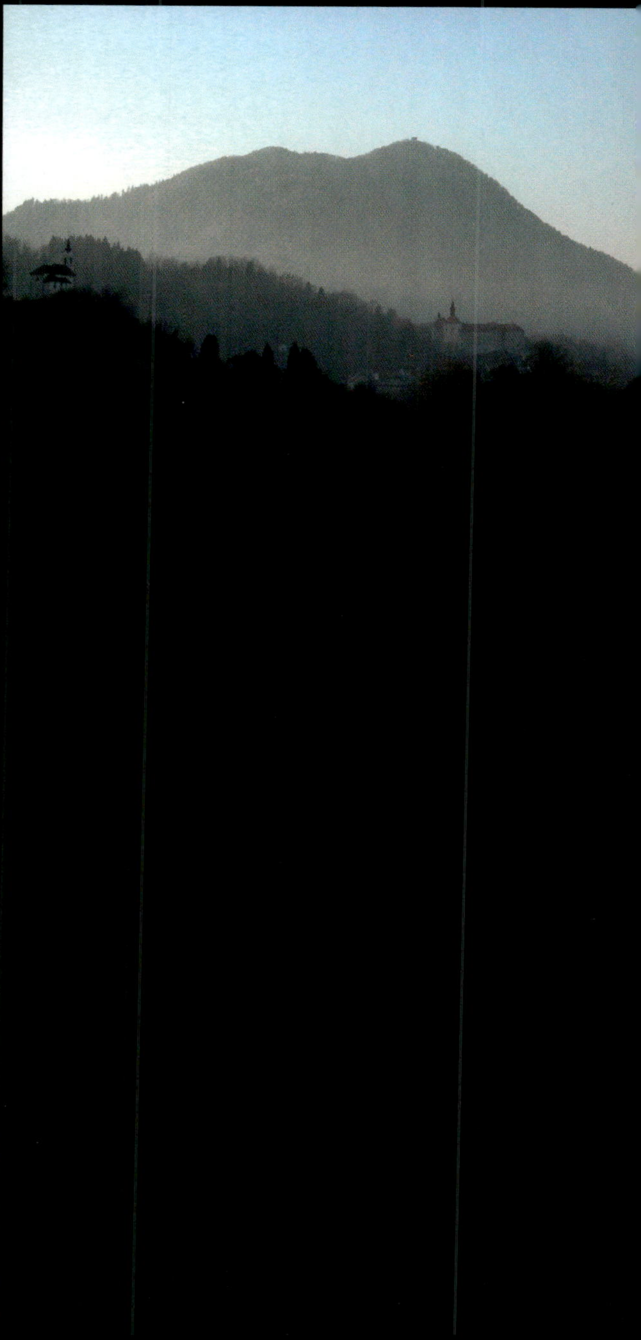

6. ETAPPE: INS FLACHE
Wanderung von Kranj nach Medvode

VORSCHAU

Ein fruchtbares, jedoch von Industrie, Verkehr und Zersiedelung schwer in Mitleidenschaft gezogenes Schwemmland erstreckt sich zwischen Kranj und Medvode. Landschaftliche Idylle hat diese für nordslowenische Verhältnisse riesige Ebene kaum zu bieten. Wie reizvoll sie dennoch ist, erweist sich bei dieser Expedition.

Den Fliehkräften Kranjs gehorchend, schlägt man sich durch das Industrieviertel im Süden der Stadt zur Save durch, an deren rechtem Ufer sich ein gesichtsloses Dorf an das andere reiht. Man wechselt auf die linke Flussseite, wo eine Barackensiedlung und die heruntergekommenen Behausungen von Čirče von der Kehrseite des slowenischen Wirtschaftswunders zeugen. Ungleich schöner sind die Abgründe, die sich an den Rändern der Zarica-Schlucht auftun, die hier von der Save ins Konglomerat gefräst wurde. Ein melancholisches Bild des Niedergangs bietet sich in Voklo, für dessen Besichtigung man einen Umweg in Kauf nimmt, und in Trboje, dessen alter Häuserbestand weitgehend dem Verfall preisgegeben ist. Ästhetischer Gewinn lässt sich auch aus den von windschiefen Harpfen akzentuierten Äckern und Feldern ziehen. Bei Moše gelangt man neuerlich zum Fluss. Man folgt ihm auf schönem Uferweg und kann sich, im Sommer, ein Bad nicht verkneifen. Umso schneller lässt man dann Smlednik mit der bedrohlichen Kirche des Heiligen Urh hinter sich.

Den letzten Abschnitt legt man im Wald zurück, aus welchem man unvermittelt in die Vorstadt von Medvode eintritt. Eine stillgelegte Fabrik, stimmungsvolle Hinterhöfe und ein kafkaesker Bahnhof bilden den Schlussakkord.

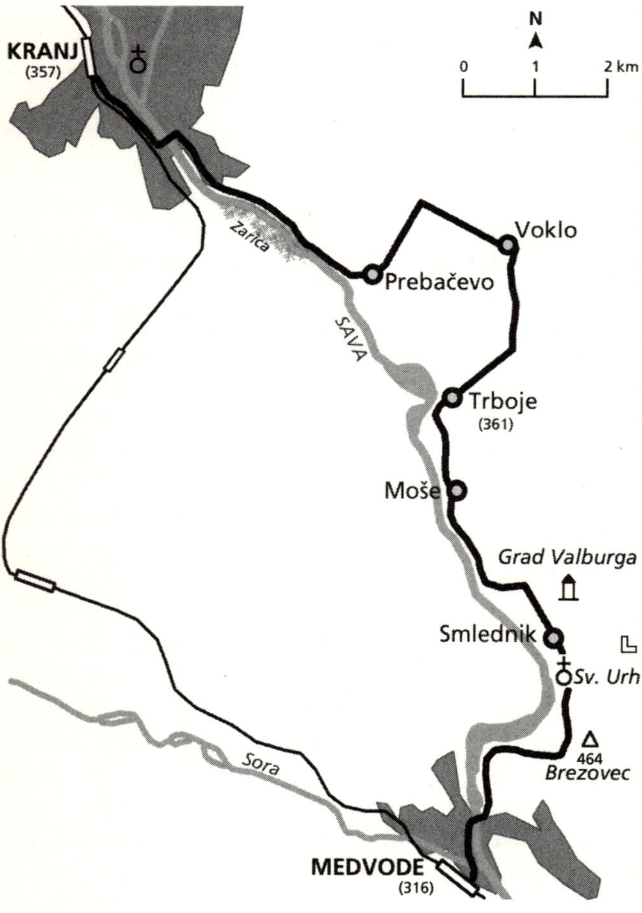
N
0
1
2 km
KRANJ
(357)
Zarica
Voklo
Prebačevo
SAVA
Trboje
(361)
Moše
Grad Valburga
Smlednik
Sv. Urh
464
Brezovec
Sora
MEDVODE
(316)

HINWEISE ZUR WANDERUNG

SCHWIERIGKEITSGRAD: Leichte Wanderung.

LÄNGE: 20 km.

GEHZEIT: 5 Stunden.

ANSTIEGE: 80 Höhenmeter.

WEGE: Insgesamt ca. 5 km Asphalt auf wenig befahrenen Straßen. Ansonsten bequeme Feld- und Waldwege sowie Ufersteige.

ORIENTIERUNG: Einfach – allerdings ist ein Gutteil der Wege in den erhältlichen Wanderkarten *nicht* eingezeichnet. Markierung lediglich im Abschnitt vor Medvode.

KARTE: Škofjeloško in Cerkljansko hribovje, 1:50 000, Geodetski zavod Slovenije.

VERKEHRSVERBINDUNGEN: Bahnhöfe von Kranj und Medvode; häufige Zugverbindungen.

EINKEHR: Prebačevo, Voklo, Medvode.

QUARTIER: Wenig attraktive Übernachtungsmöglichkeiten in Medvode. Es empfiehlt sich, den Zug nach Kranj zu nehmen und dort zu nächtigen.

WEGBESCHREIBUNG

Man geht vom B a h n h o f K r a n j zur Ampel an der Hauptstraße, quert diese und geht nach rechts (Richtung Ljubljana). Nach ca. 70 m, noch vor einem Wartehäuschen (Busstation), verlässt man die Straße, indem man sich nach links in einen Fußweg wendet, der gleich darauf in eine Werkszufahrt übergeht. Geradeaus weiter, vorbei am ISKRA-Werk, bis zu einem Schranken, welchen man durchschreitet. Weiter geradeaus, rechts an einer Arbeiterwohnsiedlung vorbei, dann über eine Treppe zu einem großen Parkplatz. Man quert den Platz und geht auf einer breiten Querstraße geradeaus weiter. 500 m Asphalt entlang der Save bis zu einer schmalen S t r a ß e n b r ü c k e , auf der man den Fluss überquert. Man passiert eine Barackensiedlung und steigt halblinks über eine Treppe zu einem Quersträßchen an, auf diesem scharf nach rechts bergauf. Man erreicht, eine hohe Straßenbrücke unterquerend, nach kurzem Anstieg Č i r č e (0:30 Std.).

Bei einer Gabelung (Bildstock) geht man rechts. Vorbei an einigen elenden Behausungen bis zu einer weiteren Gabelung; hier geht man geradeaus. Gleich darauf endet der Asphalt, man geht, ein paar

Neubauten passierend, geradeaus auf ein Wäldchen zu. Am Waldrand nach rechts bis zur Geländekante oberhalb der Save. Hier wendet man sich nach links und wandert auf schmalem Pfad oberhalb der Schlucht. Sehr schöner Weg, mehrere Rast- und Aussichtsplätze. Nach einer guten halben Stunde endet der Weg bei einigen Häusern. Man geht einige Schritte nach rechts und gelangt zu einer kleinen Sportanlage, welche man rechts umgeht, um dann halbrechts zur Straße anzusteigen. Man geht auf dieser nach rechts und biegt nach 20 m nach rechts in ein Sträßchen. Nach etwa 150 m, bei einer Straßenlaterne, biegt man nach rechts in einen Weg und steigt zur Pizzeria Mlin am Flussufer ab (1:30 Std.).

Man durchschreitet die Mühle (links der Gaststätte) zwischen Wohn- und Hofgebäude, wendet sich unmittelbar danach in einen Wiesensteig, geht auf einen Wald zu und setzt dort die Wanderung auf einem breiteren Waldweg in Ufernähe fort. Man passiert eine Waldschenke und gelangt zu einem Tennisplatz, welchen man rechts umgeht. Vorbei an einem Blockhaus in ein ansteigendes Sträßchen, auf dem man wieder zur Hauptstraße in Prebačevo gelangt.

Vor der Kirche schlägt man die wenig befahrene Straße Richtung Voklo ein (Wegweiser). Nach ca. 300 m (Wegkreuz) biegt die Straße nach rechts; man geht geradeaus auf einem (anfangs asphaltierten) Güterweg. Nach weiteren 300 m gabelt sich der Weg, man geht geradeaus. Etwas monotoner, aber angenehmer Weg zwischen Wäldern, Wiesen und Äckern. Nach etwa 1 km eine Kreuzung, man geht rechts. Immer geradeaus, erst durch einen Wald, dann bis Voklo (2:30 Std.).

Man passiert die Kirche und geht auf der Hauptstraße geradeaus (Richtung Voglje). Nach 300 m wendet man sich nach rechts in die Straße nach Trboje (Wegweiser). Einkehrmöglichkeit in der Gostilna lovski Hram. Man folgt der Straße rund 200 m und wendet sich nach dem Haus Nr. 73 nach links in ein Sträßchen, das alsbald in einen Feldweg übergeht. Rund 10 Min. geradeaus in südlicher Richtung. Nach rund 10 Min. (Wegkreuz) wendet man sich in einen Querweg nach rechts und folgt diesem bis Trboje (3:00 Std.).

Man überquert beim Heldendenkmal die Hauptstraße und hält sich bei der darauf folgenden Gabelung (Bildstock) rechts. Man folgt dem Sträßchen, etliche Bauernhäuser und die Kirche passierend, bis zum Ortsrand. Hier endet der Asphalt, weiter auf einem Güterweg bis M o š e (3:20 Std.).

Im Ort geradeaus, vorbei an der Kirche Sv. Mihael bis zu einer Kreuzung oberhalb des K r a f t w e r k s . Man geht, das Sträßchen verlassend, geradeaus auf einem Güterweg oberhalb des Flusses. Nach etwa 500 m gelangt man zu drei neuen Häusern. Hier wendet man sich nach rechts, quert weglos eine Wiese, gelangt in den Wald und findet wenige Meter hinter der G e l ä n d e k a n t e einen Querweg. Auf diesem nach links. Sehr schöner Weg oberhalb des Flusses. Nach rund 10 Min. gelangt man zu einem C a m p i n g p l a t z , dessen Sportanlage man links umgeht, um das Gelände durch den Haupteingang (Schranken) wieder zu verlassen. Man folgt der Zufahrtsstraße zur H a u p t s t r a ß e , welche man quert. Geradeaus auf einem Asphaltsträßchen, das alsbald in einen geschotterten Fahrweg übergeht. Nach 300 m ein Querweg, man geht rechts. Auf breitem Schotterweg 1 km geradeaus bis zur Hauptstraße. Man quert diese, geht bei der darauffolgenden Gabelung rechts und erreicht die Kirche Sv. Urh von S m l e d n i k (3:30 Std.).

Man geht links an Kirche und Friedhof vorbei und gelangt auf breitem, leicht ansteigendem Weg in den Wald. Nach 30 m eine Gabelung, man nimmt den rechten Weg. Auf dem Hauptweg ca. 15 Min. bergauf bis zu einem Kahlschlag unterhalb einer H o c h - s p a n n u n g s l e i t u n g . Hier gabelt sich der Weg (Wegkreuz) man geht rechts und folgt ab hier der blau-orangen Markierung. Angenehmer Weg durch den Mischwald. Wegen der teilweise undeutlichen Markierung sowie mehrerer unerwarteter Richtungswechsel ist erhöhte Aufmerksamkeit geboten. Nach etwa 20 Min. steigt man zum Flussufer ab und wendet sich auf einem breiten Querweg nach links. Man folgt dem Hauptweg bis zu einer Waldsiedlung, weiter auf einem Schottersträßchen bis V e r j e oberhalb des K r a f t w e r k s (4:30 Std.). Vor dem ersten Haus wendet man sich nach rechts und steigt über einen Treppenweg zur S t r a ß e n b r ü c k e ab. Man quert die Save, passiert die Donit-Fabrik und geht nach dem Werkseingang halblinks, die Hauptstraße verlassend. Man passiert einige Vorstadtbauten, dann das Gemeindeamt mit der B i b l i o t h e k und quert auf einer Straßenbrücke die Sora. Geradeaus weiter bis zu einer Ampel. Man quert die Hauptstraße und erreicht den Bahnhof von M e d v o d e (4:45).

AM WEGE

ISKRA

Das nach dem 2. Weltkrieg gegründete Elektro-Unternehmen war mit über 30.000 Beschäftigten einer der größten Arbeitgeber in Slowenien bzw. Jugoslawien. Es wurde 1991 in mehrere Privatunternehmen aufgeteilt, die allerlei Elektro-Geräte, Auto-Ersatzteile und Industrieanlagen produzieren. Besonders innovativ gibt sich ISKRA PRO, die sich der »Robotisierung« von Fertigungsprozessen verschrieben hat. Ihre vollautomatischen Montagesysteme, Spezialwerkzeugmaschinen, Manipulationsanlagen und Dosiergeräte werden hauptsächlich nach Österreich und Deutschland, aber auch nach China und Russland exportiert. Wozu man solche Maschinen benötigt? Zum »Übertragen, Auf- bzw. Entladen und Umlenken von verschiedenen Komponenten aus der bzw. in die Verpackung und von der bzw. auf die Bearbeitungs- oder Montagestelle«. Na dann.

Kranj: ISKRA-Werk

ČIRČE

Ein Hauch Dritte Welt umweht das kleine, mit Kranj zusammengewachsene Dorf. Verwahrloste Bauernhöfe und ärmliche Wohnungen prägen das Bild. Einige Behausungen stehen am Steilufer der Save, abenteuerlich mit Blechhütten und Gewächshäusern verschachtelt und jeden freien Quadratmeter zum Anbau von Gemüse oder zur Lagerung von Gesammeltem nützend. Beim gotischen Kirchlein, das dem Heiligen Ožbolt geweiht ist, wohnt ein beinamputierter Hund.

ZARICA

Obwohl sie als größte Schlucht Sloweniens gilt, entzieht sich die Zarica weitgehend touristischer Aufmerksamkeit; nur Einheimische nützen die idyllischen Wege und Rastplätze an den Rändern des 30 Meter tiefen Canyons. An der rechten Flussseite schützt ein Zaun die Besucher vor freiwilligen und unfreiwilligen Abstürzen – allerdings nicht lückenlos, wie mehrere Marterln und Totenleuchten beweisen. Der linke Uferweg ist hingegen ungesichert und gestattet manch tiefen Blick. Von hier lassen sich Graureiher beim Fischen beobachten oder die seltenen Uferschwalben bei der Insektenjagd. An den stellenweise überhängenden Wänden finden sich aber auch botanische Besonderheiten, nämlich das Zweiblättrige Veilchen, das Alpen-Maßliebchen und, kaum zu glauben, das Edelweiß.

Zarica-Schlucht

PREBAČEVO

Das unscheinbare Straßendorf ist der Geburtsort des Jakob Stare, Führer des Bauernaufstandes von Smlednik im Jahr 1688. Es war dies eines der vielen Nachbeben des sogenannten »Windischen Bauernkrieges« im Jahr 1635, bei dem untersteirische Bauern, *puntarji* genannt, rund 80 Burgen und Klöster im Raum Celje geplündert hatten. Nach

In Prebačevo

der Niederschlagung waren die Rädelsführer hingerichtet und viele Bauern zum Galeerendienst verurteilt worden. Schon nach kurzer Zeit traten erneut Spannungen auf. Die meisten Unruheherde befanden sich in Štajerska und Gorenjska. Als besonders rebellisch galten die Bauern um Škofja Loka, wo es gleich mehrmals zu massiven Gewaltausbrüchen gegen die Grundherren kam.

Auch Jakob Stare büßte für seinen Ungehorsam, indem er in Kranj gefoltert und enthauptet wurde. Doch sein revolutionärer Geist lebt in einer Holzplastik von Peter Jovanovič weiter, die der kommunistische Ortsverband, als es ihn noch gab, den Bauern von Prebačevo stiftete.

VOKLO

Der Ort lässt mit seinen langgestreckten Bauernhäusern an ungarische Straßendörfer denken. Vis-à-vis der Kirche beklagt das verlassene rostrote Volkshaus den Niedergang des Sozialismus. Zwischen vernagelten Fenstern hält eine Gedenktafel die Erinnerung an die einheimischen Opfer des Faschismus wach. Unter den Orten, an denen sie zu Tode kamen, sind auch Mauthausen und Auschwitz angeführt.

In Voklo

EINKEHR: Gostilna Lovski hram. Freundliche Arbeiterkneipe mit stets nahr- und schmackhaftem Mittagsmenü.

TRBOJE

Das Dorf besitzt eine ganze Reihe historischer Bauernhäuser mit Rosettenfenstern, kunstvollen Stukkaturen und allerlei Schnitzereien. Neben barocken Elementen stößt man auch auf Anflüge des Jugendstils – alles herrlich heruntergekommen und daher leider vom Abriss bedroht.

An der Kirche ist eine Ehrentafel für 12 gefallene bzw. hingerichtete *domobranci* angebracht. Derlei Inschriften findet man in Slowenien erst seit der Wende 1991. Ihre Zahl nimmt ständig zu, was mit der Bestrebung einhergeht, die Verbündeten Hitlers zu rehabilitieren bzw. als unschuldige Opfer kommunistischer Gewalt erscheinen zu lassen.

Die faschistische Landwehr, wie die deutsche Bezeichnung für die *domobranci* (eigentlich *Slovensko domobranstvo*) lautete, war 1943 nach der Kapitulation Italiens auf Initiative der deutschen Besatzer als slowenische Freiwilligentruppe zur »Bekämpfung kommunistischer Banden« gegründet worden. Die Vereidigung der *domobranci* fand am

Bei Trboje

20. 4. 1944, dem Geburtstag des »Führers«, im Stadion von Ljubljana statt. Der Laibacher Diözesanbischofs Rožman gab der Veranstaltung mit seiner Anwesenheit die kirchliche Legitimation. Die Eidesformel lautete: »Ich schwöre bei dem Allmächtigen, dass ich zusammen mit der bewaffneten Deutschen Wehrmacht, die unter dem Befehl des Führers Großdeutschlands steht, mit den SS-Truppen und der Polizei im Kampf gegen die Banditen und den Kommunismus sowie deren Bundesgenossen meine Pflichten erfüllen werde für die slowenische Heimat als Teilstück des freien Europa. Für diesen Kampf bin ich bereit, mein Leben hinzugeben.« Nach Auffassung ihrer Verteidiger handelt es sich bei der Landwehr um eine »patriotische« Bewegung mit national-slowenischen Zielen, die »unter Zwang« – und außerdem lediglich »indirekt« – auf Hitler vereidigt wurde.

Im Herbst 1944 zählte die Landwehr rund 13.500 Mann; rund 3.000 davon kämpften in Gorenjska. (Zum Vergleich: Im Herbst 1943 gab es in Slowenien rund 40.000 Partisanen.) Obwohl mit den verhassten Deutschen verbündet, fanden die *domobranci* in konservativen Bevölkerungskreisen Unterstützung. Gegen Kriegsende flüchtete ein Großteil nach Kärnten,

Bei Trboje

wo sie von englischen Truppen entwaffnet und interniert wurden. Nach Kriegsende lieferten die Engländer sie an die jugoslawische Armee aus. Tausende wurden liquidiert und in Massengräber oder Karsthöhlen geworfen. Die Morde gehörten zu den großen Tabus des sozialistischen Jugoslawiens.

SMLEDNIK

Eine viel zu groß geratene Kirche beherrscht den auch sonst nicht berauschenden Ort. Der »romanische« Bau stammt aus der Mitte des 19. Jahrhunderts, ist dem Sveti Urh (Ulrich) geweiht und enthält ein Altarbild des Leopold Kuppelwieser, der ein enger Freund Franz Schuberts war. Vor der Kirche schützt ein barocker Baldachin den wild mit den Augen rollenden Namenspatron. (Der wurde einst beschuldigt, an einem Freitag Fleisch in Form eines Gänsebeins verzehrt zu haben, worauf sich der inkriminierte Braten flugs in einen Fisch verwandelte.)

200 Meter über dem Dorf verwittert Stari grad, eine Ruine aus dem 12. Jahrhundert, die lange Zeit den Grafen von Andeck gehörte. Der Weg zur Burg führt über einen steilen »Kalvarienberg« mit barocken Bildstöcken. Im 17. Jahrhun-

In Medvode

dert übersiedelte die Herrschaft ins Schloss Valburga im Tal, das allerdings ein Torso blieb. Nur einer von vier geplanten Flügeln wurde fertiggestellt, was ihn – zumal er leer steht – merkwürdig kulissenhaft erscheinen lässt.

Am Kreuzungspunkt zweier Feldwege im Westen Valburgas steht ein Marien-Bildstock, im Volksmund *krvavo znamenje*, Blutiges Mal, genannt. Manch aufmüpfiger Untertan soll hier, im Namen des Allmächtigen, gehenkt oder um einen Kopf kürzer gemacht worden sein.

EINKEHR: Als Alternative zur den herben Unterkünften in Medvode bietet sich das neu gebaute Hotel Kanu am Stausee von Zbilje an. Passable Zimmer. Hotel Kanu, Valburga 7, +386/1/3627011, hotel.kanu@siol.net.

MEDVODE

Industrie und Durchzugsverkehr beherrschen den Ort, also kommt der Gedanke, länger zu bleiben, nicht unbedingt auf. Das »Zentrum« wird von der Hauptstraße gebildet, an der sich Tankstellen und Gewerbebetriebe aneinanderreihen. Eine Sehenswürdigkeit ist der Neubau der öffentlichen Bibliothek aus dem Jahr 1993, mit der Medvode ein architek-

Bibliothek in Medvode

tonisches Wahrzeichen von überraschender Originalität besitzt. Es markiert den (hochwassergefährdeten) Landspitz am Zusammenfluss von Save und Sora und wertet ihn ebenso selbstbewusst wie zurückhaltend zu einem Ort der Kontemplation auf. Kernstück ist ein kreisrunder roter Ziegelbau mit schmalen Sehschlitzen an der Vorderfront und großen Fensteröffnungen an der der Save zugewandten Seite. Ein verglastes Atrium im Zentrum des Gebäudes sorgt für zusätzlichen Lichteinfall. Verschiedene Säulenelemente und ein Arkadengang variieren Plečniks »postmoderne« Formensprache und wecken Assoziationen zu sakralen Bauwerken. Eine breite Treppe stellt die Verbindung zum Fluss her, was dem eigenwilligen Bauwerk (Architekt: Igor Skulj) auch noch einen romantischen Akzent verleiht. Vorbildlich ist der Nutzungsgrad der Bibliothek. Bei einem Bestand von knapp 19.000 Büchern verzeichnet sie jährlich 17.000 Besucher (3.000 mehr als Medvode Einwohner hat) mit insgesamt 56.000 Entlehnungen. Zum Vergleich: Ferlachs Stadtbibliothek verleiht jährlich rund 7.500 Bücher.

Einige Schritte weiter nördlich kommen Liebhaber morbider Vorstadtarchitektur auf ihre Rechnung. Neben verwahrlosten Wohnstätten mit verrosteten Stiegenaufgängen und zusammengeflickten Balkonen sticht ein eingeschossiges Haus ins Auge, das straßenseitig grell-orange gefärbelt wurde und neben einem Motorsportclub die Tierfutterhandlung »Kužmuc« beherbergt. Im stimmungsvollen, von einem stattlichen Stallgebäude begrenzten Hinterhof kann man die vierbeinige Kundschaft beim Verdauungsschläfchen beobachten. Beinahe skulpturale Qualität hat die eiserne Wendeltreppe zum »Klub medvodških študentov« im Obergeschoß einer alten Scheune mit strengem Pultdach. Ein schönes Beispiel für informelle (Landschafts-)Architektur sind die kunstvoll terrassierten Schrebergärten am Ufer der Sora im Nordwesten des Ortes.

In Medvode

Von ein paar Kulturdenkmälern in den umliegenden Ortschaften abgesehen, weist wenig darauf hin, dass Medvode auf eine lange Geschichte zurückblickt. Den Fund einer Goldmünze deuten Historiker als Beweis dafür, dass hier bereits die alten Römer siedelten – vielleicht hat aber einer von ihnen nur auf der Durchreise den Geldbeutel verloren? Erstmals erwähnt wurde der Ort jedenfalls im Jahr 989, und zwar mit seinem deutschen Namen Zwischenwässern, der sich auch auf alten Ansichten und Karten findet. Zu überregionaler Bedeutung brachte er es aber erst Ende des 15. Jahrhunderts, als der hiesigen Grundherrschaft per kaiserlichem Dekret die Einhebung einer Brückenmaut gestattet wurde. An die Tradition, den Transitverkehr wirtschaftlich zu nutzen, knüpfte der Ort in den 60er Jahren des 20. Jahrhunderts mit der Eröffnung des ersten Motels Jugoslawiens an.

1740 ist das Gründungsjahr der »Tovarna papirja Goričane«, einer der ältestens Papierfabriken im heutigen Slowenien. Wurde das Papier früher handgeschöpft, produziert die Fabrik heute pro Minute 800 Laufmeter Papier in einer Breite von 365 cm. Das ergibt einen Ausstoß von beachtlichen 70.000 Tonnen Papier pro Jahr. 162 Mitarbeiter gehen der Megamaschine dabei zur Hand.

In Medvode

Die Anfänge der Farben-Fabrik »Color« in Medvode liegen ebenfalls weit zurück. Den Grundstein legte ein gewisser Herr Hauptmann, Malermeister, im Jahr 1832, indem er die von ihm abgemischte Farbe in Kübel füllte und verkaufte. Ab 1908 lieferte eine Ölmühle die Basis für verschiedenste Lacke, Ölfarben und Nitrolacke. Nach dem 2. Weltkrieg wuchs »Color« rasch zu einem Chemiebetrieb mit fast 600 Mitarbeitern im Jahr 1991 heran. Etwas marod präsentiert sich »Donit«, der dritte Großbetrieb Medvodes. Er befindet sich in französischem Besitz und produziert Luft-, Öl- und Kraftstoff- sowie Industriefilter.

»Er war ein Mann der Tat und Visionär, (...) ein Priester und Träumer, der uns im Widerstreit mit dem Deutschtum in die höchsten Höhen der Heimat geführt hat«, heißt es in einem von insgesamt 18 wissenschaftlichen Werken, die dem größten Sohn Medvodes gewidmet sind. Die Rede ist von Jakob Aljaž, einem umtriebigen Geistlichen, der es als Alpi-

In Medvode

nist zum Nationalhelden brachte. Geboren 1845, studierte er gegen den Willen seiner Familie in Wien Philosophie, um sich dann in Ljubljana zum Priester ausbilden zu lassen. Erster Einsatzort war Tržič, gegen dessen »Deutschtümelei« er, wie es heißt, leidenschaftlich zu Felde zog. In diese Zeit fällt auch seine Übersetzung von »Stille Nacht« ins Slowenische und dessen Erstaufführung. Die Aufzeichnung zahlreicher slowenischer Volkslieder geht ebenfalls auf sein Konto. Als leidenschaftlicher Wanderer sah er es außerdem als seine Aufgabe an, die von »deutschen« Alpenvereinen vereinnahmten slowenischen Berge »zurückzuerobern«. Einen Coup landete Aljaž im Jahr 1895, indem er auf dem Gipfel des Triglav fünf Quadratmeter Grund erwarb und auf diesem einen eisernen »Turm«, d. h. einen Unterstand für Bergsteiger, errichten ließ. Das führte zu einem vielbeachteten Gerichtsstreit mit dem Deutschen Alpenverein, den der kämpferische Pfarrer für sich entscheiden konnte. Die Aktion gilt als Initialzündung des slowenischen Alpinismus. Nach Aljaž, er starb 1927, ist auch ein großes Schutzhaus am Fuße des Triglav benannt. Sein Geburtstag, der 6. Juli, ist Festtag der Gemeinde Medvode.

EINKEHR: Pri Ančki, Familienbetrieb mit einfachen Gästezimmern. Žontarjeva ulica 1, Tel. +386/1/3616 329
Gostilna na klancu. Übernachtungsmöglichkeit für Leute in stabiler Gemütsverfassung. Gorenska cesta 13, Tel. +386/1/3611303

Bei Sv. Jedert

KLEINE HARPFENKUNDE

Die Harpfe, *kozolec*, gilt als Wahrzeichen slowenischer Architektur und ist hauptsächlich in Gorenjska, aber auch nördlich der Karawanken beheimatet. Es handelt sich dabei um ein schlankes, meist überdachtes Holzgestell, das zu Tausenden auf Wiesen und Felder herumsteht und seit dem Mittelalter die Kulturlandschaft prägt. Ihren deutschen Namen verdankt die Harpfe ihrer Gestalt, die an eine Harfe erinnert. Als »Saiten« dienen lange Fichtenstangen oder – in manchen Gegenden – dicke Drähte, die in senkrechte Balken aus Hartholz »eingespannt« sind. Die Passlöcher wurden früher, mangels entsprechend großer Bohrer, händisch herausgestemmt – eine mühsame Arbeit, die sich bei gemauerten Stützen erübrigte. Um 1930 wurden die ersten Steher aus Beton produziert, was die Aufstellung der Harpfen wesentlich beschleunigte. Die meisten Harpfen haben 12 Sprossen – ebenso viele, wie eine Oktave Halbtöne hat. Größere Unterschiede gibt es bei ihrer Länge; manche bestehen aus bis zu 20 Segmenten, die *okna* (Fenster) oder *štanti* heißen, und können eine Gesamtlänge von über 120 m erreichen. Solche *procesije*, Prozessionen, galten als Statussymbol der *gruntarji*, wie die Großbauern in den Ebenen genannt wurden. Ihre Windfestigkeit verdanken manche Harpfen seitlichen Stützen, die stets gegenüber der Wetterseite angebracht sind. Auf abschüssigem Gelände können die štanti auch bogenförmig angeordnet sein, was nicht nur ihre Stabilität, sondern auch die »grafische Qualität« erhöht.

Die ursprüngliche Funktion der Harpfe bestand in der Zwischenlagerung von Getreidegarben, die vorzeitig geerntet und zur Nachreifung aufgehängt wurden. Auf diese Weise konnten die Felder trotz hoher Niederschlagsmengen bzw. Luftfeuchtigkeit für eine zweite Ernte genützt werden. Ihr »slowenischer« Charakter ist somit weniger ethnisch als klimatisch bedingt, wie schon Valvasor zu berichten wusste:

Bei Dražgoše

»Zu diesem Ende hat man im Lande überall sogenannte Harpffen (...) gemacht, da man das Getreyde sobald es geschnitten, hineinlegt, damit es truckne; weil es auf dem Felde trucknen zu lassen, wie zwar in anderen Ländern gewöhnlich ist, die Zeit nicht verstattet; sintemalen allhie, sobald nur das Feld geschnitten worden, selbiges auch wiederum von Neuem umgeackert und besaamt wird, wie allererst gedacht ward.«

Im Herbst dienten die Harpfen neben der Heulagerung auch der Aufbewahrung von Futterrüben oder Maiskolben, die an den Blättern zusammengebunden und über die Sprossen gehängt wurden. Das Befüllen der Harpfe war äußerst langwierig und erforderte das Zusammenspiel von mindestens zwei Personen, nämlich des Gebers und des Nehmers. Letzterer stand auf einem höhenverstellbaren »Stuhl«, nicht zufällig *hlapec*, Knecht, genannt. Stundenlang auf der kleinen Plattform herumzuturnen war äußerst strapaziös und blieb dem niedrigeren Gesinde vorbehalten. Gefürchtet war auch die Staubentwicklung bei der Abnahme des getrocknetes Heus.

Eine wesentliche Weiterentwicklung des *kozolec* ist die Doppelharpfe, slowenisch *doplar* oder *stog*, die eine Art

Bei Radovljica

Vorstufe zur Scheune darstellt. Sie entsteht, indem zwei einfache Harpfen mit Balken verbunden werden, auf die ein Dachstuhl gesetzt wird. Ein gedeckter Stauraum für landwirtschaftliche Geräte entsteht. Als *plašč*, Mantel, wird das Dach aus Schindeln, Ziegeln oder Blech bezeichnet. Die seitliche Stabilität wird durch eine gitterartige Fachwerkkonstruktion, *brana* (Egge) genannt, erreicht. Komplizierte Holzverbindungen zeugen vom großen Können der alten Zimmerleute. In manche Doppelharpfen sind sogar Zwischendecken eingezogen, was ihnen den Charakter von Pfahlbauten verleiht. Das Obergeschoß wird über steile Leitern erreicht. Einige Doppelharpfen sind an der Giebelseite mit kunstvollen Schnitzereien oder religiösen Darstellungen geschmückt, was sie zu besonders wertvollen Denkmälern bäuerlicher Kultur erhebt. In einigen Tourismusgemeinden gibt es daher spezielle Förderprogramme zur Restaurierung und Erhaltung besonders schöner Harpfen. So wurden 1998 allein in Kranjska Gora mehr als 70 Exemplare renoviert.

Im tausendjährigen Reich sah man dies allerdings völlig anders. Nationalsozialistische Volkskundler werteten die

In Polhov Gradec

Harpfe als minderwertig, weil »undeutsch«. Ihren Aufrufen zur Beseitigung dieser »primitiven« Bauwerke wurde allerdings kaum Folge geleistet.

Heute werden Harpfen, wenn überhaupt, nur noch zum Trocknen des Heus oder zur Aufbewahrung von Futterklee verwendet. Mit der Erfindung der Wickelballen-Silierung, der Lagerung und Gärung der frischen Mahd in weißen Kunststofffolien, verliert die Harpfe rasch an Bedeutung – zumindest für die Landwirtschaft.

Vielfältig ist hingegen die Zweckentfremdung, die den Harpfen heute widerfährt. Am augenfälligsten ist ihre Nutzung als Werbefläche, vor allem entlang der Straßen. Dort müssen sie immer häufiger als Träger für Transparente oder Plakattafeln herhalten, unter deren Last sie dann rasch zusammenbrechen. Geknickt und windschief künden sie den Autofahrern von der Endlichkeit des Lebens. Eine Renaissance erlebt die Harpfe beim Autobahnbau, zumindest als architektonisches Zitat. So ist der Abschnitt bei Kranj über weite Strecken mit Lärmschutzwänden in Harpfenform gesäumt, womit die längsten *procesije* aller Zeiten geschaffen wurden.

Als Symbol slowenischer Identität ist das *kozolec* den verschiedensten Arten der Verkitschung und Miniaturisierung unterworfen. Kaum ein Fremdenverkehrsprospekt und selten ein Slowenienreiseführer, dessen Umschlag keine Harpfe ziert. In verkleinerter Form findet man sie als Gartenzaun, Wäschetrockner oder Teppichstange wieder. Als Klettergeräte geben sie städtischen Kinderspielplätzen einen rustikalen Touch. In Raststätten und Landgasthöfen sind Harpfenelemente als Garderobe oder Raumteiler fast schon obligat. Dazu passend gibt es Speisekartenständer und Tellerhalter im Sprossen-Design; Servietten und Bierdeckel lassen sich ebenfalls auf diese Weise aufbewahren.

Von besonderem Liebreiz ist die umfangreiche Kollektion von detailgetreuen Harpfenmodellen im Maßstab 1:25, die eine slowenische Versandfirma per Internet vertreibt. Angeboten werden einfache und Doppelharpfen aus Holz; kleine Bienenhäuser und Dörrkästen ergänzen das Programm. Pro Stück werden angeblich bis zu 70 Arbeitsstunden aufgewendet; für den Bau einer einfachen Harpfe in Originalgröße wird man nicht viel länger gebraucht haben. Im Bücherregal erfüllen die Modelle sogar einen praktischen Zweck: indem sie schmale Bände, wie diesen Wanderführer, am Umfallen hindern.

Gerhard Pilgram

In der Sora-Au bei Reteče

7. ETAPPE: ÜBER SIEBEN BRÜCKEN
Wanderung von Medvode nach Škofja Loka

VORSCHAU

Selščica und Poljanščica vereinigen sich bei Škofja Loka zur Sora, der aber kaum zehn Kilometer eigenständiger Existenz vergönnt sind, muss sie sich doch bereits bei Medvode der Save ergeben. Sich landschaftlich in Szene zu setzen, bleibt dem Fluss daher nur ein kurzer Abschnitt bei Reteče, wo er unter dem bewaldeten Steilufer eine kleine, wunderbare Au hervorgebracht hat. Allein dieses Kleinod, das selbst von Einheimischen wenig besucht wird, lohnt die kurze Wanderung.

Die Annäherung erfolgt durch eine Schrebergartensiedlung im Westen von Medvode, wo auch Grad Goričane liegt, das den Nazis als Anhaltelager für die Angehörigen der Befreiungsfront diente. Nach dessen Besichtigung wandert man flussaufwärts, um sich, teilweise weglos, zu besagter Au durchzukämpfen. Blaugrün schillernde Lauenbäche und eine aufgelassene Mühle laden zum Verweilen. Auf angenehmen Feldwegen geht es weiter nach Lipica, wo sich, wie im benachbarten Suha, einige schöne alte Bauernhöfe erhalten haben. Im letzten Abschnitt schreitet man rasch auf Škofja Loka zu, das sich aus dieser Perspektive von seiner schönsten, nämlich mittelalterlichen Seite zeigt. Neugierig steigt man zur Altstadt auf, die zu besichtigen noch reichlich Zeit geblieben ist.

HINWEISE ZUR WANDERUNG

SCHWIERIGKEITSGRAD: Leichte Wanderung.

LÄNGE: 12 km.

GEHZEIT: 3 bis 4 Stunden.

ANSTIEGE: Keine nennenswerten Steigungen.

WEGE: Größtenteils Uferpfade und Feldwege. Ein kurzer Abschnitt ist weglos zu bewältigen.

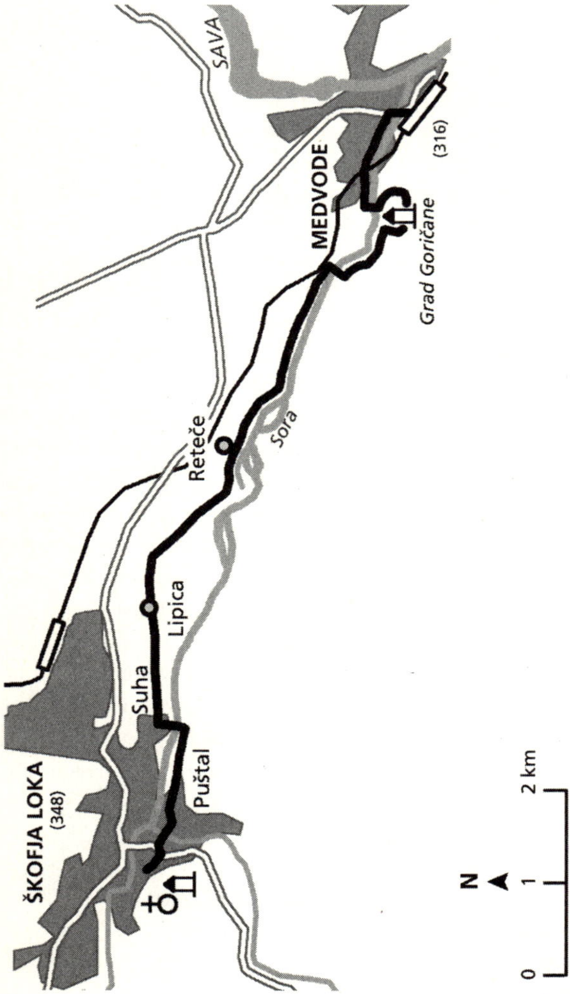
SAVA
MEDVODE
(316)
Grad Goričane
Reteče
Sora
Lipica
Suha
Puštal
ŠKOFJA LOKA
(348)
N
0
1
2 km

ORIENTIERUNG: Nur bei Reteče schwierig. Die meisten Wege sind in den offiziellen Wanderkarten nicht eingezeichnet.
KARTE: Ljubljana in okolica, 1:50 000, Planinska zveza Slovenje
VERKEHRSVERBINDUNGEN: Bahnhöfe in Medvode und Škofja Loka. Der Bahnhof Medvode ist rund 30 Gehminuten von der Altstadt entfernt. Es empfiehlt sich, ein Taxi zu nehmen.
EINKEHR: Gaststätte beim Schloss Goričane.
QUARTIER: Hotel in Škofja Loka.
BESONDERE HINWEISE: Nach längeren Regenfällen ist von der Wanderung abzuraten.

WEGBESCHREIBUNG

Man geht vom B a h n h o f Medvode zur geregelten Kreuzung an der Hauptstraße und auf dieser nach links. Man überquert kurz darauf die Sora und wendet sich unmittelbar nach der B r ü c k e nach rechts (!), steigt über eine Treppe zum Ufer ab und folgt – die Brücke unterquerend – einem Pfad flussaufwärts. Man passiert einen Fußballplatz und durchschreitet auf schmalem Pfade eine Kleingartensiedlung am F l u s s u f e r . An deren Ende steigt man nach rechts zu einer Straße an; auf dieser nach links. Bald endet der Asphalt, man geht geradeaus bis zur B a h n t r a s s e , welche man vorsichtig überschreitet. Unmittelbar danach eine Gabelung, man geht links bergab und passiert eine verfallene Mühle. Man folgt einer Fahrspur bis zu einem Schotterweg; auf diesem nach links. Man gelangt zu einer Querstraße und geht auf dieser nach links. Man überquert die Sora und wendet sich nach der B r ü c k e auf der Hauptstraße nach rechts. Nach 200 m biegt man scharf nach links und steigt auf einem Sträßchen zum S c h l o s s G o r i č a n e an (0:30 Std.).

Vor dem Schloss wendet man sich nach rechts in ein Sträßchen (das links an einer Gaststätte vorbeiführt). Nach etwa 500 m biegt man scharf nach rechts und gelangt erneut zur H a u p t s t r a ß e ; auf dieser nach links. Schöner Blick auf eine W e h r a n l a g e , mit dem Goričane-Werk als Kulisse. Nach etwa 200 m verlässt man die Straße, indem man sich nach rechts in einen Fahrweg wendet. Nach 150 m eine Gabelung, man geht geradeaus bis zur einer H ä n g e b r ü c k e und überquert die Sora (0:50 Std.)

Nach der Brücke eine Kreuzung, man geht links, passiert ein Haus und gelangt in den Wald. Man passiert drei Wochenendhäuschen und steigt über einen Treppenweg zu einem B a c h ab, welchen man überquert. Man gelangt zur Sora und wandert auf schmalem U f e r w e g flussaufwärts. Nach ca. 1 km verbreitert sich der Weg und biegt nach rechts. Hier geht man geradeaus, weiter am Fluss entlang. Man erreicht eine weitere H ä n g e b r ü c k e (1:10 Std.).

Man steigt rechts bergauf und wendet sich nach ca. 100 m scharf nach links. Man erreicht eine G e l ä n d e s t u f e . Nach ca. 50 m (am Feldrand vis-à-vis eines alleinstehenden Hauses) wendet man sich halblinks in einen schmalen, sehr leicht zu übersehenden (!) Pfad. Der Weg senkt sich Richtung Ufer und wird immer undeutlicher. [Anmerkung: Wer den »Einstieg« verpasst hat, steigt am Ende des Feldes weglos Richtung Ufer ab.] Man quert eine ramponierte B e t o n r i n n e und kämpft sich etwa 100 m weglos durchs Gestrüpp, bis man erneut auf einen Pfad stößt. Auf diesem flussaufwärts, stets in größtmöglicher U f e r n ä h e . Bald verläuft der (stellenweise verwachsene) Pfad unterhalb der Häuser von Reteče. Nach einiger Zeit biegt der Fluss nach links. Hier geht man geradeaus und wendet sich bei einer Gabelung unterhalb eines überhängenden Konglomeratfelsens nach links. Man überquert mittels wackeliger S t e g e drei Bäche. Der Weg verbreitert sich zur Fahrspur. Schöne Aulandschaft. Bald beschreibt der Weg eine große Rechtskurve, um zum Ort aufzusteigen. An dieser Stelle wendet man sich scharf nach links, geht über ein B r ü c k l e i n und biegt, den Hauptweg verlassend, sofort nach rechts in einen Pfad. Auf sehr schönem Weg am Bach entlang bis zu einer Kreuzung bei einer aufgelassenen M ü h l e . Weiter parallel zum Bach. Vorbei am alten W e h r und an einem großen B a u m h a u s . Bald darauf ein Brücklein, auf diesem nach rechts über den Bach. Man folgt dem immer breiter werdenden Hauptweg bis zu einem asphaltierten S t r ä ß c h e n (2:30 Std.)

Man geht nach rechts und biegt kurz darauf bei einem Transformator nach links in einen Feldweg. Bei einem Querweg geht man links, beim darauffolgenden Querweg rechts. Man erreicht eine Straße, quert diese und erreicht L i p i c a (2:45 Std.).

Beim B i l d s t o c k am Ortsrand eine Gabelung, man geht links. Nach 100 m biegt die Straße nach links; hier geht man, ein

Wegkreuz passierend, geradeaus in einen Feldweg. Nach rund 200 m eine Gabelung, man hält sich, seine Neugier zügelnd, links. Auf dem Weg unterhalb der Geländestufe bis S u h a (3:00 Std.)

Hier wendet man sich auf der Straße nach links, quert die Sora und geht nach der B r ü c k e nach rechts. Nach wenigen Metern wendet man sich nach rechts in einen Pfad. Immer geradeaus, der Altstadt von Škofja Loka entgegen. Nach 15 Min. passiert man einen Fußballplatz und geht bei einem Quersträßchen nach links. Man gelangt zur S t r a ß e n b r ü c k e und quert die Sora. Bei der darauffolgenden Gabelung geradeaus bis zur Kreuzung unterhalb der Burg. Hier geht man rechts und findet sich auf dem H a u p t - p l a t z von Š k o f j a L o k a wieder (3:30 Std.).

AM WEGE

GORIČANE

Die alte Burg aus dem 12. Jahrhundert, deren spärliche Reste auf dem Hügel über dem Ort stehen, diente u. a. den Sponheimern, den einstigen Herzögen von Kärnten, als Residenz. Später konfiszierten die Habsburger den Sitz, um ihn dem Bischof von Ljubljana zu vermachen. Der ließ sich um 1650 eine Sommerresidenz im Tal erbauen. Sie war eines der ersten barocken Schlösser im heutigen Slowenien, in der Architektur und Parkanlage eine Einheit bildeten. Ein Klagenfurter, Johann Wolfgang Auracher, hinterließ in den Innenräumen besonders wertvolle Stukkaturen.

Den Nazis diente die von einer hohen Mauer umgebene Anlage als Durchgangsstation für Massendeportationen bzw. Internierungslager für Angehörige von Partisanen. Nach dem Krieg wurde das Schloss verstaatlicht und als Museum für außereuropäische Kulturen genutzt. Ausgestellt wurden u. a. die Mitbringsel von Alma Maximiliane Karlin (1889-1950), einer deutschnationalen Weltreisenden aus Celje, deren Reiseschilderungen in den 20er-Jahren Bestseller waren. (Kostprobe: »Alle Neger und auch die Indianer haben einen betont starken Rassengeruch.«)

Alte Mühle in der Sora-Au

LIPICA

Bis Anfang des 20. Jahrhunderts verlief die Hauptstraße zwischen Medvode und Škofja Loka nur wenige Schritte südlich des Weilers. Nach der Verlegung der Straße nach Norden blieb die Zeit in Lipica stehen, wodurch sich das ursprüngliche Ortsbild erhalten hat. Von ehemals fünf Bauernhöfen wird jedoch nur noch einer bewirtschaftet; ein mächtiger Zwillingshof zeugt von einstigem Wohlstand, sein schlechter Bauzustand aber vom baldigen Niedergang. Besonders schön ist das südlichste Ensemble, ein historischer Hof mit Laubengang und Rundbogenfenstern, den ein Universitätsprofessor aus Ljubljana gekauft und liebevoll renoviert hat.

SUHA

Das Dorf ist uralt, wie eine Schenkungsurkunde aus dem Jahr 973 belegt. Von mehreren historischen Bauernhöfen im Ortskern gilt die *Španova domačija* als eines der bedeutendsten Beispiele bäuerlicher Architektur im Gebiet um Škofja Loka. Ein Modell des Gehöfts kann im Stadtmuseum von Škofja Loka besichtigt werden. Noch schöner ist aber die denkmalgeschützte Keusche Nr. 20 aus dem Jahr 1786 mit gut

In der Sora-Au

erhaltenen Fresken und barockem Fensterschmuck. Bildungsreisende werden außerdem nicht um die Besichtigung der – leider etwas abseits der Wanderroute liegenden – Dorfkirche aus dem 15. Jahrhundert herumkommen. Sie ist Johannes dem Täufer (Sv. Janez Krstnik) geweiht und besitzt ein prächtiges, sogenanntes Krainisches Presbyterium mit üppigen Fresken aus dem 15. Jahrhundert. Deren Schöpfer: Meister Jernej aus Loka, wer sonst.

ŠKOFJA LOKA*

Die Stadt mit dem am besten erhaltenen mittelalterlichen Kern Sloweniens wird kaum jemals ohne Prädikat erwähnt, das ihre Bedeutung hervorheben soll: Škofja Loka, die Perle, die Malerische, die Bunte, die Lebhafte, die über Tausendjährige. Auch wenn die heutige Stadt längst den alten Rahmen sprengt und ungezügelt über die historischen Ränder quillt, fügt sich die aus der Ebene ansteigende Stadtlandschaft rund um die Burg trotz der kruden architektonischen Auswüchse zu einem beeindruckenden Gesamtbild. Der alte Stadtkern wird von der Poljanska und der Selška Sora umflossen, mehrere Kirchen überragen die Hausdächer, und über allem thront das mächtige Schloss. So nähert man sich der Stadt, als schreite man zu einem Ritterturnier.

Archäologische Funde belegen, dass der Ort schon in der Steinzeit besiedelt war. Ungefähr im sechsten Jahrhundert kamen die Slawen, die allmählich zum Mehrheitsvolk wurden. Nach 796, als die slowenischen Länder südlich der Drau unter die Herrschaft des Patriarchats Aquilea kamen und endlich die ungarischen Invasionen in der Mitte des 10. Jahrhunderts eine Ende fanden, machten Missionare Loka (das heutige Stara Loka) zu einer der ersten Pfarrgemeinden. Urkundlich belegt ist dieser Ort seit 973, als Otto II. dem Freisinger Bischof Abraham Stara Loka, die umliegenden Flusstäler und das Sorško polje (Sora-Ebene) als Lehen gab. 1248 wurde Bischoflack, so der deutsche Name, erstmals als Markt erwähnt, 1274 bereits als Stadt.

Die Freisinger Bischöfe hatten die Lage ihres Kirchenzentrums umsichtig gewählt. Einerseits ließen sich von hier aus die Verkehrwege nach Ljubljana und die Verbindung nach Friaul gut überwachen, andererseits war die Stadt leicht zu befestigen. An den Hängen des Krancelj ließen sie im 11. und 12. Jahrhundert Burg und Wehrturm bauen, die 200 Jahre später mit einer fünftorigen Ringmauer und einem Graben umgeben wurden. Von Kaiser Otto III. erhielten die bayerischen Bischöfe auch das Münz-, Maut- und Handelsrecht verliehen. Sie selbst bestimmten den Verwalter des Getreidespeichers und den im Stadtschloss residierenden Hauptmann, der über seine Untertanen zu Gericht saß.

Die Stadt prosperierte. Neben den üblichen Dienstleitungsbetrieben wie Weber, Bäcker, Schneider oder Schuster siedelten sich Sägemühlen, Mühlen, lederverarbeitende Betriebe, Schlachthöfe und Färbereien an den Ufern der Sora-Flüsse an. Die älteste Aufzeichnung über Gewerbetreibende der Stadt stammt aus dem Jahr 1263. Damals gab es Gastwirte und Fleischer in großer Zahl. Eine Chronik aus dem Jahr 1673 verzeichnet 95 Handwerks-

Škofja Loka

meister mit mehr als 100 Gesellen, die ab der Mitte des 15. Jahrhunderts in Zünften organisiert waren.

Fleiß, gottgefälliges Verhalten und dicke Stadtmauern schützten die Bürger von Škofja Loka aber nicht vor Schaden und Unheil. Gleich mehrmals wurden sie von den Türken, der Pest oder von Erdbeben heimgesucht. 1457 plünderte und brandschatzte Jan Vitovec aus Celje die Stadt, am schlimmsten aber wütete das Erdbeben von 1511. Bischof Phillip ließ sie nach der fast völligen Zerstörung in ihrer ursprünglichen Gestalt wieder aufbauen. Allgegenwärtiger Schrecken waren zudem Feuersbrünste; die verheerende von 1698 ist als Votivbild im Schlossmuseum festgehalten.

Die Grundherrschaft der bayerischen Bischöfe sollte sich für die Stadt als durchaus segensreich erweisen. Quellen belegen, dass sie diesen nicht unbedeutenden Teil ihrer weitreichenden Ländereien gern und häufig bereisten, wenn auch nicht immer zu ihrem eigenen Wohl. Leopold fiel mitsamt seinem Pferd von der Kapuzinerbrücke in die Selška Sora und ertrank; Konrad wurde von einem rebellischen Diener erdolcht. Der Mörder wurde gehenkt, sein gemeuchelter Herr in der Nonnenkirche beigesetzt.

Škofja Loka: Mestni trg

Besonders eng ist der Name des Bischofs Abraham mit der Stadt verbunden. So soll der gekrönte »Mohr« im Stadtwappen seinen schwarzen Diener darstellen, der ihn einst vor einem Bären gerettet hatte. (Wahrscheinlich handelt es sich aber bei dem »Mohren« um ein im Laufe der Zeit nachgedunkeltes Bild des Hl. Korbinian.) Außerdem wird Bischof Abraham mit den berühmten »Freisinger Denkmälern«, der ältesten schriftlichen Aufzeichnung in slowenischer Sprache, in Verbindung gebracht. Dass sie von ihm selbst stammt, ist zwar nicht belegt, er soll aber Slowenisch entweder erlernt haben oder sogar selbst slawischer Herkunft gewesen sein. Die vermutlich Ende des 10. Jahrhunderts verfasste, vorwiegend lateinische Handschrift enthält drei Texte, die als die frühesten und über einen Zeitraum von 400 Jahren einzigen Zeugnisse der slowenischen Sprache gelten. Es handelt sich bei diesen »Sprachdenkmälern« um Beichtformeln sowie um eine Art Predigtvorlage. Sie befinden sich in der Bayerischen Staatsbibliothek in München.

Touristische Ratgeber behaupten, in Škofja Loka gäbe es zwei parallele alte Plätze, die miteinander ein pulsierendes Herz bildeten. Sie vergessen dabei die »dritte Herzkammer«,

Škofja Loka: Mestni trg

den vorwiegend von Jugendlichen frequentierten Busbahnhof, am Eingang zur Altstadt gelegen. Von hier gibt es zwei Zugänge zur Altstadt. Einer führt schnurstracks über einen Steg zum Cankarjev trg, der andere über die Kamniti oder Kapucinski most. Die 1888 renovierte Brücke zählt mit ihren 600 Jahren zu den ältesten steinernen Bogenbrücken Mitteleuropas. In direkter Nachbarschaft befinden sich die unscheinbare Kapucinska cerkev (Kapuzinerkirche) und das Kloster. Dessen Bibliothek birgt einen wertvollen handschriftlichen Schatz: den 1721 vom Kapuzinerpater Romuald Marušič verfassten, ältesten dramatischen Text in slowenischer Sprache. »Škofijeloški pasijon« erfährt seit 1999 jährlich am Karfreitag eine theatralische Wiederbelebung. Sorgfältig an den 13 Bildern des Urtextes orientiert, beteiligt sich die halbe Stadt an der Aufführung. Annähernd 600 Laiendarsteller verkörpern das Bibelgeschehen von Adam und Eva bis zum Tode Christi. Die umliegenden Ortschaften übernehmen die Darstellung der allegorischen Bilder. Zwei Engel fordern das Publikum zur Mitwirkung auf.

Wer nach der Brücke durch das Stadttor tritt, sieht rechterhand Nunska cerkev, das Nonnenkloster, das mit dem

Schloss verbunden ist. Das einstige Klarissenkloster gehört nun den Ursulinen. Heute lungern dort dutzendweise junge Männer herum: Das barocke Gemäuer beherbergt eine Mädchenschule.

Homanova hiša eröffnet den Reigen historischer Häuser auf dem Mestni trg, dem langgestreckten Stadtplatz. Der massive Erker ist Teil eines Bürgerschlosses aus dem Jahr 1524. An der Rückseite liegt der Cankarjev trg, der von der Jakobskirche dominiert wird. Der spätgotische Hallenbau steht auf den Fundamenten einer 200 Jahre älteren Kirche, die achteckigen Stützsäulen teilen den Bau in drei gleich hohe Schiffe mit Sterngewölbe. Leuchter und Taufbecken stammen von Jože Plečnik. Gegenüber der Kirche der massive Pfarrhof, der gegen Ende des 16. Jahrhunderts der Aristokratie als befestigte Residenz diente.

Wer sich über den Mestni trg treiben lässt und von einer Seite auf die andere wechselt, taumelt unweigerlich von einem *kulturni spomenik* zum anderen. Die kleinen, zweisprachigen Täfelchen an den Hausfassaden kennzeichnen und erklären, was aus historischer Sicht besonders sehenswert ist: Žiganova hiša, ein mächtiges Wohn- und Handelshaus mit turmartigem Erker beispielsweise, in dem sich die Stadtverwaltung befindet, oder das alte Rathaus (stari rotovž) aus dem 16. Jahrhundert, das vielleicht markanteste Gebäude des Mestni trg mit seinem Renaissance-Arkadenhof.

Es lohnt sich, durch offen stehende Tore einzutreten und ein paar Schritte in die Innenhöfe zu wagen. Nicht immer bekommt man reine Gotik oder hochpoliertes Barock zu sehen, manchmal auch nur Plastikfenster oder betonierte Kleinstparkplätze, Mischmaschinen, Mistkübel, Kinderwagen, Holzstapel und sonstigen Krempel. Geschichtsbewusst wird hier kaum gewohnt, sondern mit allen Bedürfnissen und kleinen Bausünden wie überall sonst auch.

Vorbei an der barocken Mariensäule von 1751, dem alten Pfarrhof mit steinernem Portal, Kreuzgewölbe und barockem Schmiedeeisengitter nähert man sich dem so genannten Martinshaus aus dem 14. Jahrhundert, das, angelehnt an die noch intakte Stadtmauer, hinter dem spätgotischen Portal ein Wirtshaus verbirgt. Daneben stand einst das Poljanska-Tor mit Wachturm und Brücke, die über den Stadtgraben führte.

Das Haus gegenüber ist Zeuge der jüngeren Geschichte, diente es doch der Gestapo als Hauptquartier und Gefängnis. Bis zu 120 Menschen waren hier untergebracht, um nach Verhören und Folterungen zumeist nach Begunje geschickt zu werden. An der Hausmauer erinnert eine Marmortafel an die spektakuläre Befreiung von Gefangenen am 21. 12. 1941 durch Partisanen. Die Aktion gelang dank einer kühnen List: Zwei Kämpfer des Ivan-Cankar-Bataillons verschafften sich, deutsche Uniformen tragend und einen Kameraden als »verhafteten Schmuggler« mit sich führend, Zutritt zu den Zellen und verhalfen damit zwei Brüdern, Jože und Franc Kavčič, zur Flucht. Unterstützt wurde das Kommando von einer örtlichen Widerstandsgruppe, die das Gefängnis ausgekundschaftet hatte und den Rückzug deckte. Aufgrund des propagandistischen Erfolges der Aktion sollen 17 Bürger aus Škofja Loka dem Cankar-Bataillon beigetreten sein.

Škofja Loka: Kapucinski most

Ein kleiner Steig und großer Hunde-Boulevard führt am Gestapo-Haus vorbei zum Schloss. In Urkunden wurde *Škofjeloški grad* im Jahr 1215 als »castrum firmissimum« erwähnt. Tatsächlich hatte die mächtige Verteidigungsanlage auch das verheerende Erdbeben von 1511 fast unbeschadet überstanden. Aus dieser Zeit stammt auch die Schlosskapelle mit rundem Turm.

Das im Schloss befindliche Museum zählt zu den interessantesten auf der Route von Klagenfurt nach Ljubljana. Im Erdgeschoß wird u. a. die Stadtentwicklung anhand detailreicher Schaumodelle und Reliefs dargestellt. Kunstvoll gestickte Fahnen und Gesellenbriefe dokumentieren die Geschichte der Zünfte. In der Schlosskapelle können vier »Goldene Altäre« aus Dražgoše, das von den Nazis 1942 vollständig zerstört wurde, besichtigt werden. Der erste Stock des Museums zeigt eine umfangreiche volkskundliche Sammlung, die in ihrer Fülle und liebevollen Präsentation die Hauptattraktion des Museums darstellt. Alle Handwerkberufe, die einst der Stadt zu Wohlstand verhalfen, sind hier vertreten: die Hutmacher, die Klöpplerinnen, die Sieb-, Korb-, Kammmacher und Lebzelter.

Bemerkenswert ist die zeitgeschichtliche Sammlung, die die Zeit der deutschen Okkupation und des Befreiungskampfes dokumentiert und offenkundig ein Überbleibsel antifaschistischer Aufklärung aus der Zeit des Sozialismus ist. Auch wer des Slowenischen nicht mächtig ist, stößt auf Interessantes. Neben erschütternden Bilddokumenten finden sich nationalsozialistische Wandzeitungen, die die Rückkehr »Oberkrains« in den deutschen Lebensraum bejubeln, oder Aufrufe zur Teilnahme an kostenlosen Deutschkursen. Unfreiwillig komisch wirken heute die Regeln zur Eindeutschung slowenischer Familiennamen.

Geradezu rührend ist die naturkundliche Abteilung voller schäbiger Vitrinen, die von verschrumpelten Kriechtieren, Vögeln, kleinen und großen Säugern, Käfern, Schmetterlingen und Schlangen bevölkert werden.

Loški muzej, Öffnungszeiten: 1. 4. bis 31. 10, Di–So, 9.00–18.00, 1. 11. bis 31. 3., Sa und So 9.00–17.00.

Der Spodnij trg (Unterer Platz) verläuft parallel zum Mestni trg und war ehemals die Straße der kleinen Läden und Handwerksstätten. Das Grogec-Haus Nr. 22 besitzt ein schönes spätgotisches Portal mit Prellsteinen im Renaissancestil. Ein Stück weiter präsentiert sich die 1710 erbaute Spitals-

Škofja Loka: Auf dem Kapucinski most

kirche im trüben Rosa. Nördlich davon steht der wuchtige Getreidespeicher, *kašča* genannt. Hier wurden einst alle Naturalabgaben der Untertanen an die Grundherren aufbewahrt. Das vollständig renovierte Haus beherbergt heute ein rustikales Restaurant und eine Vinothek sowie eine Dauerausstellung von Grafiken des Malers France Mihelič (1907–1998).

Der alte Zunftgeist widersetzte sich lange jeder Industrialisierung Škofja Lokas. Obwohl sich freier Handel und Gewerbe allmählich durchsetzten, blieben die tradierten Ordnungen in Form von Bruderschaften bis zum 2. Weltkrieg wirksam. Der erste große Industriebetrieb war eine Hutfabrik. Später wurden Turbinen erzeugt, man investierte in Kühltechnik, heute gibt es Möbel- und Montagehäuser, Spinn- und Stofffabriken, Verpackungsindustrie und vieles mehr. Die Stadt hat annähernd 13.000 Einwohner, zwischen 1960 und 1990 stieg die Zahl der Einwohner um 72 Prozent. Die meisten der Zugezogenen, viele aus Teilrepubliken des ehemaligen Jugoslawien, wohnen in tristen Schlafstädten nördlich und östlich der Altstadt, dort, wohin sich kein Tourist verirrt.

Erst seit wenigen Jahren setzt Škofja Loka vermehrt auf den Fremdenverkehr. Vermarktet wird nicht nur das mittelalterliche Ambiente, sondern auch ein umfangreiches Veranstaltungsprogramm. Einen regelrechten Overkill an Folklore erlebt die Stadt bei der »Venusfahrt«, die alljährlich am letzten Wochenende im Juni stattfindet und damit dem erwähnten Passionsspiel den Rang abzulaufen droht. Das Spektakel erinnert an die Reise des steirischen Minnesängers Ulrich von Liechtenstein, der im Jahr 1227 als Venus verkleidet 52 Städte, darunter Škofja Loka, bereiste. Das Zentrum der Stadt verwandelt sich dabei in einen mittelalterlichen Markt, auf dem alte Handwerksberufe vorgeführt und allerlei Erzeugnisse verkauft werden. Dazu gibt's Konzerte, Straßentheater, Feuerschlucker und falsche Edelleute in echten historischen Kostümen. Wer vom Mittelalter nicht genug bekommt, kann außerdem Ganztags-Stadtbesichtigungen buchen, bei denen man von einem Herold begrüßt, einem »Fräulein« begleitet und mit einem Feuerwerk verabschiedet wird.

In Stara Loka

EINKEHR: Ihren eigentlichen Charme entfaltet die Stadt an den ruhigen Tagen, etwa im Spätherbst, wenn nur noch die Einheimischen den Mestni trg bevölkern. Konkurrenzlos ist der Gastgarten des Café Homan mit ehrwürdiger Linde und fußfreier Sicht auf das Treiben am Platz. Im Inneren überrascht das Café mit italienischem Flair und frischen Mehlspeisen. Schön ist auch der Blick aus dem Erker des Restaurants im ersten Stock, weniger erbaulich sind die Hervorbringungen der Küche: Ob *biftek*, *gulaš* oder Pizza, alles

scheint daneben zu gehen. +386/4/5123047.
Besser, wenn auch nicht überragend, isst man im Getreidespeicher.
Hotel Transturist, Kapucinski trg 9, +386/4/512 4026.
Realsozialistische Unterkunft ohne (zu Fuß erreichbare) Alternative.

STARA LOKA*

Der nördliche Vorort von Škofja Loka wird von einer unsäglichen Kirche dominiert, die, von einem ebensolchen Friedhof umgeben, wie eine zerzauste Krähe auf einer kleinen Anhöhe hockt. Zwar zählt das dem Sv. Jurij geweihte Gotteshaus zu den ältesten in Gorenjska, doch ist davon wenig erkennbar. Starološki grad, obwohl von einigen werkstattähnlichen Bauten umzingelt, strahlt hingegen unvermindert behäbige Würde aus. Der Graben ringsum ist zugeschüttet, romantisches Grünzeug wuchert allenthalben. Heute enthält das Schloss, das sich vermutlich aus dem alten Bischofssitz entwickelt hat, nebst Wohnungen und einer Service-Stelle für Sehbehinderte das einzige Post- und Kommunikationsmuseum Sloweniens. *Vstopite!* – Man trete ein, auch wenn es am Gang nach Mittagessen riecht! Zu sehen sind u. a. Unikatsentwürfe der slowenischen Philatelie, ein Portrait des Erfinders der Briefmarke, Lovrenc Kosir (1804–1879), und die Entwicklung des Postwesens von seinen Anfängen bis zu Telegrafie und Telefonie. Das Prachtstück der ausgetüftelten Sammlung ist eine zimmergroße Telefonschaltzentrale, die freundlicherweise von der Kustodin in Aktion gesetzt wird. Das Leuchten unzähliger Lämpchen, Gebimmel und Geratsche der Relais bis zum läutenden Telefon ist auch für Technik-Ignoranten ein unvergessliches Erlebnis.
Öffnungszeiten: Di–Fr von 9.00–16.00, Sa–So 10.00–17.00 Uhr.

* Ortsbeschreibung: Tina Hofstätter.

Bei Topol

IM WALD UND AUF DER WIESE

Blickt man von Sveti Peter auf das Hügelland von Gorenjska, so mag besonders im Sommerhalbjahr der Eindruck entstehen, es erhebe sich dort ein weitläufiges und geschlossenes Urwaldgebiet, das sich ausnimmt wie das Ende der Zivilisation. Diesem ersten, romantischen Eindruck widerspricht aber nicht nur die vielfältige topografische Gliederung der Hügellandschaft, sondern auch ihre gute Erschlossenheit. Verschlungene Verkehrswege führen durch die engen, oft V-förmigen Talböden und auf die unzähligen Hügel hinauf, deren markantere Anhöhen fast ausnahmslos mit kleinen Kirchen bestückt sind, oft umgeben von Gehöften, Heuwiesen, kleinen Feldern und Viehweiden.

Slowenien besitzt im gesamteuropäischen Vergleich einen der höchsten Waldanteile. Mehr als die Hälfte des Landes ist bewaldet. 53 % der Waldfläche sind von Laubbäumen, 47 % von Nadelholz bedeckt.

Wer den Ljubelj überschreitet, wird bald feststellen, dass der Wald jenseits der Grenze anders aussieht. In Kärnten fällt die Hässlichkeit ausgedehnter Kahlschläge ins Auge und der gleichförmige Wuchszustand von Fichten-Monokulturen, die aussehen wie Planquadrate geldwirtschaftlicher Gier. In Slowenien dagegen ist der Kahlschlag seit über vierzig Jahren verboten, und die Wälder werden in der Regel plenterartig, das heißt per Einzelbaum-Entnahme, bewirtschaftet. Der bunt gemischte Wald kommt dem idealen Landschaftsbild nahe. Nicht nur Arten und Alter der Bäume sind verschieden, auch die jahreszeitlichen Änderungen lassen die Bäume deutlicher als Lebewesen in Raum und Zeit erscheinen: im Frühling der helle Laubaustrieb, im Sommer die Form des Laubdaches und die schattige Kühle, sehr oft auch Schwüle dieser Hallen und im Winter die Struktur und die lichte Kahlheit der gewölbten Kronen, um nur die Extreme zu erwähnen. Keine Woche vergeht ohne merkliche Veränderung.

Das Hügelland der Gorenjska hat ein typisches Waldklima. Laubwald ist der dominierende Bewuchs, es überwiegen Buchen, gemischt mit Eichen, Eschen, Ahorn und Kastanien, dazu kommen mehr oder weniger geglückte Aufforstungen mit Fichten, die meist auf schattige Stellen beschränkt bleiben. An sonnigeren Standorten werden diese von der sommerlichen Dürre und dem wärmeliebenden Borkenkäfer geplagt. Die Süd-West-Flanken der Hügel sind der Sonneneinstrahlung und damit der Trockenheit besonders stark ausgesetzt – Phänomene, die der Wanderer durch glutheiße Aufwinde zu spüren bekommen kann.

Am Tošč

Schweißtreibend ist hier auch die Forstarbeit der Bauern. Sie sorgt dafür, dass ein Spezifikum der Kulturlandschaft erhalten bleibt: der maßvoll bewirtschaftete, gesunde Mischwald, dessen Erhaltung sich rechnet. Die Einzelbaum-Entnahme ist zwar schonend und förderlich für den artenreichen Wald, doch für die Waldarbeiter eine Herausforderung in Bezug auf Geschicklichkeit und Geduld. Selbst Traktoren mit Seilwinden sind im steilen Gelände schwierig zu handhaben. Diesen Anstrengungen ist es zu verdanken, dass sich der Wanderer im Hügelland nicht ununterbrochen in gleichförmigen »Urwäldern« bewegt, sondern Waldstrecken verschiedener Nutzungsgrade durchquert. Das Lied der Kreissäge gehört zum kultivierten Waldland wie der Amselschlag zum Frühling.

So erwartet den Wanderer fast überall ein ständig durch den Menschen variiertes Landschaftsbild, und von jeder höher gelegenen Kuh-Schaf-Ziegen-Weide oder Ackerfläche bietet sich ein Ausblick auf die kleinräumige Vielfalt der Kulturlandschaft und ihre Städte, Dörfer, Weiler mit archaisch anmutenden Hofbauten, Scheunen und Harpfen. Dabei erschließt sich noch eine andere, eine zeitliche Dimension überkommener, aufgegebener und vergessener Kultivierungsformen. Sie sind zumeist als Ruinen erhalten, wie aufgelassene Mühlen, Öfen, Dörrhütten und ehemalige Wege, Brücken, Kanäle.

Am Tošč

Diese Reste lassen erahnen, dass die Landschaft früher noch viel stärker von heute überholt erscheinenden kulturtechnischen Einrichtungen geprägt war. So wurde bis in die erste Hälfte des 20. Jahrhunderts jeder noch so kleine Bachlauf für die Gewinnung kinetischer Energie nutzbar gemacht, manch kleiner Damm aufgeschüttet, Wasser gespeichert und zur Bewässerung, Wäsche, Viehtränke und Fischzucht sowie allerlei handwerkliche Tätigkeiten verwendet. Die Aulandschaft an der Sora unterhalb von Reteče ist exemplarisch dafür. Aulandschaften waren ständig in Bewegung: Hier wurde gestaut, dort wurde drainagiert.

Wäre die Wirtschaftlichkeit des menschlichen Eingriffs in die Landschaft das einzige Kriterium einer bäuerlichen Legitimation, müssten weite Bereiche des Hügellandes agrarisch aufgegeben werden. Offensichtlich gibt es aber gerade hier widerständige Menschen, die eine einst im NS-Jargon als »Banditengebiet« verunglimpfte Landschaft bewohnen, Bergler, oder besser: »Hügler«, die sich dem Zeitgeist der »wirtschaftlichen Vernunft« zu verweigern scheinen und am Ort verharren, den traditionellen Tätigkeiten mit neuer Technik nachgehen, im besten Fall einen Nebenerwerb ausüben, um bleiben zu können, die steilen Wiesen zu mähen, ihre Kühe zu melken und ihre Schafe zu schlachten. Noch ist Slowenien diesbezüglich ein »spätes« Land. Die Zersiedelung hat noch nicht jenes Unmaß angenommen wie der in Kärnten übliche ästhetische Kahlschlag an der Landschaft im Ganzen. In der Wiese sieht der Wanderer aber mancherorts schon die gelben Pflöcke: Ein Feld wird parzelliert, eine Umfahrung scheint geplant, es dauert nicht mehr lange.

Bei Jamnik

Es fällt auf, dass vielerorts besonders steile und unzugängliche Wiesen entweder aufgeforstet werden oder durch längere Brache wieder verwalden. Die Verbuschung von Wiesenhängen unterscheidet sich stark von sogenannten Hutwäldern, die nachhaltig als Weide genutztes Buschland sind. Wo das Vieh weidet, kommen nur wenige Bäume hoch, diese entwickeln sich gern in die Breite. Das Vieh frisst immer wieder das Laub von den unteren Zweigen, so dass eine charakteristische Fraßkante entsteht, welche den Hutweiden ein fast parkähnliches Aussehen verleiht. Mit ihren verstreuten Obst- oder Wild-Gehölzen wirken hier viele Wiesen nach der sommerlichen Heuernte fast so künstlich wie englische Gärten oder mit den Jahren gereifte Golfplätze. Ein Beispiel dafür sind die Hänge bei Sveti Jedert vor dem Aufstieg zum Tošč.

Nach der Überquerung einiger Hügelrücken auf steilen Pfaden kann sich Müdigkeit bemerkbar machen. Doch schon erreicht man für gewöhnlich eine kleine Talschaft; mehrere Waldwege führen in einen breiteren Weg, der die Zeichen stärkerer Nutzung aufweist, und, den Wald verlassend, sieht man kleine Felder, Klee- und Kartoffeläcker. Obstbäume stehen verstreut in der Sonne, und Reihen von Stangenbohnen ragen aus den von Kürbis durchrankten Krautgärten auf. Dort, inmitten der Idylle, entsteht vor den Augen des Wanderers der ideale Weiler. Im dichter werdenden Streuobstbestand werden die getünchten oder fleckigen Mauern von Bauernhäusern und Wirtschaftsgebäuden sichtbar, man riecht Stalldunst und Holzrauch, hört Hundsgekläff und Holzhacken, Kreissäge, Motorsäge, Hämmern und Traktorengeräusche. Katzen sonnen sich auf Holztristen. Mitten im Weiler tiefe Dolinen, noch nicht mit Abrissschutt zugeschüttet, alte Bauernhäuser mit großen, beschnitzten Holztüren, vor denen Autos herumstehen wie Fremdkörper. Mehr Autos allerdings als Kinder im Weiler: Land im langsamen Umbruch. Die Hügel ebnen sich, wir verlassen Dörfer und Weiler, nähern uns einer großen Stadt.

Martin Schöffmann

Bei Sv. Ožbolt

8. ETAPPE: AM GRAT
Wanderung von Škofja Loka nach Polhov Gradec

VORSCHAU

Das Polhograjsko hribovje, die stark gegliederte Hügellandschaft östlich von Ljubljana, ist Schauplatz dieser ausgedehnten Wanderung. Obwohl sich das Gebiet bereits im Schwerefeld der Hauptstadt befindet, hat sich hier eine Bilderbuchlandschaft erhalten. So darf man sich auf die wahrscheinlich schönste Etappe der gesamten Tour freuen. Die damit verbundene Kraftanstrengung nimmt man gerne auf sich.

Man verläßt Škofja Loka auf Schleichwegen und wandert, vorbei an denkmalgeschützten Bauernhäusern, über einen bewaldeten Rücken nach Sveti Andrej. Jäh ist der Anstieg nach Sveti Ožbolt, dem zweiten Kirchlein am Wege. Immer schöner wird das Panorama. In sanftem Auf und Ab gelangt man, stets am Kamm, nach Brezje. Unglaublich steil sind die Wiesen, die hier noch bewirtschaftet werden. Uralt die Höfe und Scheunen. Sveta Jedert heißt die dritte, ausnahmsweise nicht auf eine Kuppe stehende Kirche. In elegantem Bogen lehnt sich eine Harpfe an den Hang.

Nun will der Tošč, dessen Vegetation mediterrane Vorbilder hat, bezwungen werden. In zwei Abschnitten müht man sich den Grat entlang zum Gipfel; schroffe Felsen und nackte Rinnen kontrastieren die weichen Formen im Tal. Man steigt zu einer Buschenschenke ab. Ein einsames Gehöft, das auf einer schmalen Schulter Platz genommen hat, ist das nächste Ziel. Man schraubt sich tiefer und wandert, von Katzen beobachtet, durch den Maček-Graben talauswärts. Ein Schloss mit Wehrturm und Neptunbrunnen empfängt den Wanderer in Polhov Gradec. Gelegenheit zur Einkehr findet sich im Zentrum des zerstreuten Ortes.

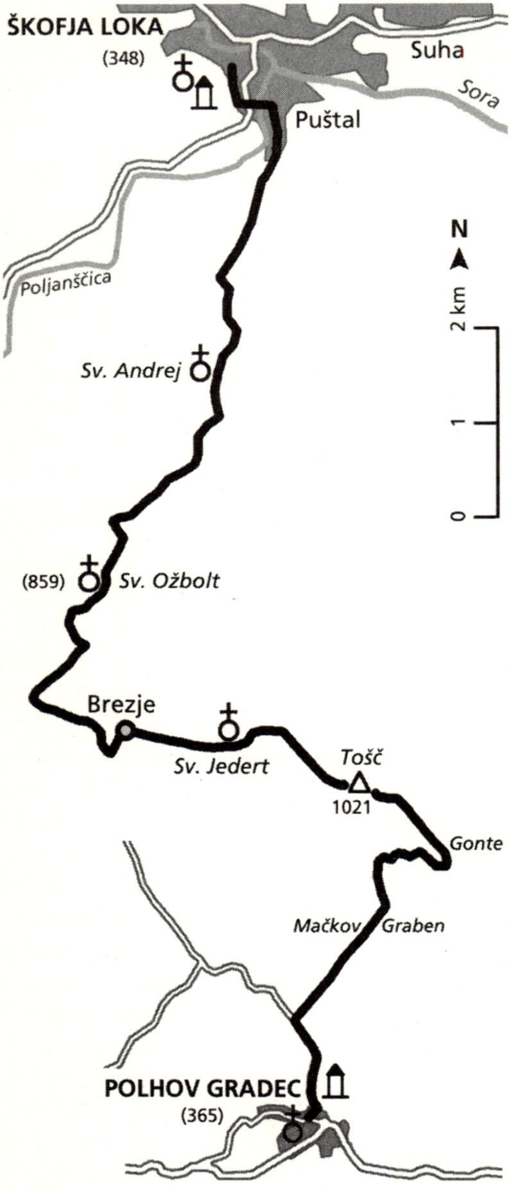
ŠKOFJA LOKA
(348)
Suha
Sora
Puštal
Poljanščica
N
2 km
1
0
Sv. Andrej
(859)
Sv. Ožbolt
Brezje
Sv. Jedert
Tošč
1021
Gonte
Mačkov Graben
POLHOV GRADEC
(365)

HINWEISE ZUR WANDERUNG

SCHWIERIGKEITSGRAD: Anstrengende Wanderung.

LÄNGE: 22 km.

GEHZEIT: 5 bis 6 Stunden.

ANSTIEGE: 900 Höhenmeter in zwei Abschnitten.

WEGE: Wald- und Güterwege, Steige, wenig Asphalt.

ORIENTIERUNG: Ab Puštal durchgehend markiert.

KARTE: Ljubljana in okolica, 1:50 000, Planinska zveza Slovenije.

VERKEHRSVERBINDUNGEN: Bahnhof und Bushaltestelle in Škofja Loka, Bushaltestelle in Polhov Gradec.

EINKEHR: Buschenschenken bei Sv. Andrej, Sv. Ožbolt und unterhalb des Tošč.

QUARTIER: Podreber bei Polhov Gradec.

WEGBESCHREIBUNG

Man durchschreitet den (oberen) Hauptplatz von Škofja Loka in südlicher Richtung. An dessen Ende eine Kreuzung, man geht links. Nach 100 m eine Kreuzung, man geht rechts (Fahrverbot). Nach 150 m eine Gabelung, man geht geradeaus. Bei der nächsten Gabelung geht man links und quert auf einem schönen Holzsteg die Poljanščica. Nach dem Steg eine Gabelung, man geht rechts. Vorbei an der Discothek »Perla« bis zur Nacetova hiša. Ein paar Schritte weiter eine Querstraße, man geht rechts. Nach etwa 300 m eine Gabelung, man geht rechts (Wegweiser »Sveti Andrej«). Man folgt dem Sträßchen bis zu einer weiteren Gabelung und geht wieder rechts. Nach 200 m wieder eine Gabelung, man geht links in einen ansteigenden Schotterweg (deutliche Markierung). Man gelangt zu einem Gehöft, das man durchschreitet. Geradeaus weiter auf einem anfänglich steilen, später moderat ansteigenden Weg. Man erreicht (stets der Markierung folgend) ein Asphaltsträßchen, quert dieses und steigt auf geschottertem Fahrweg bis zum hübschen Kirchlein Sv. Andrej an (1:00 Std.). Einkehrmöglichkeit unterhalb der Kirche.

Von der Kirche weiter in südlicher Richtung (Wegweiser »Sv. Ožbolt«). Man folgt der Markierung anfänglich auf breiten Forststraßen, später den Hügelkamm entlang, dann in einem recht steilen, kurzen Schlussanstieg bis zur Kirche Sv. Ožbolt. (2:15 Std.).

Man steigt von der Kirche auf einer Fahrspur (Wegweiser »Selo«) bis zu einem Quersträßchen ab, auf diesem nach rechts. Nach rund 5 Min. eine Gabelung, man geht links (Markierung). Nettes Schottersträßchen in stark gegliedertem Gelände. Steile Wiesen, Bergbauern, Harpfen. Besonders bemerkenswert das zweite, uralte Bauernhaus nach der Gabelung. Nach diesem Gehöft verlässt man den Hauptweg nach rechts in einen Güterweg (weiterhin der Markierung folgend). Bald darauf eine weitere Gabelung, man geht links und befindet sich jetzt auf dem Europäischen W e i t w a n d e r w e g E7.

Man erreicht bei B r e z j e ein asphaltiertes Quersträßchen und geht auf diesem nach links. Gleich darauf eine Gabelung, man geht rechts (Wegweiser »Tošč«). Man folgt dem anfänglich asphaltierten, später geschotterten Sträßchen bis zu einer Querstraße bei einem Kapellenstock. Hier geht man rechts und folgt dem Hauptweg bis zum Kirchlein S v . J e d e r t (3:15 Std.)

Wenige Schritte nach der Kirche folgt man der Markierung in einen links steil ansteigenden Pfad (geht man hier auf dem Fahrweg geradeaus weiter, gelangt man nach wenigen Schritten zu einer elegant geschwungenen, zehnteiligen Harpfe). 30minütiger, steiler Aufstieg zum Gipfel des T o š č (3:45 Std.).

Sehr steiler Abstieg auf der Ostseite. Nach 10 Min. eine Abzweigung, man geht geradeaus weiter (Wegweiser »Gonte«). Bei einem breitem Querweg geht man rechts, weiter bergab. Kurz darauf verlässt man den Hauptweg nach rechts, indem man der blaugelben Markierung in einen schmäleren Weg folgt. Man erreicht die B u s c h e n s c h e n k e Gonte (4:15 Std.).

Am kleinen S a t t e l oberhalb des Gasthauses schlägt man den Weg Richtung Polhov Grade ein (Wegweiser, Markierung). Nach 5-minütigem Abstieg eine Gabelung, man geht rechts. Kurz darauf passiert man einen B a u e r n h o f; weiter bergab in eleganten Serpentinen. Man verliert rasch an Höhe und gelangt zu einem breiten Fahrweg, auf diesem bequem talauswärts. Vorbei an einigen Wochenendhäusern bzw. stets den Bach entlang bis zu einer asphaltierten Querstrasse, auf dieser nach links. Nach 10 Minuten hat man das S c h l o s s und nach weiteren 5 Minuten das Zentrum von P o l h o v G r a d e c erreicht (5:15 Std.).

AM WEGE

PUŠTAL

Der Vorort von Škofja Loka liegt am Zusammenfluss von Poljanščica und Selščica (die auf deutsch Pöllander und Selzacher Zeyer hießen) und besitzt ein um 1220 erbautes Schloss mit schönen Renaissancearkaden. Es beherbergt eine Musikschule, in deren Hof artige Kinder, die Notenhefte unter den Arm geklemmt, auf den Unterricht warten. Die Kostbarkeit des Schlosses, das Fresko »Die Kreuzabnahme« von Meister Quaglio (1706), befindet sich in der Kapelle. Der Name des Ortes ist wohl eine Verballhornung von »Burgstall«; andere Quellen behaupten einen Zusammenhang mit dem Pustertal in Südtirol. Von mehreren historischen Häusern verdient vor allem die Nacetova hiša, ein ehemaliges Gasthaus, das sich seit 1755 sowohl baulich als auch in seinem gesamten Interieur kaum verändert hat, Beachtung. Eine Attraktion ist auch der Teufelssteig, der die Sora in der Nähe einer Staustufe überspannt. Auf der angrenzenden Wiese hat sich ein zweifelhaftes Etablissement angesiedelt; aus dem Kellerstall starrt ein Steinbock kauernd ins Freie. Im Sommer kann man sich im Freibad Abkühlung verschaffen.

POLHOGRAJSKO HRIBOVJE*

Gäbe es für Wandergebiete eine Bewertungsskala von eins bis fünf, das Polhograjsko hribovje müssten mit fünf Sternen ausgezeichnet werden; kaum eine Landschaft auf dem Weg von Klagenfurt nach Ljubljana hat soviel an Schönheit und Abwechslungsreichtum zu bieten. Das Hügelland erstreckt sich zwischen der Poljanščica im Norden und dem Ljubljansko barje im Süden und liegt an der Grenze zwischen den Alpen und dem Dinarischen Karstland. Der Übergang zu südlichem Gefilde spiegelt sich in Gestalt und Beschaffenheit des Gesteins ebenso wie in der Vegetation und der Art der landwirtschaftlichen Nutzung. Auffallend ist die starke Gliederung, die im Wesentlichen von drei markanten Graten bestimmt wird. Der längste und höchste verläuft im Norden

Bei Sv. Andrej

und verbindet die Gipfel miteinander, die trotz ihrer geringen Höhe von kaum mehr als 1000 m wunderbare Aussichtsberge sind. Östlich davon fällt die Hügelkette Richtung Šentvid ab. Der dritte, im Süden verlaufende Grat, schirmt Polhov Gradec gegen die Ebene südöstlich von Ljubljana ab.

Vielfältig wie ihre Gestalt ist auch die geologische Zusammensetzung der Landschaft. Die höchsten Abschnitte bestehen aus stark erodiertem Dolomitgestein; entsprechend spitz und scharfkantig sind die Gipfel und Grate. Sie haben dem Gebiet den Beinamen *dolomiti* eingetragen, unter dem sie auch touristisch beworben werden. Die Steilheit der Hänge begünstigt ein Ausschwemmen der Oberfläche, weshalb sich in einigen Abschnitten, etwa nordwestlich von Polhov Gradec, tiefe Schluchten herausgebildet haben. An anderen Stellen entstanden weithin sichtbare, nackte Felswände, wie man sie sonst nur im Hochgebirge findet. Infolge des starken Gefälles kommt es bei ausgiebigen Niederschlägen immer wieder zu gefährlichen Überschwemmungen. Sanfter geformt ist die Landschaft im Norden, wo wasserundurchlässiges Tongestein vorherrscht. Man erkennt es an der braunen und roten Färbung und dem engen Netz von Wasserläufen. Ein weiteres Charaktistikum sind einige kalksteingenerierte »Karstinseln«, wie die fruchtbaren Dolinen am Ravnik östlich von Topol.

Den eigentlichen Reiz des Polhograjsko hribovje macht aber ihre Pflanzendecke, eine Mischung aus schönen Mischwäldern und kleinteiliger Kulturlandschaft, aus. Vorherrschend sind ausgedehnte Waldgebiete, die in höheren Lagen von Buchen bzw. Kiefern geprägt werden und in tiefen Lagen – leider – zunehmend von schnellwüchsigen Fichten. Am schönsten ist das Gebiet im Herbst, wenn sich die Wälder zu verfärben beginnen. Je unzugänglicher der Wald, desto vielfältiger der Baumbestand und desto prächtiger das Farbenspiel. Die Dörfer, Weiler oder einzeln stehenden Höfe sind wiederum von steilen Wiesen, kleinen Feldern und malerischen Obst- oder Hausgärten umgeben. Gelegentliche Aufforstungen künden vom Rückgang landwirtschaftlicher Flächen.

Das ausgeprägte Relief des Hügellands bietet wenig Möglichkeiten einer dichteren Besiedelung. Die größeren Ortschaften, darunter der Hauptort Polhov Gradec, befinden sich im Tal der Gradaščica; auf »halber Höhe« finden sich nur kleinere Haufendörfer bzw. Streusiedlungen. Dafür spielten die Gipfel und Hügelkuppen seit jeher eine strategische Rolle. Schon die Römer sollen den Tošč (1021 m) als Kontrollpunkt genützt und an seinen Hängen eine Verteidigungsanlage errichtet haben. Mittelalterliche Burganlagen gab es u. a. auf dem Jeterbenk (774 m), Leuchtfeuer zur Nachrichtenübermittlung auf der Grmada (898 m). Die Besiedlung der höheren Lagen erfolgte erst im Spätmittelalter, aus dem auch die meisten Kirchen des Gebietes stammen. Manche Weiler entstanden infolge der Erbteilung eines Einzelgehöfts, weshalb die Bewohner noch heute in enger verwandtschaftlicher Beziehung stehen.

Nach der Besetzung Sloweniens durch die Truppen Hitlers und Mussolinis verlief die Grenze zwischen dem »Deutschen Reich« und »Italien« quer durch das Polhograjsko hribovje. Die Unwegsamkeit und Unübersichtlichkeit begüns-

Bei Škofja Loka

tigte den Partisanenkampf, weshalb das Gebiet ständig von Einheiten der Besatzer durchkämmt wurde und es immer wieder zu schweren Gefechten kam. Auch der Kampf zwischen Partisanen und *domobranci* wurde hier mit besonderer Härte geführt. Prekär war dabei die Lage für die Zivilbevölkerung, die wiederholt zwischen die Fronten bzw. in den Verdacht der Begünstigung der jeweils anderen Partei geriet. Das Ende 1942 bei Šentjošt (westlich von Polhov Gradec) »befreite Gebiet« wurde zu einem der wichtigsten Stützpunkte der slowenischen Partisanen. Sowohl die militärische Führung als auch die politische Leitung konnten sich hier verhältnismäßig sicher fühlen. Anfang März 1943 verabschiedete die Osvobodilna fronta die so genannte »Dolomiter Erklärung«, in der die Führungsrolle der Kommunistischen Partei im Befreiungskampf festgeschrieben wurde. Historiker werten dies als die Geburtsstunde des jugoslawischen Einparteiensystems. (Bei der Gründung der OF reichte das politische Spektrum noch von den Kommunisten bis zu christlich-sozialen Gruppen.)

In den 70er Jahren erlebte das Hügelland seine vorläufig letzte militärische Nutzung: Die jugoslawische Arme er-

Bei Sv. Ožbolt

richtete auf der höchsten Anhöhe, der Pasja ravan (1029 m) eine große Militärbasis in Form von Bunkeranlagen und Soldatenunterkünften. Sie wurde allerdings nie fertigstellt.

Aufgrund ihrer Nähe zur Großstadt und den guten Verkehrsverbindungen gehören das Polhograjsko hribovje zu den wenigen ländlichen Gebieten Sloweniens, die nicht von Abwanderung betroffen sind, im Gegenteil: Hier nimmt die Bevölkerungszahl sogar zu; selbst die Geburtenrate liegt über dem slowenischen Durchschnitt. Das hat u. a. mit den vergleichsweise günstigen Bedingungen für Nebenerwerbsbauern zu tun: Viele Pendler halten den landwirtschaftlichen Betrieb ihrer Eltern aufrecht und nützen die Möglichkeit der Direktvermarktung. Die Nachfrage des Marktes in Ljubljana fördert zudem biologische Anbauweisen bzw. die Erzeugung von Nischenprodukten. Zusätzliche Einnahmen bringt der an Wochenenden manchmal ausufernde Ausflugstourismus. Manche alten Bauernhöfe werden von den Erben auch nur als Zweitwohnsitz in Schuss gehalten, was die verhältnismäßig hohe Akademikerrate erklärt.

Eine Folge der Bevölkerungszunahme ist aber die beginnende Zersiedelung. Zwar beschränkt sich diese, zumindest vorerst, hauptsächlich auf die Ljubljana und Medvode zugewandten Gebiete, doch sind auch in höheren Abschnitten architektonische Flurschäden zu verzeichnen. Bei Topol oder Golo brdo übersteigt die Anzahl der *Vikend*-Häuser bereits die Zahl der alten Gebäude. Die ersten Bausünden stammen aus der Zeit des Sozialismus; die meisten dieser Zweitwohnsitze entstanden ohne Bewilligung und nach eigenen Entwürfen. Das hat – bei aller Problematik der Standortwahl – auch so manche sehenswerte Hausform hervorgebracht und fügt sich – im Unterschied zu den behördlich genehmigten Protzbauten jüngeren Datums – vergleichsweise harmonisch in die Landschaft.

Sv. Andrej

SVETI ANDREJ

Nur eine Gehstunde von Škofja Loka entfernt, lockt das hübsche Kirchlein aus dem 15. Jahrhundert mit seinem fast »russisch« anmutenden Zwiebelturm viele Ausflügler an. Beim benachbarten Bauern erinnert eine Gedenktafel an Jakob Božnar, einen tapferen Partisanen, der hier 1942 von einer deutschen Grenzpatrouille erschossen wurde, nachdem er zuvor am Kampf um Dražgoše sowie am Überfall auf das Gestapo-Gefängnis in Škofja Loka teil genommen hatte.

EINKEHR: Gasthof Rupar. Altes Wirtshaus, bei dessen Um- und Ausbau sämtliche Möglichkeiten der Verunstaltung ausgeschöpft wurden.

SVETI OŽBOLT

Nicht die schmucklose Kirche, sondern das grandiose Panorama lohnt den steilen Schlussanstieg. In alten Zeiten soll sich hier ein heidnischer Tempel befunden haben.

EINKEHR: In der liebevoll renovierten Keusche unterhalb der Kirche wird man von zwei älteren Herren besonders freundlich bewirtet. Gemütliche Gaststube, kleiner Sitzgarten mit schöner Aussicht. Die schönste Einkehr weit und breit!

Sv. Ožbolt

POLHOV GRADEC

»Am gemeinsamen Ausgange zweier Thalschluchten liegt gar lieblich Billichgraz«, heißt es im »Illustrirten Führer durch Steiermark und Krain« aus dem Jahr 1899, womit der Ort bei seinem alten deutschen Namen (eigentlich: Billichgratz) genannt wird. Besiedelt wurde die Gegend bereits in vorgeschichtlicher Zeit, und auch die Römer hinterließen hier ihre Spuren. Wertvollster Fund ist ein bronzenes Gefäß aus dem 1. Jahrhundert n. Chr., das Archäologen als Bierkrug identifizierten und das im Nationalmuseum in Ljubljana besichtigt werden kann.

Aus dem 16. Jahrhundert stammt Grad Polhov Gradec, ein kürzlich renoviertes Schloss, das sich hinter dem Kalvarienberg nördlich des Dorfes versteckt. Mit dem turmbewehrten »Stadttor« und einem großen Wirtschaftsgebäude bildet es ein reizvolles Ensemble, das eine nähere Erkundung, sprich Umrundung, lohnt. Kunstführer heben den Steinbrunnen aus der Spätrenaissance hervor, handelt es sich doch um den ältestens Neptunbrunnen Sloweniens. Warum es den Meeres-

In Polhov Gradec

gott ausgerechnet in die »Dolomiten« verschlagen hat, ist ebenso unbekannt wie der Name des Bildhauermeisters. Im eingefriedeten Schlosspark beeindruckt neben der »barocken« Bepflanzung eine uralte, mehrstämmige Buche. Zu internationaler Berühmtheit brachte es das Schloss 1837, als sein Eigner, Graf Richard Blagay, im Pohograjsko hribovje eine endemische Art des Seidelbasts entdeckte, was damals als botanische Sensation galt. Ein Jahr später reiste sogar der Sachsenkönig Friedrich August an, um sich höchstpersönlich von der Existenz der Daphne blagayana zu überzeugen. Dem Monarchen zu Ehren wurde ein Obelisk errichtet und der Seidelbast vom Volksmund in Königsblume umbenannt. Seine Beeren sind hochgiftig und haben schon manchem naschhaften Kind das Leben gekostet. Das Schloss beherbergt heute neben einem kleinen Heimatmuseum eine Bücherei und soll zu einem Zentrum für »Ethno-Botanik« mit Kräutergarten ausgebaut werden. In Diskussion ist eine Verlegung der Straßendurchfahrt, die das Schloss vom Park trennt und dem Neptunbrunnen gehörig zusetzt.

Auf den ersten Blick wirkt Polhov Gradec nicht gerade »abendfüllend«. Das Ortsbild scheint etwas derangiert, und die

In Polhov Gradec

Atmosphäre hat etwas Gottverlassenes. Beim näheren Augenschein wird man aber einer Fülle reizvoller Details und damit der besonderen Note des Ortes gewahr. Sein kommunikatives Zentrum wird von einer realsozialistischen Busstation gebildet, wo man, so scheint es, lieber ab- als anreist. Wer nicht weg kommt, tröstet sich im winzigen *bife* und versorgt sich in der *trgovina* mit dem Nötigsten. Am Wochenende beleben fahrende Händler den Platz. Wenige Schritte weiter drängen sich die Häuser zur Pfarrkirche den Hang empor, verhältnismäßig große Gebäude mit urbanen Anflügen, die den Eindruck machen, als hätten sie sich aus einer Kleinstadt hierher verirrt. Einige sind unverputzt und verharren, von der Improvisationskunst ihrer Bewohner zeugend, in der Schwebe zwischen Umbau, Zubau und Verfall.

Die ältesten Häuser befinden sich oberhalb oder westlich der Kirche, so etwa das zweigeschoßige Ostetar-Haus Nr. 33 aus dem 16. Jahrhundert mit seinen winzigen Fenstern und dem schönen Stiegenaufgang. Es war dies der Sitz des Verwalters der Burg, die sich einst auf dem Kalvarienhügel befand. (Der kurze Aufstieg lohnt sich vor allem wegen der Aussicht auf den Ort, dessen Struktur man von oben am

In Polhov Gradec

besten erkennt.) Besonders malerisch und für den Ort charakteristisch sind die vielen von Wein umrankten Fassaden, wie die des Hauses Nr. 49, das von einem uralten Rebstock förmlich zusammengehalten wird.

Die vielleicht bedeutendsten, aber touristisch völlig unbeachteten Bauwerke des Dorfes liegen östlich des Božna-Baches, vis-à-vis der Hoja-Möbelfabrik. Es sind zwei besonders wuchtige Doppelharpfen, deren kunstvolle Fachwerkskonstruktion ihresgleichen sucht. Ungewöhnlich sind nicht nur die massiven und sich nach oben hin verjüngenden Eckpfeiler, sondern auch das mit besonders komplizierten Holzverbindungen ausgestattete Obergeschoß. (Um zu den beiden Harpfen zu gelangen, wende man sich beim Haus Nr. 15 – das Spuren einer Tito-Huldigung ziert – einige Schritte in südlicher Richtung.)

Als Zentrum der Holzverarbeitung hat Polhov Gradec nicht nur viele geschickte Zimmerleute, sondern auch mehrere bekannte Holzbildhauer und -schnitzer wie Simon Rupnik (18. Jhd.), Jenej Trnovec (19. Jhd.) und Meister Facij (18. Jhd.) hervorgebracht. Von Letzterem stammt der prächtige Barockaltar der Kirche Mariä Geburt, die ansonsten kein

Ort ästhetischer Großtaten ist. Ein großer Sohn des Ortes ist auch Gregor Rihar (1796–1863), der als Liederkomponist in die slowenische Musikgeschichte einging.

EINKEHR: Kmetija pri Mehačku. Der freundliche Familienbetrieb mit 350-jähriger Geschichte zeichnet sich durch eine tadellose Küche aus. Hier gibt's saftigen Kalbsbraten und wahrscheinlich die knusprigsten Bratwürste Sloweniens. Setnica 5, +386/31/628230.

Die einzige Übernachtungsmöglichkeit bietet eine Privatunterkunft im benachbarten Dorf Podreber; sie wird über den örtlichen Tourismusverband Dolomiti vermittelt: tzdolomiti@volja.net oder +386/31/247373 bzw. +386/1/3640222.

Eine weitere Unterkunft findet sich in Topol (siehe 9. Etappe).

---

* Textmitarbeit: Jernej Zupančič.

Bei Sv. Peter

HIMMELWÄRTS

Wanderer und Pilger haben eines gemeinsam, den Weg nämlich, den es zu bewältigen gilt. Ihre Ziele können verschieden sein, aber die Landschaft, die sie durchschreiten, hält beiden gleiche Blickfänge bereit. In der Berg- und Hügellandschaft der Ostalpen sind erstaunlich viele Bergkirchen darunter. Die Ursachen dafür versuchte 1925 ein junger slowenischer Schriftsteller und angehender Priester, Jože Pogačnik, der spätere Bischof von Ljubljana, mit einem slowenischen Mythos zu verbrämen: »Nationen haben ihre Denkmäler, solche vom gesamten Volk erbaute. Wo haben wir Slowenen sie? Wie sollten wir Armen sie haben? Wann war der Slowene reich? Nur in der anderen Welt. – Wir haben keine gesamtnationalen Heiligtümer aus Stein; deshalb lieben wir dich, unser Šmarna gora, dich, unsere lebendige Scholle, eine Handvoll teurer Erde erwählen wir zu unserem Symbol! Und du bist mitten unter uns, dass wir alle dich sehen.« Der Schreiber der zitierten Zeilen hatte zwar die Marienwallfahrtskirche Šmarna gora (sie liegt etwas nördlich von Ljubljana) im Sinn, ähnlich pathetisch hätte aber die Beschreibung vieler Kirchen in Slowenien ausfallen können.

Sieht man von der relativ kurzen Periode der Glaubenskämpfe in der zweiten Hälfte des 16. Jahrhunderts und der beschleunigten Säkularisierung seit Beginn des 20. Jahrhunderts ab, dominiert die katholische Kirche das religiöse Leben der slowenischen Bevölkerung seit mehr als tausend Jahren. Die Frömmigkeit der Slowenen war geradezu sprichwörtlich, und unzählige Beispiele aus dem Bereich der Alltags- und Hochkultur zeigen, unter welch starkem Einfluss der Religion das Leben der Menschen stand. Ein Bestandteil dieser Kultur sind auch Wallfahrten und Wallfahrtskirchen von lokaler, regionaler und überregionaler Bedeutung.

Schon wenn man in der Menschheitsgeschichte ganz weit zurückblickt, stößt man auf frühe Spuren von Kultstätten auf

Fresko in Sv. Peter: Jüngstes Gericht

Bergen und in anderen höheren Lagen. Berge galten seit alters her als Wohnsitze von Göttern und Tummelplätze von Geistern, Dämonen und anderen mythischen Wesen. Auf ihnen wurden Heiligtümer gebaut. In unseren Breiten sind archäologische Zeugnisse aus der Kelten- und Römerzeit dokumentiert. Als das römische Imperium ins Wanken geriet und sich in rascher Abfolge germanische Stämme als Landesherren ablösten, standen frühchristliche Kirchen bevorzugt auf Anhöhen. Ende des 6. Jahrhunderts folgten die polytheistischen Slawen, über deren Glaubensinhalte jedoch wenig bekannt ist. Kultplätze der heidnischen Slawen sind zwar im Ostalpenraum bisher noch nicht erschlossen worden, eine gewisse Kontinuität zwischen Kultstätten heidnischer Götter und christlichen Kirchen ist aber zu vermuten. Vom Mittelalter an wurden Hügel und Berge zunehmend in die christliche Sakrallandschaft eingebunden, auffallend viele Bauprojekte wurden jedoch vom Ende des Mittelalters bis zur Mitte des 18. Jahrhunderts realisiert.

In dunkler Zeit verlieren sich auch die Spuren der ersten Pilger. Das Christentum kannte Pilger- und Wallfahrten von Beginn an. Gründe, sich nicht nur in heimischer Umgebung an höhere Wesen zu wenden, fanden sich viele. Anstrengungen und Entbehrungen, die mit einer Wallfahrt verbunden waren, sollten dem Gebet mehr Kraft verleihen. Zugleich konnte man andere Gegenden und Menschen kennen lernen, die Alltagsnöte vergessen, die Sünden ins Ohr fremder Geistlicher flüstern und Andenken erstehen, die weiteren Schutz vor Unbill versprachen. Fern von zu Hause zu sein, bedeutete für manche auch, sich der Kontrolle zu entziehen und über die Stränge zu schlagen. Für diese Bedürfnisse wurde reichlich Infrastruktur geschaffen.

Viele Kirchen wurden an markanten Punkten errichtet. Noch heute wirken sie wie Wegweiser und Akzente in der Landschaft. Zu bestimmten Zeiten erfüllten sie auch andere Funktionen, in Kriegszeiten etwa als Wehrbau und Zufluchtsort, wie etwa Sv. Peter bei Begunje oder Šmarna gora. Zur Zeit der Türkeneinfälle und Bauernaufstände wurden vor diesen Kirchen Signalfeuer abgebrannt, die vor kriegerischen Gefahren warnten oder die Wehrfähigen zu den Waffen riefen. An vielen Kirchen erinnern noch heute Schießscharten an diese Zeiten. Selbst einige Patrozinien sprechen eine deutliche Sprache. So wurde die Heilige Dreifaltigkeit zum Symbol des Kampfes gegen die Türken, ebenso Maria und Josef, und in Krain in besonderer Weise der hl. Achatius, einer der vierzehn Nothelfer, an dessen Namenstag, dem 22. Juni, die Krainer im Jahr 1593 die Türken besiegten und der seither Schutzpatron des Landes ist. Eine weitere Bedrohung stellten ansteckende Krankheiten dar, vor allem die Pest, die in Krain im 16. und 17. Jahrhundert viele Opfer forderte. Als wichtigste Pestheilige galten Sebastian, Rochus und Rosalia. Ihnen wurden Kirchen, Altäre oder zumindest Statuen auf den Altären errichtet. Rund um die Verehrung dieser Heiligen entwickelte sich eine Volks- und Wallfahrtsfrömmigkeit.

Die Hauptbauperioden waren das 15. und 16. Jahrhundert, als umfassende Umgestaltungen des gesellschaftlichen Lebens bei den Menschen zu Irritationen führten. Soziale und religiöse Konflikte und Krisen waren die Folge. Doch regte sich damals auch Widerstand gegen Wallfahrten. Vor allem der Protestantismus bekämpfte sie als eine der verpönten Formen römisch-katholischen Aberglaubens. Primož Trubar (1508–1586), der »slowenische Martin Luther«, war ein entschiedener Gegner von Wallfahrten und der Errichtung neuer Kirchen, die diesem Zweck dienen sollten. Fast in allen seinen Büchern ließ er seinem Ärger über diese Erscheinungen der Volksfrömmigkeit freien Lauf. In seiner Vorrede zu einem 1562 in Tübingen gedruckten kroatischen Buch schilderte er, was seine slowenischen Zeitgenossen »mit weiten Wallfahrten und neuen Kirchenbauten ausrichten« wollten: »Und alles Unglück, alle Strafen Gottes, allerlei Krankheiten, Teuerung, Krieg, Unwetter abwenden, gleichfalls die Teufel aus den Wolken, aus dem Feld, von Hof und Vieh, von Haus und Bett vertreiben, und gute Jahre, viel Getreide, Wein, Vieh, Friede vor dem Türken und ein langes Leben wollen sie damit und dadurch erreichen. Ja auch den Verstorbenen aus dem Fegefeuer in den Himmel helfen und die ewige Seligkeit erlangen.« Trubar wusste von den ausgedehnten Wallfahrten seiner Landsleute nach Rom, Loretto, Altötting, St. Wolfgang und alle sieben Jahre nach Aachen. Ebenso war ihm auch die Neuerrichtung von Kirchen in der Heimat ein Dorn im Auge: »Und haben gebaut und bauen noch neben ihren Pfarrkirchen schier auf allen Höhen, Bergen und schönen Ebenen, in Wäldern und Gehölzen große Kirchen, oft zwei

Bildstock bei Zell/Sele

nebeneinander, dass in vielen Pfarren bei vierundzwanzig und mehr Filialkirchen und Kapellen erbaut sind und noch erbaut werden. Und solche großen abgöttischen und unnutzen Gebäude errichten sie nur auf Zuruf, Geheiß und Befehl leichtfertiger, wahnsinniger und ehrloser Leute, welche behaupten, die Jungfrau Maria oder sonst ein Heiliger oder Heilige sei ihnen im Traum oder im Schlaf erschienen.« Seine Kritik bezog Trubar ausdrücklich auch auf die Kirche in Dvor bei Polhov Gradec.

Altar von Sv. Katarina

Von der einstigen Beliebtheit der Wallfahrtskirchen zeugen deren beträchtliche Größe und reiche Ausstattung. Manche Filialkirche, die sich zur Wallfahrtskirche entwickelte, konnte in ihrer Pracht die übergeordnete Pfarrkirche weit übertreffen, wie zum Beispiel Sv. Peter nad Begunjami, Brezje, Črngrob oder Šmarna gora. Da diese Kirchen gute Einkünfte und reiche Gönner hatten, konnten bekannte Künstler mit Aufträgen betraut werden, deshalb haben einige Wallfahrtskirchen in der Kunstgeschichte des Landes einen bedeutenden Platz. Bei näherer Betrachtung kommen geschichtsbedingte Besonderheiten zum Vorschein. Die ältesten sakralen Wandmalereien in Krain datieren erst aus der Zeit um 1300, im Vergleich zu den angrenzenden Gebieten Italiens und Österreichs beginnt also die Geschichte dieser Kunstgattung relativ spät. Als Grund dafür kann die Lage außerhalb der damals wichtigen Macht-, Wirtschafts- und Kulturzentren genannt werden.

In Polhov Gradec

In Krain hatte kaum eine überregional bedeutsame Adelsfamilie ihren Hauptsitz. Der umfangreiche Grundbesitz, vor allem auch der in kirchlicher Hand, wurde vorwiegend als Außenstelle betrachtet. Dass Krain trotzdem so reich an barocken Sakralbauten ist, hat damit zu tun, dass nach der Gegenreformation viele Wallfahrtskirchen umgebaut, vergrößert oder gänzlich neu errichtet wurden. Barock war der vorherrschende Stil der über den Protestantismus siegreichen katholischen Kirche. Die barocke Sakralkunst hatte also durchaus propagandistischen Charakter. Die Visualisierung des Glaubens hatte in einer Gesellschaft, wo die überwältigende Mehrheit weder lesen noch schreiben konnte, einen besonderen Stellenwert. Kunstwerke waren Lockmittel und dienten der Glaubensverbreitung. Sie stießen bei der Bevölkerung auf Zustimmung, denn der Kunstgeschmack des einfachen Volkes ging mit dem offiziellen Kunststil konform.

Stellten Wallfahrten im Barockzeitalter einen festen Bestandteil der religiösen Feiertagskultur dar, schlug in der Zeit der Aufklärung das Pendel in die andere Richtung aus. So ordnete Joseph II. 1784 an, »dass alle Wallfahrtszüge und

Prozessionen, die ohne Begleitung des ordentlichen Seelsorgers abgehalten würden, von nun an überhaupt und ausdrücklich zu verbieten seien«. An der Umsetzung dieser Anordnung gebrach es aber, denn 1787 mussten die politischen Behörden feststellen, dass »in manchen Gegenden Innerösterreichs das gemeine Volk den Wallfahrten noch sehr ergeben sei, und dass selbes [...] sich zu gewissen Zeiten eben so zahlreich an verschiedenen so genannten Wallfahrtsorten versammle« wie zuvor. Die Prozessionen wurden als »nicht nur der Religion und Sittlichkeit, sondern auch der Gesundheit« nachteilig bezeichnet, denn es komme zu Diebstählen, Schlägereien und im Gedränge sogar zu Verletzten und Todesopfern. Den Seelsorgern wurde auferlegt, »das Volk von dem allseitigen Nachteil« der Wallfahrten zu unterrichten, und bei Strafe verboten, sich an Wallfahrtsorte zu begeben, um die dort angestellten Priester zu unterstützen. Auch die Abschaffung der meisten Feiertage dämmte die Wallfahrten ein. Viele der einst beliebten Wallfahrtskirchen verloren schnell ihren Status und sind heute nur noch stumme Zeugnisse ehemaliger Volksfrömmigkeit.

Theodor Domej

Bei Topol

9. ETAPPE: LANDFLUCHT
Wanderung von Polhov Gradec nach Ljubljana

VORSCHAU

Auch die letzte Etappe verläuft in der harmonischen, von steilen Hügeln geprägten Landschaft westlich von Ljubljana. Eine größere Anstrengung bringt aber nur der erste Abschnitt mit sich, bei dem man die Grmada, einen felsigen Gipfel bei Polhov Gradec, erklimmt. Kaum 900 m hoch bietet sie mehr Fernsicht als manch erwachsener Berg. Bequem wandert man weiter nach Topol, dessen Häuser sich auf einem Sattel versammelt haben und das Bild eines intakten Dorfes vermitteln. Sveta Katarina, ein Kirchlein mit reichem Freskenschmuck, verhilft dem Ort auch noch zu kulturgeschichtlichem Rang. Ein schöner Panoramaweg verbindet ihn mit dem Jeterbenk, dem letzten Aussichtspunkt der Wanderung. Sveti Jakob und Sveti Florjan grüßen vom Hang vis-à-vis. Rasch steigt man nach Golo Brdo ab, das mit desolaten Behausungen einen Vorgeschmack auf die Peripherie von Ljubljana bietet. Kein längeres Bleiben ist in der Buschenschenke am Waldrand. Ein kurzer Anstieg, und man hat das letzte Hindernis auf dem Weg nach Ljubljana überwunden. Schlagartig taucht man in die Vorstadt ein, wo sich Baudenkmäler mit architektonischem Wildwuchs mischen. Von tosendem Verkehr begleitet, gelangt man zum Bahnhof Ljubljana-Vižmarje, der sich ebenso gut in Klagenfurt befinden könnte.

HINWEISE ZUR WANDERUNG

SCHWIERIGKEITSGRAD: Anstrengende Wanderung.

LÄNGE: 18 km.

GEHZEIT: 6 Stunden.

ANSTIEGE: 550 plus 100 Höhenmeter.

WEGE: Wald- und Güterwege, Steige, wenig Asphalt.

ORIENTIERUNG: Durchgehend markiert.

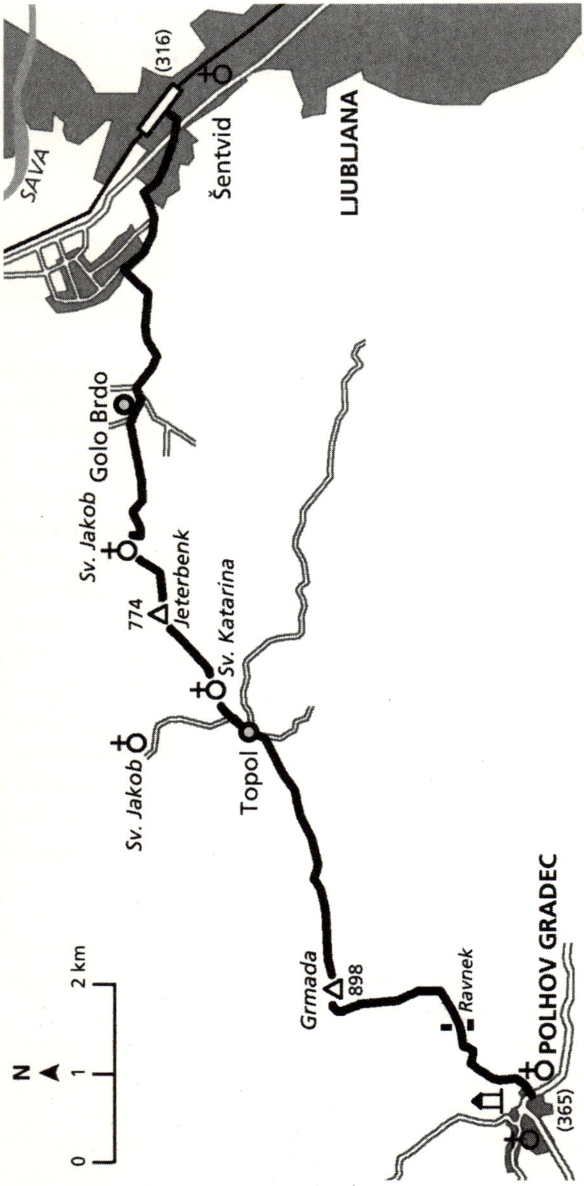
SAVA
(316)
Šentvid
LJUBLJANA
Golo Brdo
Sv. Jakob
774
Jeterbenk
Sv. Katarina
Sv. Jakob
Topol
N
0
1
2 km
Grmada
898
Ravnek
POLHOV GRADEC
(365)

KARTE: Ljubljana in okolica, 1:50 000, Planinska zveza Slovenije.
VERKEHRSVERBINDUNGEN: Bushaltestelle in Polhov Gradec, Bahnhof und städtische Bushaltestelle in Šentvid.
EINKEHR: Gostilna in Topol, Buschenschenke in Golo Brdo.
QUARTIER: Ljubljana

WEGBESCHREIBUNG

Man geht von der Bushaltestelle in Polhov Gradec in östlicher Richtung (Wegweiser »Ljubljana«) bis zur Gostilna pri Pratkarju. Unmittelbar danach wendet man sich nach links in einen ansteigenden Pfad (Markierung). 15-minütiger steiler Anstieg im Wald. Ein breiter Querweg, man geht rechts, weiter der Markierung folgend und den kurvigen Fahrweg mehrmals abschneidend. Man durchschreitet den freundlichen Weiler Sednica (0:30 Std.).
Weiter bergauf auf markiertem Weg, teils im Wald, teils über Wiesen. Schöne Aussichten nach Westen und Osten, ein erster Blick auf Ljubljana. Man gelangt zu einer Blockhütte, wo sich der Weg gabelt. Rechts am Blockhaus vorbei in einen jäh ansteigenden Pfad. Nach 15minütigem sehr steilen Anstieg hat man den »Vorgipfel« der Grmada erreicht. Man steigt in nördlicher Richtung zu einem kleinen Sattel ab und müht sich von dort auf die Grmada (1:45 Std.).

5minütiger, mühseliger Abstieg in östlicher Richtung auf steilem, markiertem Pfad. Man gelangt zum blau-gelb markierten Hauptweg und geht geradeaus weiter. Man folgt diesem (sehr angenehmen) Weg bis zu einem kleinen Steinbruch, wo er in einen breiten Forstweg übergeht. Man gelangt zu einer Schotterstraße und geht auf dieser nach links. Kurz darauf verlässt man das Sträßlein nach links in einen rotweiß markierten Waldweg, der alsbald wieder auf das Sträßlein trifft. Auf diesem nach links bis zu einer Asphaltstraße, auf dieser nach links bis Topol (2:45 Std.).

30 m nach dem Gasthaus eine Dreifachgabelung, man nimmt den mittleren Weg und steigt auf einer asphaltierten Straße an. Nach 5 Min. eine Querstraße, man geht rechts bis zum Kirchlein Sv. Katarina. Vorbei an der Kirche in ein absteigendes Schottersträßchen. Gleich darauf eine Gabelung, man bleibt auf dem

Hauptweg. Schöner Panoramaweg. Nach ca. 15. Minuten, bei einem Bildstock, eine Dreifachgabelung, man nimmt den mittleren Weg (Wegweiser »Jeterbenk«). Man folgt der Markierung bis zum G i p f e l (3:30 Std.). Schöne Blicke. Vom Gipfel steigt man in östlicher Richtung und weiterhin der Markierung folgend bis zur Kirche S v . J a k o b ab (3:50 Std.).

Weiter bergab bis zu einem breiten Querweg; man geht links. Nach etwa 50 m, bei einem alten H a u s , wendet man sich scharf nach rechts (Wegweiser »Slavkov dom«). Man umgeht oberhalb einer Pferdeweide einen kleinen Graben und gelangt neuerlich in den Wald, wo man wieder auf die Markierung trifft. Angenehmer Waldweg. Bei einem Querweg geht man links (Wegweiser »Medvode«). Bei einem Wegkreuz eine Gabelung, man geht rechts, den Hauptweg verlassend (Wegweiser »Slavkov dom«), und trifft auf ein A s p h a l t s t r ä ß c h e n . Hier geht man rechts bis zu einer Querstraße, auf dieser nach links. Man passiert das gelbe Haus Nr. 6 der Ortschaft Golo Brdo und wendet sich 20 m danach nach rechts in ein Sträßchen. Vorbei an einigen architektonischen Merkwürdigkeiten bis zur g o s t i l n a B o r m e s (4:45 Std.).

Man durchschreitet das Anwesen und gelangt auf einem ansteigenden Forstweg in den Wald. Eine Gabelung, man geht links (Wegweiser »Šentvid«). Man folgt der Markierung auf angenehmen Wegen über einen bewaldeten Hügel. Nach dem Abstieg bei einem Haus ein Querweg, man geht rechts. Nach wenigen Metern ein asphaltiertes Sträßchen, auf diesem nach links. Gleich darauf eine Gabelung, man wendet sich nach rechts. Nach etwa 150 m biegt die Straße nach links, man geht geradeaus auf einem Schotterweg weiter. Man passiert eine S i e d l u n g und gelangt zur Gunceljska cesta und folgt dieser bis zur C e l o v š k a c e s t a . Auf dieser geradeaus weiter bis zu einer geregelten Kreuzung (städt. Bushaltestelle). Vorstadt. Man geht geradeaus und biegt nach 30 m in die cesta 25 talcev. [Wer ins Ortszentrum Šentvid will, geht hier geradeaus bis zur weithin sichtbaren Kirche.] Bei der darauffolgenden Querstraße geht man halb rechts und erreicht den B a h n h o f L j u b l j a n a - V i ž m a r j e (6:00 Std.).

[Um vom Bahnhof zum Gymnasium von Šentvid zu gelangen, geht man auf schmalem Pfad rechts der Geleise stadteinwärts bis zu einer Fußgängerunterführung. Gegenüber das besagte Schulgebäude.]

AM WEGE

GRMADA

Schon im 19. Jahrhundert war die »reizende Mittelgebirgsgruppe der Billichgrazer Berge« ein beliebtes und von der »Alpenvereinssektion Krain« gut erschlossenes Wandergebiet. Neben dem »Toschz« empfahl man auch die »Germada« als »herrlichen Aussichtsberg«, welchem man sich von Medvode »über fernausschauende Vorhöhen und blumenreiche Bergwiesen« nähern sollte, um dann »über Bröckelgestein auf förmlichen Gemspfaden« zum Gipfel zu gelangen.[1] Grmada bedeutet Scheiterhaufen, was auf den Umstand zurückzuführen ist, dass hier einst Warnfeuer entzündet wurden, um die Bewohner vor heranrückenden Türkenheeren zu warnen. Zu dieser Zeit bestand eine ganze Kette von Signalstationen, die von der Burg in Ljubljana über Šmarjetna gora bei Kranj bis Sv. Peter bei Begunje und weiter nach Bled reichte. Einheimische erzählen, dass auf der Grmada auch Hexenverbrennungen stattgefunden hätten.

Bei Topol

TOPOL

Die Streusiedlung ist so etwas wie der Hauptort des Polhograjsko hribovje, zumindest was seine Anziehungskraft auf die Ausflügler aus dem Tal anbelangt. An Wochenenden strömen sie zu Hunderten aus allen Himmelsrichtungen herbei, um die Aussicht und das gastronomische Angebot zu

Bei Topol

genießen. Auch die hübschen Kirchen im näheren Umkreis – gleich vier an der Zahl – tragen zur Attraktion Topols bei. Der gelegentliche Massenansturm bleibt nicht ohne Folgen: Neben der Umwelt, der die Autoabgase immer mehr zusetzen, leidet auch das Ortsbild: Was die Gäste an Geld hier lassen, wird in Zu- und Umbauten investiert, die den alten Hausbestand zu verdrängen drohen. Trotzdem ist Topol – zumindest an ruhigeren Tagen – ein angenehmer Ort.

Auch wer sich länger aufhält, kommt auf seine Kosten, finden sich doch in der Umgebung so viele Naturdenkmäler und Sehenswürdigkeiten, dass ihre Besichtigung gleich mehrere Tage in Anspruch nimmt. Da sind etwa die Seitentäler des Ločnica-Grabens mit mehreren schönen Wasserfällen und Bachläufen, an denen einst zahlreiche Mühlen und Sägewerke standen. Die meisten wurden nach den Hochwasserkatastrophen in den Jahren 1924 und 1926, bei denen viele Häuser zerstört wurden und mehrere Menschen zu Tode kamen, aufgegeben. Sehenswert sind auch die Überreste einer alten Schmelze und eines (bereits 1716 erwähnten) Bergwerkes bei Grapce, wo bis nach dem 1. Weltkrieg Blei und Quecksilber abgebaut wurde. Gold und Silber kann

Bei Topol

man der Sage nach auf dem Jeterbenk finden, dessen Name eine Verballhornung der Raubritterburg Hertenberg ist, die sich bis in 16. Jahrhundert auf seinem Gipfel befand. Botanikfreunde können sich an lebendigen Bodenschätzen wie der Krainer Lilie und dem Frauenschuh erfreuen.

Ein Kulturdenkmal besonderer Güte ist das ursprünglich romanische Kirchlein Sv. Katarina nordöstlich des Ortszentrums. Während es sich äußerlich kaum von anderen Landkirchen der Region unterscheidet, birgt es im Inneren eine Überraschung: die sezessionistische Ausgestaltung von Helana und Ivan Vurnik aus dem Jahr 1920. Letzterer war ein Schüler Otto Wagners und gilt – neben Jože Plečnik – als einer der Großen der slowenischen Architektur. In den 30ern, nun von der Bauhaus-Schule und Le Corbusier beeinflusst, schuf er in Ljubljana eine Reihe bedeutender Bauwerke. Der Altar von Sv. Katarina ist eine Goldschmiedearbeit, in denen er traditionelle Formen mit modernem Vokabular verband. Die farbenfrohe ornamentale Wandbemalung stammt von seiner Frau Helena, die sich mit mehreren kräftig gemusterten Fassaden in die Kunstgeschichte eingeschrieben hat. Ehrlichen Wanderern wird

Sv. Katarina

der Schlüssel zur Kirche im Pfarrhaus vis-à-vis ausgefolgt. Zwei Blechengel mit Posaune schlagen im Ernstfall Alarm.

Lohnend ist auch ein Abstecher zum Kirchlein Sv. Jakob, das mit Topol durch einen besonders schönen, über markante Hügelkuppen führenden Gratweg verbunden ist.

EINKEHR: Gostilna Dobnikar. Sympathisches Landgasthaus mit 250-jähriger Geschichte, dem die jüngste Verschönerung leider nicht gut getan hat. *Koline* (Schlachtplatte), *žganci* (Hadensterz) und *jota* (Krautsuppe) schmecken aber wie es sich gehört. Am gemütlichsten sitzt's sich vor der Haustür. Anton Dobnikar, Topol, +386/1/3612920.

Private Übernachtungsmöglichkeit: Andrej Kršinar, Topol 7, +386/1/3613367

ŠENTVID

Was sich auf den ersten Blick als chaotisch wucherndes Vorstadtviertel Ljubljanas präsentiert, war gut 900 Jahre lang ein selbstständiger Ort und blickt auf eine bemerkenswerte jüngere Geschichte zurück. Ihre Spuren sind trotz der Verheerungen des Turbokapitalismus zu sehen, weshalb sich ein Rundgang durchaus lohnt.

In Šentvid

Lebensader ist die Celovška cesta (Klagenfurter Straße), heute eine vierspurige Ausfahrtsstraße, früher ein Sträßlein, das direkt an der Pfarrkirche vorbeiführte und nun Prušnikova ulica, benannt nach dem Kärntner Partisanenführer Karel Prušnik, heißt. (Ihr Klagenfurter Pendant, die Laibacher Straße, wurde nach der Volksabstimmung in Rosentaler Straße unbenannt.) An der alten Straße liegt auch das ehemalige Ortszentrum; mehrere eingeschoßige Gebäude und die alte Schule vermitteln eine Ahnung vom ursprünglichen Ortsbild. Gaststätten und Geschäfte bemühen sich mit schrillen Farben und wenig Erfolg um Kundschaft. Eine Imbissbude versucht, mit unbeholfenen Graffiti auf sich aufmerksam zu machen. Demontierte Firmenschilder und verblasste Aufschriften zeugen von verlorenen Existenzkämpfen. Auch die Bauern haben aufgegeben und lassen ihre Höfe zwischen den Wohnblocks verfallen. Deren vergammelte Fassaden verheißen hinsichtlich der Wohnqualität im Viertel nichts Gutes.

Entlang der Eisenbahn, die hinter dem Friedhof vorbeiführt und den Ort in zwei Hälften teilt, haben sich nach dem 2. Weltkrieg die meisten Industriebetriebe angesiedelt:

Šentvid: Fußgängerunterführung und Gymnasium

ein Elektrokonzern, ein metallverarbeitender Betrieb und mehrere Holzfirmen. Deren Blütezeit waren die 1960er Jahre, als in Šentvid insgesamt 32 Tischlereien existierten. Ein 1954 gegründetes Institut für Turbinenbau symbolisiert Fortschrittlichkeit und markiert zugleich die Endstation des städtischen Linienbusses.

Dass Šentvid ein wichtiges Zentrum slowenischer Kultur- und Bildungsarbeit ist, erkennt man erst auf den zweiten Blick. Einen Grundstein legte Pfarrer Potočnik, indem er 1866 die erste Schule und eine Bibliothek gründete. »Wissen ist die stärkste Kraft des Volkes«, lautet der Text der Gedenktafel auf dem alten Schulgebäude gegenüber der Kirche. Diese ist ein protziger und aufwändig renovierter Barockbau mit riesiger Kuppel und nicht weniger als sechs Altären. Einen davon hat Jože Plečnik 1955 geschaffen.

Folgt man von der Kirche der *Štula* genannten Straße ein paar hundert Meter Richtung Osten, gelangt man – nachdem man die Bahn unterquert hat – zu einem riesigen Gebäudekomplex im autoritären Stil der Monarchie. Es handelt sich um den 1901 gegründeten Zavod Sv. Stanislava, das erste slowenische Gymnasium des Landes. Bauherr war Bischof

In Šentvid

Anton Bonaventura Jeglič, der mit der Schule in Šentvid »das größte Gebäude am Balkan« zu errichten trachtete. Entsprechend gewaltig sind seine Ausmaße: Es erstreckt sich auf einer Fläche von 142 mal 92 Metern, besitzt nicht weniger als 481 Türen und 1.181 Fenster, und um alle Gänge abzuschreiten, benötigt man fast 30 Minuten.

Ziel des Gymnasiums war es, die slowenische Jugend »zu Geistes- und Herzensgüte« zu erziehen und, natürlich, die begabtesten Schüler für den Priesterberuf zu requirieren. Die entsprechenden Lehrmittel stammten »aus eigener Werkstatt«. So gehen nicht nur zahlreiche slowenische Lehrbücher und das erste griechisch-slowenische Wörterbuch auf das Konto der Professoren Šentvids, sondern auch die Übersetzung der Ilias und der Odyssee ins Slowenische. Von den insgesamt 11.185 Schülern der Zwischenkriegszeit sind der Sprachwissenschaftler Anton Breznik und der Maler Stane Kregar die bekanntesten Absolventen. Letzterer ist ein bedeutender Vertreter der slowenischen Moderne, der Anfang der 50er die Wandlung von der gegenständlichen zur abstrakten Malerei vollzog.

Im April 1941 wurde »St. Veit ob Laibach« (das kurz von den Italienern besetzt war) von den Deutschen okkupiert und die Schule zum Durchgangslager für Deportierte aus Gorenjska und Mežica umfunktioniert. Bereits im Juni 1941 gingen fünf Eisenbahntransporte mit tausenden Vertriebenen nach Serbien und Kroatien. 1942 bis 1945 – das Lager war nach Goričane verlegt worden – nutzten die Nazis die Einrichtung für politische Schulungen. Mit der Niederlage Hitlers sollten die »dämonischen Jahre« nicht zu Ende sein, zumindest aus der Sicht der Schuleigentümer. Denn nun diente das Gymnasium der Internierung deutscher Kriegsgefangener und der *domobranci*, die aus britischer Gefangenschaft in Viktring an Jugoslawien ausgeliefert worden waren. Die meisten *domobranci* mussten schon bald auf dem *Kočevski rog* bei Ljubljana ihr Leben lassen; mehrere 100 wurden zu Zwangsarbeit verurteilt und nur einige wenige amnestiert. In weiterer Folge nahm die jugoslawische Armee das Gebäude als Kaserne in Beschlag. Gipfel der Entweihung, laut Hauschronik: die Installierung eines »Pornokinos« für Titos junge Soldaten. Erst 1991, nach 50 langen Jahren der Gottlosigkeit, kehrte die Schule in den Schoß der Kirche, sprich: in ihren Besitzstand zurück. Ein Jahr später eröffnete das Bischöfliche Gymnasium wieder seine Pforten. Träger ist der (neu gegründete) Zavod Sv. Stanislava, der außerdem ein Internat, ein Studentenheim und eine Musikschule unterhält, womit er rund 800 Jugendliche unter seine Fittiche genommen hat. Sein Motto: »Amor magister optimus«.

Šentvid: Bahnhof Vižmarje

Frisch renoviert und – zumindest in der Ausstattung – den Bedürfnissen modernen Unterrichts angepasst, macht die Schule nicht den Eindruck, ein Hort der Reaktion oder eine Kaderschmiede des Katholizismus zu sein. Die kreativ gestalteten Räumlichkeiten und rastagelockten Schüler würden genauso gut ins (bekannt liberale) Musische Gymnasium Viktring passen. Unbehaglich wird einem allerdings in der Hauskapelle, die größenmäßig einer Domkirche alle Ehre machen würde. Trotz moderner Einrichtung – Altar und Orgel stammen aus den 1990ern – hat der Raum etwas durch und durch Dogmatisches. Johannes Paul II., der dem Haus 1996 einen Besuch abstattete, wird seine Freude gehabt haben. Eine Besichtigung des Gebäudes empfiehlt sich vor allem wegen der Stane-Kregar-Galerie in den Räumlichkeiten der Musikschule und wegen der Schaukästen im 1. Stock, in denen die Geschichte des Hauses anschaulich dokumentiert ist. Bei entsprechendem Interesse wende man sich an den auskunftsfreudigen Pförtner.

Šentvid: Bahnhof Vižmarje

EINKEHR: Pagat Bar: Sympathisches Buffet gegenüber der Kirche. Angenehme Unterkünfte und Gastwirtschaften sind in Šentvid nicht auszumachen, weshalb es sich empfiehlt, den Tag im Zentrum Ljubljanas zu beschließen. Im äußersten Notfall kann man sich aber in der Penzion Žibert, Celovška 333, Tel: +386/1/576 230, einquartieren.

1 Illustrirter Führer durch Steiermark und Krain. Wien, Pest, Leipzig 1897.

In Šentvid

NACHSTIMMUNG

In seinem Buch »De l'Allemagne depuis Luther« (Über Deutschland nach Luther) wollte Heinrich Heine 1834 seinen französischen Lesern das Wesen des deutschen Denkens erklären. Für ihn, der vor den deutschen Potentaten nach Paris geflüchtet war, ist der Unterschied groß: Hier das Licht der Aufklärung, dort versponnene und tiefsinnige Systeme. So schreibt er polemisch, es wäre wohl der deutsche Wald, aus dessen Nebel solche Gedanken hervorbrechen: »Eure Nixen sind von den unseren so verschieden, wie eine Prinzessin von einer Wäscherin.«

Dass eine Landschaft das Leben und das Bewusstsein ihrer Bewohner beeinflusst, ist ein durchaus ernsthafter Gedanke. Schon für Friedrich Ratzel, der 1897 ein Buch mit dem Titel »Politische Geographie« geschrieben hat, schlägt die Gestalt des Bodens durch bis in die politischen Verhältnisse. Wer das Leben in einem Tiroler Tal mit dem Leben in den Ebenen der Niederlande vergleicht, wird dem vielleicht noch heute zustimmen. Aber das Beispiel zeigt zugleich, dass Landschaften immer schon kulturell kodiert und bis in ihre stofflichen Eigenschaften hinein sozial geformt waren. Zum Tiroler Tal gehören die Schilifte und die in den Berg gefrästen Abfahrten, die Hotels und Ferienhütten, die vielen Bewohnern das Denken von Liftwarten und Gastwirten, anderen wieder eine Protesthaltung aufnötigen. Die Niederlande wurden durch Jahrhunderte hindurch dem Meer abgerungen, was zur Kooperation gezwungen und damit auch demokratische Verhältnisse begünstigt hat. Es ist diese Vielschichtigkeit der wechselseitigen Beziehungen zwischen einer Landschaft und den sozialen Verhältnissen, die das Gemüt und das Denken ihrer Bewohner prägt. »Das freie Meer befreit den Geist«, das sagte schon der alte Goethe. Die Überzeugung dagegen, dass Kärnten »schön« sei, hält viele seiner Bewohner von einem Blick über die Berge hinaus ab.

Wer über diese Berge hinweg wandert, ist davon in anderer Weise betroffen. Die Gehenden erfahren eher eine Stimmung, und zwar zum Beispiel eine Stimmung der Enge oder Weite, der Banalität oder Tiefe und damit zugleich den doppelten Sinn des Begriffs: Die wandernde Seele ist gestimmt, aber ebenso die Landschaft, die sie durchschreitet.

Die Stimmungen auf dem Weg Slowenien entgegen scheinen zunächst miteinander zu kommunizieren: Die Sattnitzberge gleich hinter Klagenfurt sind offen gewellt wie das Hügelland vor Ljubljana, die Auen der Save lassen an die Auen der Drau zurückdenken, und die Bergkette der Karawanken ist an beiden Seiten schroff und felsig. Hier wie da schützt das Walmdach aus Schindeln oder Brettern meistens eine Keusche, die Behausung der armen Leute, die im Slowenischen *kajža* heißt, behelfsmäßiger Bau. In den Städten und Dörfern sieht man die gleichen biedermeierlichen Herrenhäuser. Ihre für die Gegend eigenständige Form geht auf das späte 18. Jahrhundert zurück. Und die Stadtränder, die sich Klagenfurt und Ljubljana zukehren, gleichen einander aufs Haar.

Dennoch wechselt die Stimmung, kaum ist die Grenze überschritten. Die Frage, woran das liegt, scheint einfach zu beantworten. Hüben und Drüben haben lange und mit Nachdruck an ihren Unterschieden gearbeitet. Selbst manche Haustypen sind in die historische Konfliktgeschichte verflochten. In Kärnten wollten die Nationalsozialisten die Landschaft mit deutschen Formen möblieren. Oft wurde ein gewisser älplerischer Stil zum Vorbild, den die Wohnbauförderungsnorm der Nachkriegszeit auf eine bestimmte Etagenhöhe zusammengekrampft hat. Die Harpfen, überdachte Holzgerüste zur Trocknung des Heus, wurden als undeutsch denunziert und sind weitgehend verschwunden. In Slowenien dagegen haben sogar die Schallschutzwände an der Autobahn deren Form. Der Architekt Jože Plečnik wäre gegen eine solche Verfremdung gewesen. Er wollte eine nationale slawische Architektur verwirklichen, die zugleich weltläufig am Jugendstil orientiert war. Kaum in einem anderen Land hat ein einzelner Architekt so viele Spuren hinterlassen.

In der Landschaft sind es eher die gewöhnlichen Dinge, die ihre Stimmung ausmachen. Die Erfahrung im Gehen ist diesbezüglich privilegiert. Was den Bewohnern nicht weiter auffällt, weil es zu alltäglich ist, und was die Autofahrer leicht übersehen, wird beim Wandern sichtbar. Slowenien entgegen erscheint die Bewegung im Raum zugleich als eine Reise in der Zeit. Strommasten aus krummen Baumstämmen erinnern an eine fremde Vergangenheit. Viele Bauten wird man umstandslos als »sozialistische« Architektur identifizieren. Was das ist, kann nicht genau gesagt werden: Das Hotel »Creina« in Kranj spricht eine zugleich triumphierende und bescheidene Formensprache. Im Hotel »Transturist« in Škofja Loka ist noch zu riechen, was einmal den Flair eines Jugoslawienurlaubs ausgemacht hat. Die Wohnblöcke an den Rändern selbst kleinerer Dörfer färben auf manche Einfamilienhäuser ab: glatte, weiße Mauern, dunkelbraun gebeiztes Holz. Auch die dörflichen Strukturen sind verspätet. Wer noch die Kärntner Zersiedelung im Auge hat, sieht förmlich schon die Wochenendhäuser, die eine schöne Birnbaumallee bald säumen werden. Bauherren aus der Stadt haben da und dort schon Gruben ausgehoben. Was den Wanderern als Ursprünglichkeit erscheint, verdankt sich also der Armut. Das Obst und Gemüse aus den kleinen Gärten wird heute noch gebraucht.

Die schwache Finanzkraft ihrer Besitzer gibt vielen Häusern einen zusätzlichen Reiz. Wer sich keinen Neubau leisten kann, baut ständig an das Alte an. Dadurch gewinnen auch kleine Häuser eine rätselhafte Tiefe. Organisch ineinander verschachtelte Teile erzählen die Lebensgeschichte der Bewohner und die Wirtschaftsgeschichte eines Landes, in dem der Mangel lange Zeit zum Improvisieren und zum Basteln, zum Organisieren und zur Nachbarschaftshilfe zwang. Bei manchen Balkonen, die gewagt ins Leere ragen, kann man sich kaum vorstellen, dass sie offiziell genehmigt wurden. Schwarzbauten im rechtlichen Graubereich gehören in Slowenien genauso zum Gewohnheitsrecht wie die legalen Verunstaltungen in Kärnten, wo sich im amikalen Gespräch mit dem Bürgermeister auch noch eine karierte Hausbemalung durchsetzen ließe. In den kleinen slowenischen Städten zeigt sich oft schon die Kehrseite der baulichen Verwucherung. Viele der Häuser, die in Kärnten über die Landschaft ausgegossen sind, wirken dagegen gesichtslos. Die Wohnungen der Eltern wurden abgerissen. Die damit unterbrochene Tradition kehrt in der Gestalt von alten Wagenrädern an der Hausmauer, angeklebten Industriebalkonen und stilisierten Kunststofffenstern gespenstisch wieder. Die überdimensionierten Garagen erinnern an die Scheunen der Vorfahren.

Wie es im Inneren dieser Häuser aussieht, können Wanderer nur vermuten. Vielleicht steht in jedem der Erker, die sich aus den Kärntner Einfamilienhäusern fast epidemisch ausstülpen, bloß eine Wäschespinne. Die Gastwirtschaften dagegen sind zugänglich. In Kärnten wird man das gastronomische Einheitsinterieur, die gemusterten Sitzpolster auf geschnitzten Stühlen, genauso finden, wie das fast authentische Landgasthaus, zum Beispiel beim Antonitsch in Glainach. Dem gedrechselten Holzbarock setzen manche Gasthauszubauten in Slowenien die Krone auf. An anderen Orten, zum Beispiel vor der Gostilna in Kropa, am vorbeieilenden Mühlbach, kann die verzögerte Zeit erfahren werden. Viele Gaststätten in Slowenien lassen an Bahnhofsrestaurants denken. Dass in dieser Form etwas ebenso Unscheinbares wie Tiefes erhalten geblieben ist, klingt in einem Satz von Peter Handke an, der in seinem Text »Abschied des Träumers vom Neunten Land«, eine Erinnerung an eine versunkene Landschaft und eine längst verwehte Stimmung wach ruft: »In dem Land Slowenien und bei den Slowenen habe ich mich in der Tat immer wieder als ein Gast der Wirklichkeit fühlen können, da beim Wein (...), da beim Kirchturm (...), da im herzhaft kargen Gastzimmer ...«

Wilhelm Berger

In Čirče

AUTOREN

GERHARD PILGRAM, geb. 1955, Kulturmanager, Autor und bildender Künstler. Publikationen u. a.: An der Grenze des Erlaubten – Kunst und Zensur in Österreich, Klagenfurt 1996; Kärnten. Unten durch, Klagenfurt 1998 (gemeinsam mit Wilhelm Berger und Gerhard Maurer); Verschütt gehen, Klagenfurt 2002 (gemeinsam mit Gerhard Maurer). Ausstellungen und Installationen im öffentlichen Raum, u. a.: Hurenhaus, Klagenfurt 2000; Das Volk neu wählen? Wels 2002; TT REAL, Klagenfurt 2003.

G. Maurer, W. Berger, G. Pilgram

WILHELM BERGER, geb. 1957, Sozialwissenschaftler und Philosoph, Prodekan der Fakultät für Interdisziplinäre Forschung und Fortbildung (Klagenfurt – Graz – Wien), ao. Univ.-Prof. an der Abteilung für Technik- und Wissenschaftsforschung. Forschungsaufenthalte und Lehraufträge u. a. in Paris, Berlin, Rom, Wien und Graz. Buchveröffentlichungen u. a.: Die Organisation der Philosophen (gemeinsam mit Peter Heintel); Frankfurt a. M. 1998; Kärnten. Unten durch, Klagenfurt 1998 (gemeinsam mit Gerhard Pilgram und Gerhard Maurer); Unmögliches Werden. Denkfiguren, Portraits, Gespräche über das Fremde (gemeinsam mit Klaus Ratschiller und Esther Schmidt), Wien 2003.

GERHARD MAURER, geb. 1967, PR-Berater, Coach und Fotograf. Diverse Veröffentlichungen und Fotodokumentationen zu den Themen Menschenrechte, Kunst und Gesellschaft, u. a.: Kärnten. Unten durch, Klagenfurt 1998 (gemeinsam mit Wilhelm Berger und Gerhard Pilgram); Verschütt gehen, Klagenfurt 2002 (gemeinsam mit Gerhard Pilgram).

CO-AUTORINNEN & CO-AUTOREN

THEODOR DOMEJ, Texte »Zur Sprache« und »Himmelwärts«.
BRIGITTE ENTNER, Mitarbeit an der Ortsbeschreibung Begunje.
TINA HOFSTÄTTER, Ortsbeschreibungen Waidisch/Bajdiše, Škofja Loka, Stara Loka und Puštal.
KATJA KERNJAK, Mitarbeit an der Ortsbeschreibung Kropa; diverse Übersetzungen.
EMIL KRIŠTOF, Text »Es ist so schön, ein Musikant zu sein.«; Kartengrafik.
WERNER KOROSCHITZ, Text »Außenansichten«.
ANNEMARIE RIBITSCH, Text »Der Übergang«; Ortsbeschreibung Ferlach/Borovlje.
MARTIN SCHÖFFMANN, Text »Im Wald und auf der Wiese«.
SONJA WAKOUNIG, Übersetzungen.
JERNEJ ZUPANČIČ, Mitarbeit am Text »Polhograjsko hribovje«.

WEGRECHERCHE & ORTSERKUNDUNGEN

Wilhelm Berger, Emil Krištof, Werner Koroschitz, Gerhard Maurer, Gerhard Pilgram, Annemarie Ribitsch, Martin Schöffmann, Sabrina Scumaci.

FOTOREDAKTION UND -BEARBEITUNG

Gerhard Maurer, Gerhard Pilgram.

LAYOUT

Emil Krištof, Gerhard Pilgram.

SPECIAL THANKS TO / POSEBNA HVALA VELJA

Feliks Bister, Christoph Hennig, Christian Rauper.

Ortsregister